《华侨大学哲学社会科学文库》编辑委员会

主　编　贾益民

副主编　曾　路

编　委（以姓氏笔画为序）

马海生	王四达	王丽霞	庄国土	许少波	许斗斗	许培源
孙　锐	孙汝建	孙德明	李拉亚	李景源	宋振镇	张向前
张禹东	陈旋波	林怀艺	周世兴	郑向敏	郑锦扬	赵昕东
胡日东	胡培安	骆克任	贾益民	郭克莎	黄小萍	黄远水
梁　宁	程一辉	曾　路				

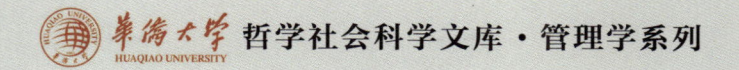

华侨大学哲学社会科学文库·管理学系列

文库主编：贾益民

海峡两岸行业协会的比较与合作

COMPARISON AND COOPERATION BETWEEN
INDUSTRY ASSOCIATIONS ON BOTH SIDES OF THE TAIWAN STRAIT

徐 晞 著

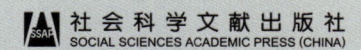

社会科学文献出版社
SOCIAL SCIENCES ACADEMIC PRESS (CHINA)

教育部人文社会科学规划项目（11YJC630238）资助

华侨大学哲学社会科学学术著作专项资助计划资助

发展哲学社会科学　推动文化传承创新
——《华侨大学哲学社会科学文库》总序

哲学社会科学是研究人的活动和社会历史发展规律、构建人类价值世界和意义世界的科学，是人类文化的核心组成部分，其积极成果有助于提升人的素质、实现人的价值。中国是世界文明古国，拥有丰富的文化历史资源，中华文化的发展是世界文化发展进程中不可或缺的重要一环。因此，努力打造具有中国特色的哲学社会科学，全面继承和发展中华文化，对于推进中华文明乃至世界文明进程具有深远的意义。

当代中国，全面深化改革已经进入关键时期，中国特色社会主义建设迫切需要对社会历史发展规律的科学认识，需要哲学社会科学发挥其认识世界、传承文明、创新理论、资政育人和服务社会的作用。因此，深化文化体制改革、繁荣哲学社会科学，不仅是建设社会主义文化强国、丰富人民精神世界的需要，也是实现中华民族伟大复兴的中国梦的必由之路。中共中央高度重视哲学社会科学在实现中华民族伟大复兴的历史进程中的重要作用，先后出台《中共中央关于进一步繁荣发展哲学社会科学的意见》《中共中央关于深化文化体制改革　推动社会主义文化大发展大繁荣若干重大问题的决定》《中共中央办公厅　国务院办公厅转发〈教育部关于深入推进高等学校哲学社会科学繁荣发展的意见〉的通知》《高等学校哲学社会科学繁荣计划（2011—2020年）》等一系列重要文件，全面部署繁荣哲学社会科学、提升中华文化软实力的各项工作，全面深化教育体制改革，为我国哲学社会科学事业的繁荣和发展创造了前所未有的历史机遇。

高等学校是哲学社会科学研究的重要阵地，高校教师和科研人员是哲学社会科学研究的主要承担者。因此，高校有责任担负起繁荣哲学社会科学的使命，激发广大教师和科研人员的科研积极性、主动性和创造性，为哲学社会科学发展提供良好的制度和环境，致力于打造符合国家发展战略和经济社会发展需要的精品力作。

华侨大学是我国著名的华侨高等学府，也是中国面向海外开展华文教育的重要基地，办学55年以来，始终坚持"面向海外、面向港澳台"的办学方针，秉承"为侨服务，传播中华文化"的办学宗旨，贯彻"会通中外，并育德才"的办学理念，坚定不移地走内涵发展之路、特色兴校之路、人才强校之路，全面提升人才培养质量和整体办学水平，致力于建设基础雄厚、特色鲜明、海内外著名的高水平大学。

在这个充满机遇与挑战的历史时期，华侨大学敏锐洞察和把握发展机遇，贯彻落实党的十七大、十七届六中全会、十八大、十八届三中全会、十八届四中全会精神，发挥自身比较优势，大力繁荣哲学社会科学。

一方面，华侨大学扎根侨校土壤，牢记侨校使命，坚持特色发展、内涵发展，其哲学社会科学的发展彰显独特个性。"为侨服务，传播中华文化"是华侨大学的办学宗旨与神圣使命，其办学活动及其成果直接服务于国家侨务工作与地方经济社会发展。为此，华侨大学积极承担涉侨研究，整合、利用优势资源，努力打造具有侨校特色的新型智库，在海外华文教育、侨务理论、侨务政策、海上丝绸之路研究、海外华人社团、侨务公共外交、华商研究、海外宗教文化研究等诸多领域形成具有特色的研究方向，推出了以《华侨华人蓝皮书：华侨华人研究报告》《世界华文教育年鉴》等为代表的一系列标志性成果。

另一方面，华侨大学紧紧抓住国家繁荣哲学社会科学的时代机遇，积极响应教育部繁荣哲学社会科学的任务部署，颁布实施《华侨大学哲学社会科学繁荣计划（2012—2020）》，为今后学校哲学社会科学的发展提供发展纲领与制度保证。该计划明确了学校哲学社会科学发展的战略目标，即紧抓国家繁荣发展哲学社会科学的战略机遇，遵循哲学社会科学的发展规律，发挥综合大学和侨校优势，通过若干年努力，使华侨大学哲学社会科学学科方向更加凝练，优势更加突出，特色更加鲜明，平台更加坚实；形成结构合理、素质优良、具有国家竞争力的高水平学术队伍；研究创新能力显著增强，服务国家侨务工作的能力明显提升，服务经济社会发展的水平不断提高，适应文化建设新要求、推进文化传承创新的作用更加凸显；对外学术交流与合作的领域不断拓展，国际文化对话与传播能力进一步增强。到2020年，力争使华侨大学成为国内外著名的文化传承与知识创新高地，国家侨务工作的核心智库，提供社会服务、解决重大理论和现实问题的重要阵地。

为切实有效落实《华侨大学哲学社会科学繁荣计划（2012—2020）》，学校先后启动了"华侨大学哲学社会科学青年学者成长工程""华侨大学哲学社会科学学术论文专项资助计划""华侨大学哲学社会科学学术著作专项资助计划""华侨大学哲学社会科学百名优秀学者培育计划""华侨大学人文社会科学研究基地培育与发展计划"五大计划，并制定了相应的文件保证计划的有效实施，切实推进学校哲学社会科学的繁荣发展。

"华侨大学哲学社会科学学术著作专项资助计划"作为《华侨大学哲学社会科学繁荣计划（2012—2020）》的重要配套子计划，旨在产出一批在国内外有较大影响力的高水平原创性研究成果，打造学术精品力作。作为此资助计划的重要成果——《华侨大学哲学社会科学文库》将陆续推出一批具有相当学术参考价值的学术著作。这些著作凝聚着华大文科学者的心力、心气与智慧：他们以现实问题为导向，关注国家经济社会发展；他们以国际视野为基础，不断探索开拓学术研究领域；他们以学术精品为目标，积聚多年的研判与思考。

《华侨大学哲学社会科学文库》按学科门类划分系列，共分为哲学、经济学、法学、教育学、文学、历史学、管理学、艺术学八个系列，内容涵盖哲学、应用经济、法学、国际政治、华商研究、旅游管理、依法治国、中华文化研究、海外华文教育等基础理论与特色研究，其选题紧跟时代问题和人民需求，瞄准学术前沿，致力于解决国家面临的一系列新问题、新困境，其成果直接或间接服务于国家侨务事业和经济社会发展，服务于国家华文教育事业与中华文化软实力的提升。可以说，该文库的打造是华侨大学展示自身哲学社会科学研究力、创造力、价值引领力，服务中国特色社会主义建设事业的一次大胆尝试。

《华侨大学哲学社会科学繁荣计划（2012—2020）》已经实施近两年，经过全校上下的共同努力，华侨大学的文科整体实力正在逐步提升，一大批高水平研究成果相继问世,一批高级别科研项目和科研成果奖成功获评。作为华侨大学繁荣哲学社会科学的成果,《华侨大学哲学社会科学文库》集中反映了当前华侨大学哲学社会科学的研究水平,充分发挥了优秀学者的示范带动作用,大力展示了青年学者的学术爆发力和创造力,必将鼓励和带动更多的哲学社会科学工作者尤其是青年教师以闽南地区"爱拼才会赢"的精神与斗志,不断营造积极向上、勇攀高峰的学术氛围,努力打造更多造福于国家与人民的精品力作。

当然,由于华侨大学面临的历史和现实等主客观因素的限制以及华大哲学社会科学工作者研究视野与学术积累的局限性,《华侨大学哲学社会科学文库》在研究水平、研究方法等方面难免存在不足之处,我们在此真诚地恳请各位读者批评指正。

最后,让我们共同期待《华侨大学哲学社会科学文库》付梓,为即将迎来55岁华诞的华侨大学献礼!让我们一起祝福华侨大学哲学社会科学事业蒸蒸日上!让我们以更大的决心、更宽广的视野、更精心的设计、更有效的措施、更优质的服务,培育华大社科的繁花硕果,以点滴江河的态势,加速推进华侨大学建设成基础雄厚、特色鲜明、海内外著名的高水平大学,更好地服务海外华侨华人,支持国家侨务工作,配合国家发展战略!

华侨大学校长、教授、博士生导师　贾益民
2015年4月28日于华园

序 一

2012年10月20日，我在无锡参加"2012中国（无锡）民间商会论坛民间商会和民营经济发展研讨会"，在会议中，认识了华侨大学徐晞副教授，自此，每年都能在非营利组织与第三部门的相关会议上见面交流，印象最深的主要有三个方面：一是主持课题和发表论文较多。徐晞不仅有福建省的各类课题，还有教育部项目和国家社会科学基金项目，十几个课题，十多篇论文，短短几年，有如此多的成果确实不简单！二是学有专攻。不少学者都在非营利组织与第三部门的各个方面宽泛地进行研究，而对于徐晞来说，这几年基本上都聚焦在行业协会商会，这在业界不多见，独具慧眼！三是富有思想和创造。对行业协会而言，从性质、职能、结构、体制等方面进行研究，似乎已经研究得差不多了，但徐晞却从海峡两岸比较入手，重点分析台湾的行业协会。学界对台湾非营利组织、公民社会、慈善公益等领域研究不少，但唯独对行业协会的关注度较低，把台湾的行业协会与大陆进行比较，这确实是一个好的视角，如果没有经过一定的思考和有较扎实的理论研究，常人是想不到！

徐晞在美国留学访问，通过微信联系我，希望我为她的新作写一序。尽管这段时间杂事较多，许多事找个借口推辞了，而徐晞的事，再忙也要接下来。徐晞是一位年轻漂亮的女学者，能否坐得住冷板凳，能否经常进入田野，这对男学者来说可能是小事一桩，但对一位女性来说，却非常不容易，而徐晞做到了，令人感动！

有幸作为第一位读者，有义务向第二位、第三位和无数位读者推介这本书。《海峡两岸行业协会的比较与合作》一书具有以下几个方面的特点：一是结构框架完整。全书分为比较篇与合作篇两个部分，共九章，第二至第五章为比较篇,从发展运作、管理体制、治理水平、组织能力、经营管理五个方面对两岸行业协会进行比较;第六至第八章为合作篇,分别从共生理论、两岸人才交流合作、"21世纪海上丝绸之路"的视角研究两岸行业协会合作问题。二是研究方法种类较多。为了收集第一手的材料,书稿除文献研究法以外,还采用了访谈法、调查问卷、个案研究法、历史分析法和比较研究法,从不同的方面用数据说明现象,试图作出更多合理的解释。三是理论与实践有机结合。能根据资源依赖理论和共生理论讨论行业协会的相关活动。四是提出了有价值的一些观点。徐晞通过两岸行业协会案例的比较,认为自律能力、服务能力、代表能力、资源能力这几种能力比较重要,并从比较中分析哪些能力大陆较弱,哪些能力大陆较强。

当然,金无足赤,人无完人,书稿还是存在一些问题,比如图3-2非营利组织治理机制基本框架内,除了决策机制、激励机制、监督机制外,可能还缺少一个运行(执行)机制。又如,行业协会治理的两岸比较,采取的样本,如果通过统计学意义上的抽样更会有价值。当然,瑕不掩瑜,这些存在的不足丝毫没有影响这本书的质量和研究水平。

在中国大陆第三部门发展过程中,行业协会有其特殊的地位和作用,第一方面,市场经济不可缺少行业协会。市场经济不仅需要成熟的企业行为,更需要行业协会发挥积极作用,除了服务、表达和自律外,行业协会还有两个非常特别的功能,一是行业规范。通过行业规范功能,成为企业与政府之外的第三种平衡力量,企业为第一道防线,政府为第三道防线,如果没有行业协会的第二道防线,经济秩序和社会秩序就会受到严重影响,政府做的事就会很多,忙不胜烦。二是参与政府决策咨询。行业协会代表会员单位和行业利益,向政府提供行业咨询,代表企业和会员诉求,保障合法的权益。第二方面,不像联合性社团和学术性社团有较强的意识形态,行业协会意识形态色彩较弱。行业协会的活动范围主要在经济领域,与政治有点远,因此,2013年3月,《国务院机构改革和职能转变方案》中就明确规定行业协会商会实行直接登记。

在直接登记下的行业协会商会有哪些发展趋势呢?我以为有以下几个方面可以概括。

一是制定《中华人民共和国行业协会商会法》。2008年10月,十一届全国人大常委会立法规划出台，包括研究起草、条件成熟时安排审议的法律草案15件，其中就有行业协会商会。我有幸参与了《中华人民共和国行业协会商会法》（专家意见稿）的起草工作，可惜由于各种原因，这部法律到现在还没出台。通过立法，从法律上明确规定行业协会商会的使命、性质、结构、职能和责任等，在市场经济转型中充分发挥行业协会商会的特殊作用。

二是理顺政府与行业协会关系。既要发挥行业协会行业规范功能，去行政化，又要政府转变职能，购买行业协会公共服务，使政府与行业协会边界更清晰。

三是构建科学高效法人治理结构。科学高效的法人治理结构对行业协会非常重要，通过会员代表大会、理事会、常务理事会、监事会、会长、秘书长，充分发挥权力机构、执行机构和监督机构的各自功能，克尽职守，高效尽力。

四是提升所需能力。为了实现组织宗旨，行业协会商会需要具备一般的能力与特殊的能力，比较重要的能力是服务会员能力、科学决策能力、沟通能力、诉求反应能力、吸纳人才能力、营销能力、应对危机能力等。行业协会商会根据各自的情况，可以提升所需要的能力，服务会员、服务社会，同时也服务政府。

我相信，尽管大陆的行业协会商会离现实的需求还有一定的差距，但通过改革创新，行业协会商会发展会越来越好，在构建经济新秩序、社会新秩序、政治新秩序中呈现出不一样的光彩，推进中国现代化建设，早日圆中华民族腾飞梦。

是为序。

徐家良

2015年3月26日晨于上海青浦崧塘河边

徐家良：上海交通大学国际与公共事务学院公共管理系教授，博士生导师，上海交通大学第三部门研究中心执行主任。

序 二

我因长期负责台湾民间组织的行政管理，两年前与来台做学术访员的徐晞博士因彼此对非营利组织的研究兴趣而结识。近日承徐晞博士来信，盛邀我为其大作《海峡两岸行业协会的比较与合作》写序，乃欣然允诺！唯在思量数日后，决定舍弃局限于研究题目上做文章，而愿就两岸关系发展的宏观视角切入，以凸显徐晞这本大作的时代意义。

2008年无论是在华人世界，甚或未来在大中华历史发展上，都是一件值得一提的轶事。何以如此认为？任人皆知，两岸关系从1949年后分裂为两个政治实体，长期对峙近40年，加以台湾实施戒严近40年，两岸关系陷入随时有可能引爆战争之可能。换言之，在此之前，两岸关系只是存在中华民族历史上的血缘、文化、语言、肤色、地理与风俗习惯等的关系，进入20世纪中叶之后，这种关系又多了一层敌对关系。所幸两岸的领导人展现大智大慧，深知两岸"血浓于水"的事实，于20世纪80年代末期两岸关系始露曙光，陆续揭开两岸和平谈判的历史序幕，开启共和共荣的舞台。此一转折肇造于台湾自1987年"解严"后，开放部分大陆来台居民回大陆探亲后，开启海峡两岸关系的新纪元，亦解除长期以来对大陆的"三不政策"，即"不谈判、不接触、不妥协"的僵局。唯两岸关系除人道关怀外，初期亦仅局限于文化与经济的交流。但这种现象维持没多久，两岸关系在1992年后至2008年之前又呈现不稳定状态。直到2008年两岸关系受两岸政策的调整，开启两岸关系进入前所未有的和平状态，举凡经贸、教育学术、文化、宗教、艺术、体育及观光等交流纷纷展开，为两岸关系建构和谐的基础。总之，如果没有两岸领导人的大智慧，改弦易辙两岸政策，今天发生在两岸间各项热烈的交流，根本是天方夜谭！亦没有个人与徐晞博士结缘的机会。

两岸在相隔数十年后,能有今日的和谐状态,得来不易!目睹当前两岸民间组织水乳交融的热络盛况,仿佛是一场梦!但这不是梦,而是一件每天不断上演在你、我、他身旁千真万确的事,这种和谐友善的交流,除有助于彼此的了解、学习与经验分享外,亦有利于两岸民间组织的发展与合作,共创双赢,更在增进两岸和谐关系上起了正面的意义。个人深信,无论是华人世界,或是现今国际社会对于两岸关系的正常发展,无不以两岸关系合则两利,不合则两失来下断言,这不是预测,而是事实。此一和谐若能持续维持加深加广,不啻有助于亚太地区的和平稳定,更有助于再创辉煌的中华历史。

在此前提下,徐晞博士出版了《海峡两岸行业协会的比较与合作》的研究成果(这应是海峡两岸间首次有学者对此一议题提出研究成果分享),别具时代意义。由于对此一领域在台湾的公部门还算有些研究心得与经验,个人于2014年抛砖引玉,以启发概念的方式出版《民主推进器——两岸三地公民社会》介绍两岸三地公民社会的发展,从两岸三地民间组织的历史发展、法规的治理、民间组织与政府关系及与企业关系等面向相互一番比较,并实地访问两岸三地学者对公民社会概念与发展的诠释。出版后,并将此书赠予台湾相关高层及政党要人,期望这些领导人能正视公民社会在台湾蓬勃发展的事实与影响。没想到徐晞博士与我不谋而合,在两三年前即着手投入此项调研工作,并以细腻和敏锐的观察和视角,对两岸行业组织比较与合作研究交出亮丽的成果,行动之积极,处理之快速,让个人惊赞与佩服!个人相信这本书的出版,对于两岸行业组织的发展与合作,以及两岸和平发展具有启发的作用。同时,也为相关研究者,提供一个新的思维角度,甚具参考价值。乃为之序,并引唐朝诗人李白之诗作《早发白帝城》:"朝辞白帝彩云间,千里江陵一日还。两岸猿声啼不住,轻舟已过万重山!"聊表对两岸关系今昔发展情景的感叹。

苏佳善

写于台湾台北 2015 年 3 月 10 日

苏佳善：台湾"内政部合作及人团体司"官员，负责民间组织与合作事业的政策规划、"中央"民间团体的设立、辅导与管理、法规制定与解释等。中国文化大学"中山与中国大陆研究所"博士，研究方向为民间组织相关领域，包括：治理、民间组织的功能与角色、社会运动等。

摘　要

随着两岸关系的日趋紧密，各类经济合作与产业对接正朝纵深发展，为推进两岸行业协会深度交流合作提供了更加广阔的发展空间。台湾对大陆经贸政策的逐步调整，离不开台湾各界尤其是包括行业协会在内的民间力量的积极推动。在当前两岸关系大背景下，如何推动两岸行业协会紧密交流合作，更加有效地发挥行业协会对产业对接合作的驱动作用，对两岸社会全面和谐发展具有重要意义。本书分为两大部分：比较篇与合作篇。全书共9章，2~5章为比较篇，分别从发展运作、管理体制、治理水平、组织能力、经营管理五个方面对两岸行业协会进行比较；6~8章为合作篇，分别从共生理论、两岸人才交流合作、"21世纪海上丝绸之路"的视角研究两岸行业协会合作问题。比较篇的四个比较纬度的选择涵盖了宏观体制和微观运作；共生理论和战略协同理论贯穿了合作篇，最后响应"21世纪海上丝绸之路"战略的时代背景，运用共生理论和战略协同理论将两岸行业协会合作研究推向高潮。

关键词： 海峡两岸　行业协会　比较　合作

Abstract

With the closer and closer relationship of Mainland China and Taiwan, all kinds of economic cooperation and industry connections are developing in depth, which provides more opportunities to push on the communication and cooperation between Cross – Strait industry associations. The adjustments of Taiwan's policies of economic and trade depend on the positive function of various NPOs including industry associations in Taiwan. Today, it is significant to promote the communication and cooperation of Cross – Strait industry associations and drive Cross – Strait industry associations to play efficient roles in Cross – Strait industry connections. There are two parts in the research: Comparison and Cooperation. There are 9 chapters in the book. The part of Chapter 2 – 5 includes comparisons of Cross – Strait industry associations from four aspects of development and administrative system, governance, capacity and management. The part of Chapter 6 – 8 contains the communication and cooperation of Cross – Strait industry associations based on the perspectives of symbiosis theory, cooperation in Cross – Strait talents, and national strategy of the 21st Century Maritime Silk Road. The four comparative contents selected cover macro – systems and micro – operations. Symbiosis theory and strategic synergy theory runs through the part of cooperation. The research has been pushed to a new high by the studying on the national strategy of the 21st Century Maritime Silk Road.

Key Words: Cross – Strait; industry association; comparison; cooperation

目 录

第一章 绪论 ·· 1
 第一节 研究意义和目的 ·· 1
 第二节 行业协会 ·· 5
 第三节 研究方法 ··· 14
 第四节 研究内容 ··· 17

第二章 两岸行业协会发展运作和管理体制比较
    ——一个从历史到现实的考察 ·· 20
 第一节 大陆行业协会发展概况 ·· 20
 第二节 台湾行业协会发展概况 ·· 24
 第三节 两岸行业协会比较分析 ·· 32
 第四节 经验借鉴与问题分析 ··· 44

第三章 两岸行业协会治理比较
    ——一项评估的结论 ··· 50
 第一节 行业协会治理评估的相关研究 ······································ 50
 第二节 行业协会治理的概念与内涵 ··· 54
 第三节 行业协会治理的评估理论与实践 ··································· 66
 第四节 行业协会治理的评估模型 ·· 75
 第五节 行业协会治理的两岸比较 ·· 83
 第六节 行业协会治理的评估结论与建议 ·································· 109

第四章　两岸行业协会组织能力比较
　　——两组案例的对比 …………………………………… 114
　第一节　行业协会组织能力的概念……………………………… 114
　第二节　两岸行业协会组织能力案例选取……………………… 116
　第三节　案例分析与两岸比较…………………………………… 121

第五章　两岸行业协会经营管理比较
　　——若干访谈的总结 …………………………………… 137
　第一节　战略协同与策略合作…………………………………… 137
　第二节　市场营销与质量管理…………………………………… 145
　第三节　人事管理与激励机制…………………………………… 153

第六章　基于共生理论视角的两岸行业协会交流合作 ………… 177
　第一节　两岸行业协会交流合作的初步成效和存在问题……… 177
　第二节　共生理论的概念和内涵………………………………… 181
　第三节　共生理论的适用性分析………………………………… 185
　第四节　共生关系模式进化机制构建…………………………… 188

第七章　基于行业协会平台的两岸人才交流合作 ……………… 199
　第一节　行业协会在两岸人才交流合作中的价值与意义……… 199
　第二节　行业协会在两岸人才交流合作中的作用与内容……… 202
　第三节　行业协会在两岸人才交流合作中的现状与问题……… 205
　第四节　行业协会在两岸人才交流合作中的对策与建议……… 211

第八章　基于"21世纪海上丝绸之路"战略构想的两岸行业协会
　　　　　交流合作 ……………………………………………… 214
　第一节　"21世纪海上丝绸之路"的内涵及战略意义 ………… 214
　第二节　"21世纪海上丝绸之路"两岸合作的现实基础 ……… 216

第三节　"21 世纪海上丝绸之路"两岸行业协会的共生关系及
　　　　　　协同效应 ································· 221
　　第四节　"21 世纪海上丝绸之路"两岸行业协会的合作路径 ······ 225

第九章　结论 ··· 232
　　第一节　研究观点总结 ···································· 232
　　第二节　研究的局限以及需要进一步解决的问题 ·············· 236

参考文献 ··· 238

附录　《行业协会治理能力评估问卷》 ······················· 249

后　记 ··· 256

Contents

1 **Introduction** 1
   1.1 Research Significance and Objective 1
   1.2 Industry Association 5
   1.3 Research Methods 14
   1.4 Research Contents 17

Part ofComparison

2 **Comparison of Development and Administration——the Survey from History to Reality** 20
   2.1 General Situation of Industry Associations in Mainland 20
   2.2 General situation of Industry Associations in Taiwan 24
   2.3 Comparative Analysis 32
   2.4 Experience Reference and Problem Analysis 44

3 **Comparison of Governance——the Conclusion from a Evaluation** 50
   3.1 Research Overview 50
   3.2 Concepts and Connotations 54
   3.3 Evaluation Theories and Practices 66
   3.4 Evaluation System 75

3.5 Comparative Study 83
3.6 EvaluationConclusion and Suggestion 109

4 **Comparison of Capacity——the Contrast of Two Cases** 114
   4.1 Concepts and Scope 114
   4.2 Case Selection 116
   4.3 Analysis and Comparison 121

5 **Comparison of Management ——the Summary of Several Interviews** 137
   5.1 Strategic Synergy and Tactful Cooperation 137
   5.2 Marketing Management and Quality Control 145
   5.3 Human Resource Management and Incentive Mechanism 153

Part ofCooperation

6 **Cooperation in view of Symbiosis Theory** 177
   6.1 Current Situation of Communication and Cooperation 177
   6.2 Concepts and Connotations of Symbiosis Theory 181
   6.3 Applicability Analysis of Symbiosis Theory 185
   6.4 Evolutionary Mechanism of Symbiosis Mode 188

7 **Cooperation in Cross – Strait talents on Platform of Industry Association** 199
   7.1 Value and Signification of Platform of Industry Association 199
   7.2 Functions and Contents of Platform of Industry Association Promoting Cooperation in Cross – Strait talents 202
   7.3 Current Situation and Existing Problems of Coopration in Cross – Strait talents on Platform of Industry Association 205

7.4　Countermeasures and Suggestions ·················· 211

8　Cooperation Based on the Perspective of National Strategy of the 21st Century Maritime Silk Road ·················· 214
8.1　Connotations and Strategic Significance of the 21st Century Maritime Silk Road ·················· 214
8.2　Realistic Basis of Cross – Strait Cooperation ·················· 216
8.3　Symbiotic Relationship and Synergy Effect of Cross – Strait Industry Associations co – building the 21st Century Maritime Silk Road ·················· 221
8.4　Cooperation Paths of Cross – Strait Industry Associations co – building the 21st Century Maritime Silk Road ·················· 225

9　Conclusions ·················· 232
9.1　Research Summary ·················· 232
9.2　Limitation and Prospect ·················· 236

Reference ·················· 238

Appendix　Questionnaire of Industry Association Governance ·········· 249

Afterword ·················· 256

第一章　绪论

第一节　研究意义和目的

一　现实背景和意义

两岸关系和平发展不可逆转，大开放、大交流、大合作的新格局正向纵深推进。2012年台湾地区领导人选举结果进一步佐证"九二共识"、和平发展是两岸人民的共同愿望。海峡两岸的关系日趋紧密，尤其是两岸经济关系已进入了双向合作、互利共赢的新阶段。从两岸实现"小三通"向"大三通"跨越，到2009年5月国务院出台《关于支持福建省加快建设海峡西岸经济区的若干意见》，海峡西岸经济区建设上升为国家战略；2011年3月国务院又批复《海峡西岸经济区发展规划》，再到2010年9月《海峡两岸经济合作框架协议》（ECFA）正式生效，2013年6月两岸签署海峡两岸服务贸易协议，两岸各类产业的对接合作正朝纵深发展，这些都为推进两岸行业协会深度交流合作提供了更加广阔的发展空间。在两岸长期复杂多变的政治关系下，基于"五缘"优势的民间交流往往比政治对话更为现实，也更加有效。台湾对大陆经贸政策的逐步调整，离不开台湾各界尤其是包括行业协会在内的民间力量的积极推动。行业协会是由相同或相似行业企业为主体依法自愿组成的自律性、行业性、非营利性的民间组织，是政府和企业的桥梁和纽带。在当前两岸关系大背景下，如何推动两岸行业协会紧密交流合作，更加有效地发挥行业协会对产业对接合作的驱动作用，对两岸社会全面和谐发展具有重要意义。

其一，有利于实现两岸产业有序转移与有效对接。新一轮的台湾地区产业梯度转移，呈现出相对显著的"扎堆转移"特征，招大商、产业链招商、集群招商将成为大陆地区吸引台湾地区产业转移的主要模式，而引资主体也发生潜移默化的转变，即"官方、半官方主导"向"官方搭台、以民引民"转变。行业协会，作为同行业的引领者，在新一轮两岸产业对接中将大有商机、大有作为。两岸产业对接合作的现状，呈现出信息不对称，台湾地区的优质资源、优质项目相对有限，大陆各个区域争相引入优质项目，容易导致同一个项目存在多个城市同一时间与台商谈判。这种情况下，在项目招商谈判中容易产生无序竞争，各地为了争得项目，纷纷拿出"超优惠"条件吸引对方，大大增加了两岸产业对接的交易成本。因此，有必要让一些相似或相同的产业、企业由行业协会牵头协调相关地市，统一对台进行组团式招商，洽谈台湾地区新一轮产业梯度转移问题，向台湾提供更系统的投资信息与资讯，从而增加两岸谈判中的沟通与理解。

其二，有利于全面提升两岸经贸合作水平。两岸行业协会携手合作，有助于推动两岸经贸关系向纵深发展，创造涵盖海西与台湾地区的海峡两岸经济共同体的区域经济荣景。行业协会作为企业和政府的桥梁纽带，与单个企业相比，更能从全局把握行业发展脉搏，对两岸产业的有机合作、科学规划、合理布局发挥积极的作用。实践证明，在两岸经贸往来中，行业协会起着重要的推动作用，既避免政府间谈判的尴尬和紧张，又弥补企业间单枪匹马进行交流与合作的缺陷。同时，发挥行业组织在两岸同行企业之间沟通协调、制定行业标准、规范行业秩序、协调行业纠纷、维护行业公正等方面独有的作用，从而在中观层面上优化两岸经贸合作与产业交流的发展环境。两岸区域的发展条件各异、发展阶段不同，各具相对比较优势，产业互补性也较强，代表两岸同一产业的行业协会在谈判、交流、构建合作机制时应秉承平等合作、互惠互利的原则，才能使两岸经贸合作实现双赢和可持续发展。

其三，有利于推进两岸经济社会和谐发展。台湾当局对大陆的经贸态度从1996年"戒急用忍"政策转向2001年"积极开放、有效管理"新大陆经贸政策，再到马英九当局采取了一系列较为积极、开放的两岸经贸政策措施。这与台湾各界尤其是包括行业协会在内的民间力量的推动不无关系。对于台湾企业而言，台湾当局与大陆建立持久平稳、平等互利的经贸关系是两岸同行企业实现双赢的举措，他们愿意去推动两岸产业的对接与合作。两岸企业在行业协会的牵引下建立的规则、形成的机制给双方带来共同利益时，必然推动其他行业的模仿与效法，最后有可能被当局认可形成公共规则，从而取代台湾当局现存的不合理的经贸政策。在两岸时紧时松的政治背景下，充分发挥行业组织的民间沟通功能，通过政策宣传和实务导向，将有助于消除两岸人民的隔阂和误会，为两岸经贸往来创造宽松友爱的外部环境，从而推进两岸经济社会全面和谐发展。

二　理论研究价值

国外学者对行业协会的研究趋于成熟，但从研究方法和内容来看，主要集中在两个方面：一是关于行业协会的发生学理论，主要是解释行业协会本质、出现及持续发展；二是关于行业协会的职能学理论，主要是评判行业协会的作用或职能以及发挥条件。关于区域行业协会间交流与合作的较为系统研究可以追溯到格雷夫·阿夫纳（Greif Avner）应用博弈论工具对古老的"基尔特"等行业组织之生发衰变进行的分析，阐发运用行业协会进行中世纪海外商业扩张的积极作用。[①] 现有研究表明，行业协会具有市场补充功能和市场提升功能，具有信息提供、行业自律和对外协调等功能优势，从而使得行业组织可以代表本行业企业与外界组织实现交流与合作。

国内学术界对行业协会的研究主要包括对行业协会的产生和分类的研究；介绍和分析国内外行业协会的管理体制和运行模式；有关行业协会职能定位的研究；各领域的学者从法学、社会学、历史学、经济学等学科角度进行的研究。关于区域行业协会间交流合作的研究，近两年开始进入学者研究视线。葛月凤分析目前长三角行业组织在合作中的主要问题，强调信息化在合作发展中的特殊作用，即建设行业协会信息共享的网络平台。[②] 孙宝强提出要建立粤港澳行业组织合作的组织架构——设立粤港澳

[①] Greif Avner, Economic History and Game Theory: A Survey. Forthcoming in the Handbook of Game Theory, Working paper, Stanford University, 1997, p.28.

[②] 葛月凤：《长三角行业协会合作发展问题分析》，《上海经济研究》2008年第1期。

行业协会总会，作为组织内部各项事务的谋划、协调、组织等工作，以行业为单位设立若干分会，负责各自行业的事务。① 但关于海峡经济区行业协会间，尤其是海西地区与台湾行业协会间交流与合作的研究几乎空白。同时对于有关台湾行业协会的角色功能、运作模式和治理机制的研究也鲜以为见，通过对两岸行业协会的比较研究探索构建合作机制的系统研究更有待完善。笔者在这方面做过一些初步探讨并得出一些研究结论，如引入种群生态学中的共生理论，提出充分发挥行业组织的沟通和协调作用，有助于促进闽台经贸合作与产业对接向对称互惠共生条件下的一体化共生模式演化②；对台湾行业协会具体状况进行调查、数据收集，为大陆行业协会发展战略与对策研究提供对比和借鉴③；通过比较大陆和台湾行业协会的发展进程、立法现状、职能作用，提出如何构建两岸行业协会交流合作机制④；分析行业协会在引导和促进两岸人才交流合作方面具有独特优势，设计基于行业协会平台的闽台人才交流合作机制⑤。尽管如此，该领域的研究在广度和深度上仍存在较大的延展空间，有待进一步系统化。

　　行业协会在全球竞争和市场经济中所能起的作用越来越得到广大学者的认同，但是，限于历史、管理体制等诸多方面的因素，当前我国大陆的行业协会发展和改革工作困境重重，行业协会在实际经济社会生活发挥的作用比较有限，与国际真正意义上的行业协会相比还存在较大的差距。大陆与台湾地区行业协会的生成模式、生长环境、法律制度差别较大，同质性和差异性并存，双方的交流合作既有一定基础，也存在实践中的客观问题。解决这些问题的过程，正是两岸行业协会交流合作机制不断完善的过程。因此，本书基于比较研究的视角，通过文献研究和实地调研比较两岸行业协会发展演变和管理体制的差异，通过问卷评估结论比较两岸行业协

---

① 孙宝强：《发挥行业协会商会在粤港澳市场一体化中的作用》，《市场与价格》2009年第5期。
② 徐晞：《基于共生理论的闽台行业协会合作机制》，《海峡经济》2010年第1期。
③ 徐晞：《台湾行业协会发展概况及对大陆的启示》，《亚太经济》2013年第2期。
④ 徐晞：《关于加强海峡两岸行业协会交流与合作的探讨》，《国家行政学院学报》2011年第2期。
⑤ 徐晞：《基于行业协会平台的闽台人才交流合作研究》，《福建农林大学学报》（哲学社会科学版）2005年第3期。

会的治理结构和治理机制,通过案例研究比较两岸行业协会的组织能力,通过实地调研和访谈比较两岸行业协会的运行管理。比较的目的是知己知彼,实现更好的合作。本书进而构建有利于两岸行业协会紧密交流合作的共生、共赢机制,运用共生理论来进一步挖掘和发挥行业协会在促进两岸关联产业深度对接合作中的驱动作用;利用行业协会在引导和促进两岸人才交流合作方面所具有的独特优势,将其发展为现有人才交流平台的有益补充;将两岸行业协会的交流合作融入共建21世纪"海上丝绸之路"的新时代发展战略中。

三 研究目的和创新

本书研究的目的,一方面,通过了解和掌握两岸行业协会的治理效率差异以及各自的管理运作特色,推动行业协会健康发展,有利于各级政府对本区域行业协会和来大陆交流合作及开展业务的台湾行业协会实现有效服务管理。另一方面,有助于深化对当前两岸经贸政策执行效果的认识和理解,构建两岸行业协会互惠共赢发展的政策体系和制度环境,通过行业协会这一合作平台实现海峡区域经济的可持续发展,进而创新两岸区域合作模式,实现经济社会的全面和谐发展。同时,将行业协会的研究与海峡两岸交流合作研究相结合,丰富国内对行业协会研究的内容,并为国内行业协会研究提供新的方向。运用战略协同理论和共生理论来研究两岸行业协会关系问题,不仅论证了行业协会的相关研究结论,而且为两岸行业协会交流合作的制度分析与战略选择提供分析依据,同时也扩展了这些理论在区域行业协会合作领域的应用研究。通过行业协会的研究视角解决两岸人才交流合作问题以及扩展21世纪"海上丝绸之路"的研究范围,这些都是全新的尝试。

第二节 行业协会

一 行业协会的概念界定

行业协会,英文为"Industry Association","Trade Association",

"Trade Promotion Association"、"Business Association"、"Chamber of Commerce and Industry"、"Employer Association"，等等。不同国家，不同行业，对于行业协会的定义不尽相同。美国《经济学百科全书》界定，行业协会是"一些为达到共同目标而自愿组织起来的同行或商人的团体"①；英国《大不列颠百科全书》则认为，行业协会是由独立的经营单位所组成，是为保护和增进全体成员的合理合法②；乔治·P. 兰姆（George. P. lamb）等认为，"行业协会是由竞争者组成的，在一个广泛而急速扩张的领域通过相互利益所构成的一个合作性组织；行业协会是一种非营利组织，它是由商业中的竞争者所构成，其目的在于促进和提高该行业中的一个或多项经济利益或者是该领域所覆盖成员的经济利益"③；E. 威廉姆森（Oliver E. Williamson）认为，"行业协会是指具有同一、相似或相近市场地位的特殊部门的经济习惯行为人组织起来的、界定和促进本部门公共利益的集体性组织"④；F. 布拉德利（Joseph F. Bradley）认为，"行业协会是由参加相同或类似经济活动的公司所构成的旨在解决其共同或普遍性问题的组织。或者说行业协会是由单一行业的竞争者所构成的非营利组织，其目的在于促进该行业中的产品销售和雇佣方面提供多边性援助服务"⑤。尽管各国对行业协会的称呼和定义表述不大相同，但其核心内容并无二致。

国内对于行业协会的认识也因研究角度的差异而有所不同，在称呼上也有"行业组织""行业社会团体""同业公会""商会""行会""联合

---

① 百度百科·协会 http：//baike. baidu. com/link？ url ＝ dpCQ9JvykTd0ZluKp5GtHv － 1aeULt0Xpmo6n3um4two0S1FqLRcjzz － IcJAGLDRaNPwMBcIXArAQPkRXmtm74a，最后访问时间：2015 年 3 月 22 日。
② 百度百科·协会 http：//baike. baidu. com/link？ url ＝ dpCQ9JvykTd0ZluKp5GtHv － 1aeULt0Xpmo6n3um4two0S1FqLRcjzz － IcJAGLDRaNPwMBcIXArAQPkRXmtm74a，最后访问时间：2015 年 3 月 22 日。
③ George. P. lamb，*Sumnters Kittelle. trade association law and prance*（Washington： Little，Brown and Compan，1956），p. 1.
④ Oliver E. Williamson，Markets and Hierachies：Analysis and Antitrust Implication，*The Free Press*，A Division of Macmillan Publishing Co3 （1975），pp. 127 – 131.
⑤ Joseph. F. Bradley，*The role of trade association and professional business society*（New York：university pork pennsy bvania，1965）. p. 4.

会"等不同的概念,不过在当前逐渐统一为"行业协会(商会)"[①]。国内对于行业协会的定义五花八门,从理论和实践两个方面对其进行归纳整理如下:

1. 理论方面

国内学者从不同的角度对行业协会下定义。王名认为,"行业协会是在市场经济条件下,以行业等具有经济关联性的多数企业为主体,在自愿基础上结成的以保护和增进会员利益为目标的非政府组织"[②]。贾西津认为"行业协会是一种主要由会员自发成立的会员制的、在市场中开展活动的、以行业协会为标识的、非营利的、非政府的、互益性的社会组织"[③];梁上上认为"行业协会是以同一行业共同的利益为目的,以为同行企业提供各种服务为对象,以政府监督下的自主行为为准则,以非官方机构民间活动为方式的非营利的法人组织"[④];张志勋和刘运根认为"行业协会是指某一行业或某一专业内的生产经营者自愿组织起来的非营利性、自律性社团组织,主要对本组织内的成员进行利益平衡和协调、沟通信息、维护良性秩序,进行自律管理等"[⑤];翟鸿祥认为"行业协会是市场经济发展的必然产物,是社会经济自我管理与服务、自我约束与协调的民间性、自律性组织"[⑥]。

2. 实践方面

由于目前我国还没有统一的行业协会立法,中央和各地方政府对行业协会也做了各自不同的界定:1997年国家经贸委印发的《关于选择若干

---

① 商会与行业协会的界限模糊。一般而言,行业协会和商会分别代表"业缘性"组织和"地缘性"组织,一定地域范围内跨行业、跨产业的综合性行业协会称为商会。有时,把商业领域的行业协会称为商会。另外,在有些地方比如温州,实务界习惯把政府职能部门作为业务主管的组织称为行业协会,而由工商联(总商会)作为业务主管的组织称为行业商会。2007年国务院办公厅关于《加快推进行业协会商会改革和发展的若干意见》前言部分写道"行业协会、商会(以下统称行业协会)"。——笔者注
② 王名、孙春苗:《行业协会论纲·中国非营利评论》(第四卷),社会科学文献出版社,2009,第2页。
③ 贾西津等:《转型时期的行业协会——角色、功能与管理体制》,社会科学文献出版社,2004,第11页。
④ 梁上上:《论行业协会的反竞争行为》,《法学研究》1998年第4期。
⑤ 张志勋、刘运根:《论我国行业协会的地位和作用》,《企业经济》2004年第3期。
⑥ 翟鸿祥:《行业协会发展理论与实践》,经济科学出版社,2003,第1页。

城市进行行业协会试点的方案》将行业协会定义为"社会中介组织和自律性行业管理组织。在社会主义市场经济条件下,行业协会应是行业管理的重要方面,是联系政府和企业的桥梁、纽带,发挥服务、自律、协调、监督的作用。同时,又是政府的参谋和助手";1999 年国家经贸委《关于加快培育和发展工商领域协会的若干意见(试行)》中规定,"工商领域协会(包括工商领域协会、商会等社会中介组织)是以有关企业、事业单位和行业协会为主要会员,依照国家有关法律法规自愿组成的自律性、非营利性的经济类社会团体法人,是企业与政府之间的桥梁和纽带,通过协助政府实施行业管理和维护企业合法的权益,推动行业和企业的健康发展";中共中央十四届三中全会的《中共中央关于建设社会主义市场经济体制若干问题的决定》文件中明确规定,"中介组织要依法通过资格认定,依据市场规律,建立行业自律运行机制,承担相应法律和经济责任,并接受有关政府部门的管理和监督";2002 年 1 月 10 日《上海市行业协会暂行办法》第二条规定,"本办法所称行业协会,是指由本市同业经济组织以及相关单位自愿组成的非营利性的以经济类为主的社团法人",2002 年 10 月 31 日《上海市促进行业协会发展规定》将行业协会定义修改为"由同业企业以及其他经济组织自愿组成、实行行业服务和自律管理的非营利性社会团体";2006 年 3 月《广东省行业协会条例》将行业协会定义为"从事相同性质经济活动的经济组织,为维护共同的合法经济利益而自愿组织的非营利性社会团体";2014 年 4 月《深圳经济特区行业协会条例》第三条规定,"本条例所称的行业协会,是指企业、个体工商户和其他经济组织,为促进经济发展维护合法权益,而自愿组成、按照章程自律管理,依法设立的非营利性社会团体法人";2002 年 8 月福建省人民政府《关于促进行业协会改革与发展的指导意见》提出"行业协会是由同行业经济组织自愿组成的行业性、自律性的非营利社团组织";1999年 4 月《温州市行业协会管理办法》第三条规定,"行业协会由同一行业的企业、个体商业者及相关的企事业单位自愿组织的民间性、自律性、非营利性社会团体法人"。

我国台湾地区一直沿用从民国时期开始使用的"同业公会"称谓,2002 年的《公平交易法实施细则》中,将同业公会称为"依《工业团体法》成立的工业同业公会和工业会""依《商业团体法》成立的商业同业公会、商业同业公会联合会、输出业同业公会及联合会、商业会"或"以其他法规规定成立的职业团体"。同业公会是台湾行业协会的主要组成部分。① 台湾现行的《工业团体法》和《商业团体法》对同业公会的概念进行了描述:"工业团体,以协调同业关系,增进共同利益并谋划同业之改良推广,促进经济发展为宗旨。工业团体为法人"(《工业团体法》)。《商业团体法》第一、二条规定:"商业团体,以推广国内外贸易,促进经济发展,协调同业关系,增进共同利益为宗旨。商业团体为法人"。

国外对行业协会的定义五花八门,而我国国内对行业协会的理论研究正处于不断探索和深化的阶段,研究学者来自各个不同的学科领域,从不同学科角度定义行业协会的内涵和外延。由于目前我国还没有统一的行业协会法,行业协会不仅定义、称呼莫衷一是,而且随着经济社会的发展及理论研究的不断深入而发生着变化。本书认为行业协会是工商业者的联合,不同于其他学术性、公益慈善类团体等组织,可以将行业协会本质概括为:基于降低市场主体交易成本为目标,以相同或近似行业企业为主体,依据国家有关法规和政策自愿组成的、自律性的会员制民间非营利组织。

二 行业协会的组织特征和职能

1. 行业协会的组织特征

(1) 社团性。非营利组织包括会员制和非会员制两类,行业协会由会员组成,是一种"人合"性质的组织,组织的最高权力机构是会员大会。行业协会有自己的名称、会址、章程、固定的财产、独立的民事责任能力,其成立需经过登记程序。

---

① 根据本书第二章分析,台湾狭义的行业协会是指依据《工业团体法》和《商业团体法》调整的工业同业公会、工业会、商业同业公会、商业同业公会联合会、输出业同业公会及联合会、商业会,一般统称为工商团体或工商同业公会。广义的行业协会还包括职业团体以及社会团体中的经济业务团体、国际经济团体、同乡性商会等社会组织。——笔者注

（2）互益性。不同于公益性的非营利组织，行业协会成立的目的是追求同行业者的共同利益最大化，因而它具有天然的互益性。"任何时候，一个个体只要不被排斥在分享由他人努力所带来的利益之外，就没有动力为共同的利益做贡献，而只会选择做一个搭便车者。如果所有的参与人都选择搭便车，就不会产生集体利益。"① 而行业协会能够为企业提供依靠单个企业自身的努力而无法获得的集体利益，因而它能够把众多的个体成员聚合起来形成重要的中介组织。奥尔森更是通过引用莱昂·费斯廷格（Leon Festinger）的一句话②，一语道破企业参与行业协会的真谛："集体成员身份的吸引力并不仅仅是一种归属感，而在于能够通过这一成员身份获得什么。"③ 在奥斯特罗姆看来，个体的理性和知识能力是有限度的，这就使得个体有可能也必须在集体行动中表现出利他的一面，参与集体合作。④ 因而绝大数行业协会都会在章程中规定其成立的宗旨在于增进会员的共同利益。当然，"行业协会也可能在活动过程中为了达成本协会的利益而主动对社会普遍的公共利益予以关注并造成影响，这也是作为社会公共组织的一种'公共性格'的体现，而且社会政治经济的发展也要求这些组织超越本团体视野的限制，在争取自身利益的同时，关注社会普遍利益。"⑤

（3）非营利性。行业协会的非营利性并不意味着行业协会不能有利润收入，而是指行业协会组建和运作的目的不在于追求利润的最大化，而在于为其成员提供一些带有公共性质的产品或服务。行业协会的非营利性体现在各国法律一般都规定行业协会的发起人或出资者不得凭借股本分配利润，其盈余必须全部投入与行业协会宗旨有关的事业，即所谓的分配限制条款（the articles of distributional constraints）。正是因为行业协会的非营

---

① 〔美〕埃莉诺·奥斯特罗姆：《公共事务的治理之道》，余逊达、陈旭东译，上海三联出版社，2000，第8页。
② Leon Festinger, "Group Attraction and Membership", in Group Dynamics, ed. dorwin Cartwright and Aivin Zander (Evanston, Ⅲ.: Row, Peterson, 1953), p.93.
③ 〔美〕曼瑟尔·奥尔森：《集体行动的逻辑》，陈郁等译，上海人民出版社，1995，第6页。
④ 〔美〕埃莉诺·奥斯特罗姆：《公共事务的治理之道》，余逊达、陈旭东译，上海三联出版社，2000，第16~19页。
⑤ 黎军：《行业组织的行政法问题研究》，北京大学出版社，2002，第8页。

利性特征，大多国家的税法，都对行业协会给予了优惠政策的规定。

（4）行业性。行业协会的行业性指的是其会员一般来自同一行业，与其提供的产品或服务相关。行业协会的会员可以根据其来源分为两种类型，一种是来自同一行业且提供相同的产品，并处于生产和流通的同一阶段；另一种是来自同一行业但处于生产和流通的不同阶段，成员之间属于生产的上下游关系。显然，这两种类型的会员都来自同一行业，都具有同业性。既然它们同属于相同的行业，那么它们对于市场环境、政策法律环境等就具有大致相同的利益诉求，也就有了相同的利益目标，这也是行业协会得以形成及有效运作的基础。当然，同行业的会员之间除了有共同的利益目标外，也存在个体的利益目标，一般而言它们都力求自身的利润（或效率）最大化，因而行业协会的会员之间存在此消彼长的竞争关系。这就需要行业协会对会员企业的个体利益和行为进行协调，制定行业道德准则和行规行约行使行业规范的职能，维护行业公平竞争秩序。

（5）自愿性。行业协会一般是由同行业企业自愿组织形成的，并按照各方成员的意志表示一致订立章程，章程生效后对其成员具有普遍的约束力，但不具有法律的强制力。行业协会依据章程规范协调内部事务，管理协会内部成员。

（6）非政府性。行业协会既不是政府机关也不是政府的附属机构，它不应采用"行政化"的管理手段与运作模式，其本质是"民间"组织，其经费、人事皆不来源于政府。行业协会一旦依法成立则可以在法律允许的范围内订立章程或规约，充分行使自治权，进行自我监督、自我管理。"政府非依法不得对其在法定自治权限范围内的行为进行干预。"①

以上特征是行业协会与政府、企业，甚至是与其他类型的非营利组织区分的依据或标准，然而我国大陆地区的行业协会，正处于"计划"向"市场"过渡时期，其特征并不完全与上述标准相吻合。由于与政府保持着千丝万缕的联系，我国大陆的不少行业协会被戏谑为"二政府"，其"自愿性""非政府性"的特征不甚明显。即便如此，这些行业协会仍发

---

① 吴柯：《模式选择和改革方向——社会转型期我国行业协会的发展》，复旦大学硕士学位论文，2007，第6页。

挥着行业协会应有的部分功能,并随着经济社会的发展和改革的不断深入,向着严格意义上的行业协会演进。

2. 行业协会的组织职能

行业协会是深化市场经济体制改革和社会分工在市场领域细化的必然产物,转变传统的行业主管部门行政管理模式,赋予行业协会必要的职能,促进政府与行业协会制度化合作,是我国产业经济发展、提高国际竞争力的重要环节。因此,有必要对行业协会职能重新进行系统定位。

(1) 国外发达国家行业协会的职能特征

美国、德国、日本行业协会的发展比较迅速和规范,且分别代表不同政治经济环境下行业协会的发展模式,体现出各具特色的行业协会职能特征,而且对规范我国行业协会职能定位具有十分重要的借鉴作用。

①美国。美国广义的行业协会通常包含了美国 IRS(Internal Revenue Service,美国国税局)的《国内税收法规》(Internal Revenue Code)关于免税的 501(C)(6)项下的五种组织类型:行业联盟(Business Leagues)[①],商会(Chambers of Commerce)[②],房地产协会(Real Estate Board)[③],商业贸易委员会(Boards of trade)[④],职业足球联盟(Professional Football Leagues)[⑤]。不包括职业足球联盟,截至 2012 年底,美国行业协会的数量达到 63988 个,2010 年在国税局申报的资产总量为 655.82 亿美元[⑥]。美国行业协会的形成模式是自下而上,几乎没有政府的参与和推动,协会对产业经济的影响不亚于政府,其职能主要体现三个方面:一是服务,如提

[①] 一些具有共同商业利益的个人,基于促进共同利益而非获得商业利润的目的而组成的组织,致力于改善一个或多个行业的商业环境包括行业性和职业性协会。
[②] 通常由一个城市或地域的工商业者所组成,不区分业者所经营的行业,具有地缘性特征。
[③] 由对提升房地产行业市场条件感兴趣的成员所组成。
[④] 由相同商业领域的同行业者所组成,包括该行业的上下游企业具有业缘性特征。
[⑤] 包括声名显赫的美国足球联盟(NFL,但于 2015 年 4 月 28 日宣布放弃免税资格,不再是非营利组织)、美国曲棍球联合会(NHL)等在内的职业体育联盟,这些组织可以免税,不管是否为运动员管理养老基金。一般不将该类组织视为行业协会。参见:NFL WILL Ends Its Tax – Exempt Statins Goodell Tells Owners, 2015 年 4 月 28 日, http://www.bloomberg.com/politics/articles/2015 – 04 – 28/nfl – will – end – its – tax – exempt – statns – goodell – tells – team – owners。
[⑥] Katie L. Rgeger., Amy S. Blackwood. and Sarah L. Pettijohn, "The Nonprofit Almanac 2012"(The Urban Institute Press, Washington DC)p. 4.

供信息咨询、为企业培训生产技术人员等；二是参与立法，如美国《电信法》是由美国通信工业协会（TIA）牵头，联合众多协会起草于1996年正式通过国会立法；三是维护企业权益，如美国政府在WTO谈判中的谈判条款都由行业协会提供，谈判结果也要得到各行业协会的认可才能获得国会的批准；四是制定行业标准。

②德国。德国行业协会的形成模式是自上而下，政府推动行业协会的建设但不提供财政支持；德国1956年颁布的《工商会法》规定所有企业必须加入工商业协会，对于可以自愿参加的行业协会，入会率也超过90%，其覆盖率之高是任何其他发达国家无法比拟的；德国协会除了服务和协调职能外，还具有参政职能，影响产业政策的形成，协会接受立法机构或政府的委托后能具备其他特定的职能，即对某些行业、某些企业实施非官方的特殊监管。

③日本。日本比较强调政府与企业的合作，强调企业之间的紧密联系，所以协会的形成模式是政府与企业合作，财政提供支持；日本协会作为"官民协调"的重要机构，具有广泛且深入的职能，从行业自律到行业服务，从组织协调到参政立法，企业、行业协会、政府共同形成独特的M型社会。

（2）行业协会职能的定位

行业协会的职能来源于两方面，一是法律授权和政府委托，行业协会行使的是一种对行业公共事务的管理权力，离不开法律的支撑；二是会员根据行业协会章程联合授权。在确定行业协会的具体职能时，应认真梳理行业协会的固有职能、授权和委托职能，对行业协会的固有职能作出详细的规定，同时也要明确法律授权和政府委托的范围。结合大陆和台湾相关法规和调研情况，对于行业协会的职能构成可以归纳为三大类，即自律、服务、代表。

①自律职能。行业自律是行业协会的主要成因，也是行业协会的主要职能之一。行业协会的自律职能主要表现为三个方面：一是行业规范，即制定行业道德准则和行规行约，规范企业和行业的行为，维护行业公平竞争秩序，消除内部恶性竞争，维护消费者合法权益，这有利于提高行业竞争力，维护行业整体利益。二是行业惩戒，即建立行业权利和控制体系，进行行业管理的监督和检查，通过各种方式消除行业内的"害群之马"，包括警告、业内批

评、通告批评、开除会员资格、建议行政机关依法对非会员单位的违法活动进行处理等。三是内部协调，即协调行业内各企业的行为和利益，一方面制定行业服务规范和产品技术标准，不但能促进行业整体发展，还能保护本国产业，例如美国西红柿生产商想打入墨西哥市场，墨西哥农业协会负责西红柿方面的专家委员会特地为此制定了一条新的行规，凡直径大于7公分的西红柿不得上市，由于美国西红柿普遍在外观上大于本地西红柿，最终被迫退出墨西哥副食品市场[①]；另一方面建立反倾销预警机制，在一些以出口为主的行业中，行业协会将对出口企业的出口市场分布、产品数量的市场分布进行宏观调控，这样可以防止同类产品大量集中在少数国家和地区，造成低价竞争的状况，有效避免进口国家和地区提起反倾销投诉。

②服务职能。包括外部服务和内部服务，既包括对政府和社会的服务，又包括对行业内部企业的服务。主要体现在：商情调查，即行业协会根据法律法规的授权和政府委托，开展行业统计、行业调查、发布行业信息、企业公信证明和行业准入资格资质审核等活动，这些活动既是行业立法和行业政策制定的依据，又是行业协会进行具体生产经营活动的信息条件；行业培训和技术咨询；制定行业技术标准；帮助企业开拓国内外市场；组织本行业所需技术的研究开发及开展国内外经济技术交流与合作；树立本行业企业形象和进行品牌培育及推广。

③代表职能。分为沟通职能和维权职能。沟通职能是指行业协会代表本行业的企业处理与政府、工会、新闻媒体及其他行业的相互关系。维权职能则表现在行业协会是本行业内所有企业的根本利益和整体利益的代言者，通过各种方式向立法机构及政府反映本行业的愿望和要求，参与国家有关法律及政策的讨论和制定，代表本行业企业进行反倾销、反垄断、反补贴调查及诉讼。

第三节　研究方法

本书以公共管理和公共政策为主要学科视角，结合经济学、法学、工

---

① 张经：《行业协会与中国入世》，工商出版社，2001，第42页。

商管理学等学科进行跨学科研究。理论研究与实证研究相结合：搜索国内外有关行业协会发展、管理和治理的相关研究文献，对其理论基础、研究方法、研究思路、研究成果进行归纳、综述，并进一步细化本研究的思路方法和主要问题，通过调查实例和数据验证理论研究结论。定性分析与定量分析相结合：定性的分析方法主要体现在分析行业协会治理的内涵和范畴，通过案例研究比较两岸行业协会的组织能力，通过梳理访谈内容比较分析两岸行业协会的战略协同与策略合作、质量管理与市场营销、人事管理和激励机制；而对行业协会治理评估的框架构建和指标体系建立、筛选，以及两岸行业协会评估结果的比较分析，则主要以定量分析为主，本研究的定量分析都是在大量的实地调研、问卷调查、座谈讨论的基础上分析得出的。

本书采用的研究方法，除了文献分析法外，运用历史分析法研究海峡两岸行业组织发展的历史脉络；运用比较研究法分析两岸行业协会的同质性和差异性，从而得出两岸行业协会共生与共赢存在的有利条件和不利因素；运用问卷法、案例法、访谈法等社会调查研究方法（表1-1）对两岸行业协会的治理结构与治理机制、组织能力、战略协同与策略合作、市场营销与质量管理、人事管理与激励机制等问题进行比较；在比较研究的基础上，对两岸行业协会共生机制构建，基于行业协会平台的两岸人才交流与合作、两岸行业协会融入21世纪"海上丝绸之路"建设等进行研究并提出对策建议。

表1-1 社会调查法在本研究中的运用

问卷法	以国内外相关成果为基础，从理论上构建第一轮的行业协会治理评估指标体系（四级共57个评估指标），制成咨询表向非营利组织专家学者以及民政部门、行业主管部门、行业协会的负责人等共发放150份，请咨询对象根据自身知识和工作经验选出10个不理想的行业协会治理能力评估指标。反馈并有效的咨询表为120份，通过统计分析，运用模糊隶属度法对反馈结果进行分析，剔除不理想的指标，根据保留下来的45项四级指标的内容相应设计了45道问题形成调查问卷。对广东省、福建省、台湾地区进行问卷发放和实地调研，扣除一些信息填写不全或无效的问卷，最后纳入统计的有效问卷为广东省75份、福建省92份、台湾地区81份。通过数据采集对两岸行业协会治理现状进行比较研究，并得出评估结论和建议。

续表

案例法	选择大陆的福建省纺织服装出口基地商会和台湾的台北市进出口商业同业公会，分别从自律能力、服务能力、资源能力和代表能力四个方面，通过分析这两个组织的能力状况进而比较两岸行业协会治理能力的总体情况。			
访谈法	主要实地访谈对象①和访谈时间			
	大　　陆		台　　湾	
	福建省纺织服装出口基地商会	2014年6月16日	台湾"内政部"社会司社会团体科	2012年4月18日、5月7日
	泉州市包袋同业公会	2014年5月16日	台湾政治大学第三部门研究中心	2012年3月13日
	泉州市磨具工业协会	2014年5月16日	台湾全国工业总会	2012年3月14日
	泉州市食品行业协会	2014年5月16日	台湾全国商业总会	2012年3月30日
	泉州市安全技术防范行业协会	2014年5月16日	台湾电机电子工业同业公会	2012年3月20日
	泉州市工业设计协会	2013年6月13日 2013年8月2日 2014年5月15日	台湾糖果饼干面食工业同业公会	2012年3月14日
	福建省箱包原辅材料行业协会	2014年5月15日	台湾科学工业园区科学工业同业公会	2012年3月28日
	广东省物流行业协会	2014年4月21日	台湾食品暨药品机械同业公会	2012年3月14日
	广东省建设监理协会	2014年4月21日	台北进出口商业同业公会	2012年3月30日
	广东省酒店用品行业协会	2014年4月22日	台湾区茶输出业同业公会	2012年3月15日
	广东省软件行业协会	2014年4月22日	台湾区照明灯具输出业同业公会	2012年3月16日
	广东省低碳企业协会	2012年9月19日	台湾工业设计协会	2012年5月8日

① 此表格列出的单位为课题组成员实地走访调查过的组织，由于接受访谈的协会负责人或工作人员就业具有流动性并且考虑到其个人隐私，在此隐去具体访谈对象的姓名和职务。本研究实际访谈对象数量要大于表格列出的组织数量，课题组成员借参加各类会议之际对参会的行业协会负责人或工作人员进行访谈的情况不体现在此表格中。

续表

	主要实地访谈对象和访谈时间			
	大　　陆		台　　湾	
访谈法	广东省小商品协会	2012年9月20日	台湾包装设计协会	2012年3月20日
	广东省涂料行业协会	2012年9月21日		
	广东省孕婴童用品协会	2012年9月20日		
	广东省商业联合会	2012年9月19日		
	广州市港口航运行业协会	2012年9月21日		

第四节　研究内容

本书分为两大部分：比较篇与合作篇。全书共九章，第二至五章为比较篇，分别从发展运作和管理体制、治理水平、组织能力、经营管理四个方面对两岸行业协会进行比较；第六至八章为合作篇，分别从共生理论、两岸人才交流合作、"21世纪海上丝绸之路"的视角研究两岸行业协会合作问题。由于研究对象是两岸行业协会的比较与合作，因此就行业协会的一般理论和研究现状不作过多描述和分析。比较篇的四个比较纬度的选择涵盖了宏观体制和微观运作；共生理论和战略协同理论贯穿了合作篇，最后响应"21世纪海上丝绸之路"战略的时代背景，运用共生理论和战略协同理论将两岸行业协会合作研究推向高潮。各章主要研究内容为：

第一章　在阐述研究现实意义和理论价值的基础上提出研究目的和研究创新，界定研究对象即行业协会的概念、特征和职能，从而确定研究方法和研究框架。

第二章　从发展沿革、发展类型等方面分别阐述两岸行业协会的发展概况，并基于发展演变过程、立法制度、职能作用、组织形态四个方面对两岸行业协会进行比较，提出台湾行业协会管理体制对大陆行业协会改革与发展的经验借鉴。同时分析台湾行业协会发展运作和管理体制存在的问题，这些问题在大陆行业协会发展的过程中也正在经历或将会经历，充分认识这些问题可以有效避免大陆行业协会多走弯路。

第三章 归纳行业协会治理可以运用的评估理论、方法，借鉴"公司治理"理论，研究行业协会治理的理论基础，以及其治理结构和治理机制问题。在对大陆和台湾行业协会评估实践研究的基础上构建行业协会治理评估指标体系，并运用模糊隶属度分析法进行指标筛选。根据行业协会治理评估指标体系设计调查问卷，对广东省、福建省、台湾地区进行问卷发放和实地调研，通过数据采集对两岸行业协会治理现状进行比较研究，并得出评估结论和建议。

第四章 选择福建省纺织服装出口基地商会和台北市进出口商业同业公会作为案例研究对象，从自律能力、服务能力、代表能力、资源能力四个方面比较两岸行业协会的组织能力。

第五章 在大量访谈和调查的基础上，从战略协同与策略合作、市场营销与质量管理、人事管理和激励机制三个方面，对两岸行业协会经营管理进行比较。

第六章 在分析两岸行业协会交流合作的初步成效和存在问题的基础上，对共生理论在海峡两岸行业协会交流合作问题研究中的适用性进行分析，提出两岸行业协会正处于"非对称互惠共生条件下的间歇共生关系模式"到"非对称互惠共生条件下的连续共生关系模式"进化的阶段，可以通过创造环境诱导机制、强化共生动力机制、减少或消除阻尼机制使海峡两岸行业协会的共生关系模式向"对称互惠条件下的一体化共生模式"的理想模式进化。

第七章 提出深化以行业协会为平台的两岸人才交流合作机制具有重要的理论和现实意义，分析行业协会在推动两岸人才交流合作中的作用、行业协会引导本行业人才交流合作的内容和范围以及以行业协会为平台的两岸人才交流会合作中存在的问题，提出推进以行业协会为平台的两岸人才交流合作的对策建议。

第八章 分析"21世纪海上丝绸之路"战略下的两岸合作现实基础，以及两岸行业协会的共生关系和战略协同效应，提出两岸行业协会以"对称互惠"为前提条件，建立健全两岸行业协会合作共建"21世纪海上丝绸之路"的策略建议。

第九章 总结全书研究结论，提出研究的局限和需要进一步研究的若干问题。

图1-1为研究内容和关联结构，实线框格表示研究内容，虚线框格表示研究方法和理论基础，箭头方向为研究路径。

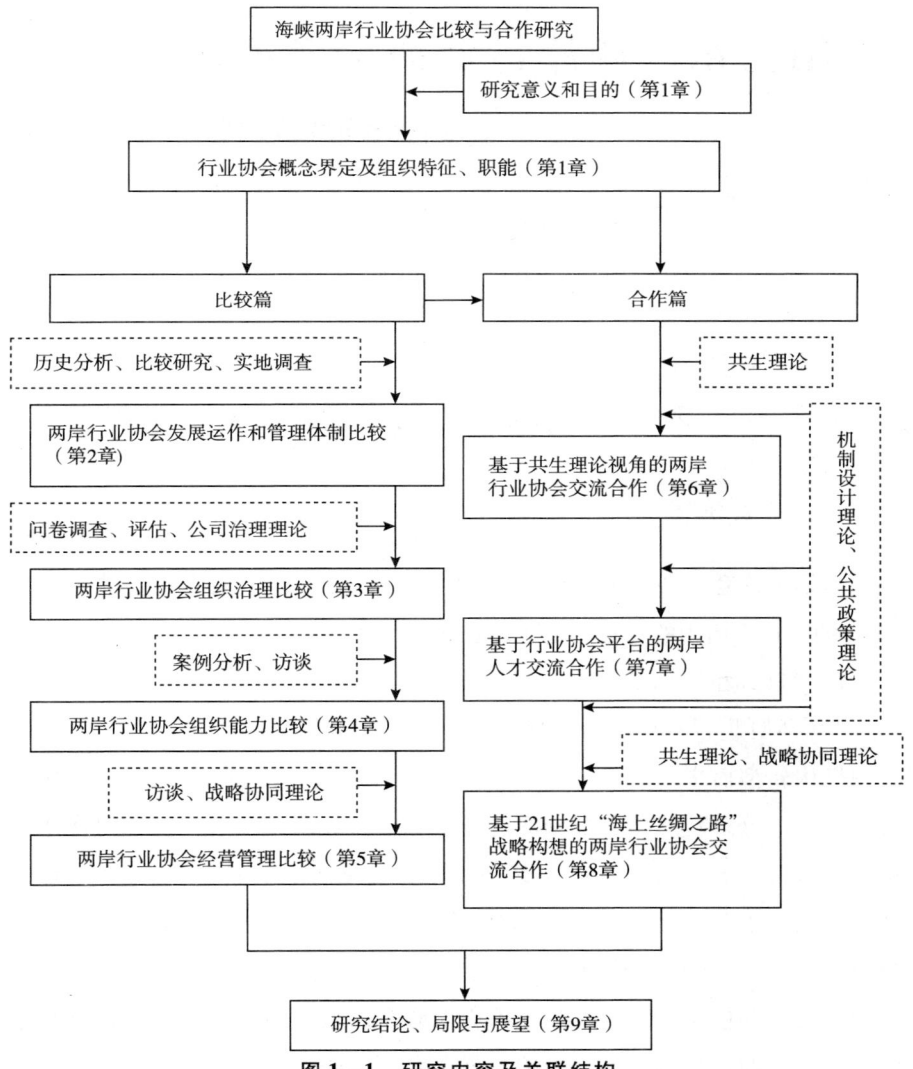

```
                    海峡两岸行业协会比较与合作研究
                              ↓
                         研究意义和目的（第1章）
                              ↓
                 行业协会概念界定及组织特征、职能（第1章）
                         ↓              ↓
                      比较篇            合作篇
                         ↓              ↓
         [历史分析、比较研究、实地调查]  [共生理论]
                         ↓              ↓
              两岸行业协会发展运作和     基于共生理论视角的两岸
              管理体制比较（第2章）    行业协会交流合作（第6章）
                         ↓              ↓                  [机制设计理论、
         [问卷调查、评估、公司治理理论]                        公共政策理论]
                         ↓              ↓
              两岸行业协会组织治理       基于行业协会平台的两岸
              比较（第3章）            人才交流合作（第7章）
                         ↓              ↓
              [案例分析、访谈]         [共生理论、战略协同理论]
                         ↓              ↓
              两岸行业协会组织能力      基于21世纪"海上丝绸之路"
              比较（第4章）           战略构想的两岸行业协会交
                         ↓            流合作（第8章）
              [访谈、战略协同理论]        ↓
                         ↓
              两岸行业协会经营管理比较（第5章）
                         ↓
                  研究结论、局限与展望（第9章）
```

图1-1 研究内容及关联结构

第二章 两岸行业协会发展运作和管理体制比较

——一个从历史到现实的考察

第一节 大陆行业协会发展概况

一 生成类型

根据生成途径的不同，大陆行业协会可以分为自上而下建立的"官办型"、自下而上组织的"民办型"以及混合产生的"民办官助型"三种类型。

1. "官办型"行业协会

"官办型"行业协会是政府机构改革和职能转移的产物，由原先部门管理机构转型而来，如中国轻工业协会联合会[①]；或政府有关部门根据在机构改革中分解转移出的部分职能建立相关行业协会。这类协会的官办色彩比较浓厚，成立初期一般与其主管单位合署办公，即所谓的"一套人马，两块牌子"。工作人员多从政府部门分离出来，协会职能带有浓厚的"行政"色彩，也由于成立组建基于政府的授权，容易获得行政合法性。活动经费主要依赖于政府部门，因而对政府的依附性较强，易成为政府部门权力的延伸，从而缺乏自身的发展取向与激励机制。近年来，大陆一直

---

① 1993年国务院经贸委撤销了原由其管理的国家内贸局等9个国家局，成立了相应的中国轻工业协会联合会、中国商业联合会、中国机械工业联合会等十大工业行业协会。——笔者注

致力于行业协会与政府的"脱钩"改革，2007年国务院办公厅颁布的《加快推进行业协会商会改革和发展的若干意见》，提出行业协会改革的指导思想和总体要求，对推进体制改革，加强行业协会自身建设和规范提出一系列措施。

2. "民办型"行业协会

"民办型"行业协会是根据同行企业自身发展的需要自发组建起来的，受政府部门的干预较少，体现出较强的"民间性"和"自主性"特征，具有广泛的社会合法性。受过去长期"双重管理体制"的影响，"民办型"模式行业协会的组建比较不容易，必须找到一个挂靠的业务主管单位才能申请注册。而业务主管单位需要对这些自发组织承担连带责任，因而不太愿意"冒险"去为这些组织"担保"。"民办型"行业协会的活动经费在很大程度上来源于企业捐赠，因而其运作活动易受制于实力较强的大型企业。例如，多年来在福建省泉州市有条不成文的规定：凡欲建立一个新的行业协会，就必须征询该行业50家规模最大的企业负责人的意见，若不赞成则不勉强成立，这体现了企业办会的理念，但往往也容易受制于大型龙头企业的意志。

3. "民办官助型"行业协会

"民办官助型"行业协会是在政府大力支持和倡导的基础上，鼓励各相关企业自愿组建成立。"民办官助型"行业协会，相对于"官办型"行业协会而言，更符合市场的需求，社会认可度较高，或者说社会合法性较强；而相对于"民办型"的行业协会，在政府的扶持下它受到的限制条件相对较少，组建较容易，较强的行政合法性使其更容易获得政府转移的职能。一般研究认为，"民办官助型"的发展模式，在当前政治经济体制下，比较适合大陆行业协会的发展。例如福建省三明市的"沙县小吃行业协会"，就是在县委、县政府大力倡导下，由各小吃业主自愿加入形成的，它主要负责沙县小吃的管理服务、品牌运营、市场推广、纠纷协调、行业自律等各方面的工作。在行业协会的带动下沙县小吃迅速发展，目前沙县小吃的网点已遍布全国各地，有力地促进了农村剩余劳动力的转移和下岗职工再就业，有效推进了县域经济的发展。

三种行业协会生成发展模式的比较如表2-1所示。

表 2-1 中国大陆三种类型行业协会发展模式的比较

模式	组建方式	组建难易	优点	缺点
"官办型"	从政府机构改革分离而来	容易	容易得到政府的支持，行政合法性较强	官办色彩较浓厚，独立性、自主性较弱，容易成为政府权力的延伸
"民办型"	根据企业发展需要自发组建	过去较难，自2013年社会团体登记管理体制改革后组建将变得容易	市场化程度较高，独立性、自主性强，容易得到社会认可，社会合法性较强	易受到大型龙头企业的控制
"官助民办型"	在政府支持倡导的基础上，鼓励相关企业自愿组建	较容易	既可得到政府的支持，又容易受到社会的认可，行政合法性和社会合法性都较强	兼有"官办型"和"民办型"行业协会的一些缺点，但不明显

资料来源：笔者整理。

二 发展历程

新中国成立后，随着生产资料的社会主义改造基本完成，产生于民国期间的行业协会完成了其在经济领域的历史使命退出历史舞台，政府机构以专业经济部门和国有行政性公司的形式直接干预微观经济领域。行业协会经历了从部门管理到行业管理，从双重管理到一元管理的嬗变过程。部门管理到行业管理，是基于政府职能的重大转变，政府机构不再以专业经济部门形式直接干预微观经济。1988 年政府机构改革提出了从部门管理到行业管理转变等目标，中央撤销了一批专业司局和行政性二级公司，相继在中央和地方建立了一批行业协会；1993 年中国确立了社会主义市场经济体制的基本框架，提出要发挥行业协会、商会等组织的作用，国务院经贸委撤销了原由其管理的国家内贸局等 9 个国家局，成立了相应的中国轻工业协会联合会、中国商业联合会、中国机械工业联合会等十大工业行业协会。在部门管理向行业管理转变的同时，大陆逐步建立了"双重管理体制"为特征的社会组织登记管理体制，业务主管部门从行业协会登记、活动开展、年度检查、违法行为查处等方面都深度介入行业协会的管理过程中，成立行业协会除了向民政部门登记注册外，首先得先找到一个业务主管部门并且经过业务主管部门的审查同意。这在一定程度上延续了部门管理的特色，客观上造成了行业协会的条块分割以及缺乏竞争，并给行业协会的成立设置了较高的门槛，从而在根本上限制了行业协会的发展，因此登记制度改革势在必行。2013 年《国务院机构改革和职能转变方案》提出了行业协会商会类等社会组织"直接向民政部门依法申请登记，不再需要业务主管部门的审查同意"。各省市相继出台改革政策，福建省自 2013 年 7 月 1 日起，在全省范围内推进行业协会直接登记，推动政府部门向行业协会转移职能和购买服务，向行业协会开放更多的公共资源和领域，对于达到 3A 等级以上的行业协会，优先作为政府转移职能和购买服务的对象。直接登记制契合了给行业协会放松行政束缚、扩大行业协会生存空间从而推动行业协会长足发展的社会变革趋势。

然而这种直接登记制只是行业协会登记管理方面的局部性改革，需要相关配套性措施持续跟进。目前各地在实行行业协会直接登记制的过程中，面临着不少问题和挑战：第一，登记管理机关与其他政府职能部门之间职责不明；第二，执法过程中对于违法行为的查处缺乏明确的法律依据；第三，行业协会门槛降低以至于登记管理机关也就是民政部门执法力量不足。甚至出现一个有趣的现象：由于登记机关事权过大，而人员编制没有显著增加的前提下，登记管理机关通过设立新型社会组织的方式，委托部分职能事权来管理社会组织发展过程中的相关事务①，例如，上海设立社会组织促进会作为所有社会组织的牵头单位；温州培育社会组织服务平台作为衔接政府、社会组织以及服务对象的枢纽型社会组织；深圳市部分基层民政部门通过成立社会组织总会的方式委托社会组织总会承担政府的一些职能，如初步年审、评估、相关行业的培训交流等。从民政部门设立这些类型的社会组织的初衷来看，都是为了更好地推进社会组织快速发展及实现社会的规范管理，但这些类型的社会组织的出现，是否真的是基于社会组织发展过程中的自身需要而产生的，还是基于民政部门管理的需

---

① 黎军、叶卫平：《直接登记下的社会组织行政监管研究》，《天府新论》2014 年第 5 期。

要而产生的？其运行过程中是否不同程度上依赖政府的资金扶持而存在并要承担政府交办的事项？这些新型社会组织是否会蜕变为二政府，是否将成为政府管理职能的延伸？所有这些问题都应该引起我们重视，作为下一步改革的方向和重点。

不可否认的是，从20世纪80年代经济体制改革开始，大陆行业协会增长呈现出蓬勃发展的势头，尤其是进入21世纪随着市场经济的发展以及我国加入WTO的要求，行业协会在数量增长上明显加快。截至2013年12月底，全国依法登记的行业协会商会近7万家，其中全国性行业协会商会约800家。全国性行业协会商会每年仅举办大型展览会、博览会和交易会就达400多个，其中进入国际排名前三的有90多个；行业协会通过招商引资、提供咨询、组团考察、应对贸易纠纷等多种形式发挥作用，每年创造直接经济价值约4500亿元；全国性行业协会商会代表本行业和会员企业积极向政府部门提出合理化建议，广泛参与各类政策创制，仅2013年当年就参与法律法规文件修改制定392件，参与标准制定5549项。①

第二节 台湾行业协会发展概况

一 组成形式

台湾地区"宪法""民法"明确规定公民享有结社自由的权利，这是各种民间社团设立的根本依据。其中《人民团体法》规范了三类社团组织，即职业团体、社会团体和政治团体，其中以促进社会经济建设及协调同业关系为目的、具有沟通政府与市场作用的社团组织，主要包括职业团体、社会团体中的经济业务团体、国际经济团体和同乡地缘性商会组织等，构成了台湾广义上的行业协会。狭义的行业协会是指依据《工业团

---

① 数据来源于民政部民间组织管理局副局长刘忠祥在2014年10月18日民政部首次组织的全国性行业协会商会服务地方经济发展（聊城）培训交流会上的讲话。——笔者注《行业协会商会服务经济发展的聊城视角》，《聊城日报》，http://www.lcrb.cn/tegao/20141022/19907.html，最后访问日期：2014年10月30日。

体法》和《商业团体法》调整的工业团体和商业团体。

1. 职业团体

职业团体是以协调同业关系、增进共同利益、促进社会经济建设为目的，由同一行业的单位、团体或同一职业的从业人员组成，分为工业团体、商业团体、自由职业团体①。通过特别立法制定《工业团体法》《商业团体法》以及实施细则，对工商团体进行规范。自1918年《工商同业公会规则》将同业性行业组织定名为"同业公会"开始，"同业公会"一直是台湾行业协会的主要形式。

（1）工业团体。包括工业同业公会、工业会两大类。在同一区域内，有依法取得工厂登记证照的同业工厂满五家以上（"全国"工业同业公会的组织不受此数量限制）时，应组织该业工业同业公会，如台湾区电机电子同业公会（简称电电公会）、台湾科学园区工业同业公会（简称园区公会）等。当特定地区及"省"（市）某业工业同业公会成立满三个单位以上时，应报经主管机关核准组织全台联合会，如台湾营造工程工业同业公会联合会。取得工厂登记证照而无法加入工业同业公会的或者已加入工业同业公会但因业务需要的工厂，可加入其所在地的直辖市或县（市）工业会为会员，如台北市工业会。最高形式的工业会即"中华民国全国工业总会"（简称工业总会）。

（2）商业团体。包括商业同业公会、商业同业公会联合会、输出业同业公会及联合会、商业会四大类。在同一区域内，同业公司和行号达五家以上，应组织该业商业同业公会，如台北市进出口商业同业公会（简称台北进出口公会）等。在同一"省区"内，有半数以上县（市）成立县（市）商业同业公会，应报"内政部"核准组织"全省"各该业商业同业公会联合会，如台湾省进出口商业同业公会联合会。特定地区内输出业同业公司、行号达五家以上，应报经主管机关核准组织该业输出业同业公会。特定地区同业输出业同业公会达三个以上，应经"中央"主管机关核准组织全台性质的该业输出业同业公会联合会，如台湾区照明灯具输

---

① 根据台湾"内政部"统计查询网："政府所辖人民团体表"在职业团体中除了工商团体和自由职业团体外，还分出一类，即工会。虽然非营利组织国际分类中也分出"工商业和职业协会、工会"类，但一般不把工会纳入行业协会的研究范畴。——笔者注

出业同业公会。商业会包括县（市）商业会、省商业会、直辖市商业会以及商业总会，"中华民国全国商业总会"（下文简称商业总会）是最高形式的商业会。

（3）自由职业团体。包括律师协会、医师协会等。

2. 部分社会团体

社会团体是以推展文化、学术、卫生、宗教、慈善、体育服务或其他以公益为目的，由个人或团体组成的团体。根据《社会团体许可立案作业规定》（2008年）分类，其中，以农业、工矿业、服务业等经济业务或相关学术研究、发展为主要功能的经济业务团体，如"中华民国工商协进会"、台湾中小企业协会等；以举办国际交流活动、促进与其他国家地区联系为主要功能的国际团体，其与经济领域有关的如国际青年商会中华民国总会、台湾国际扶轮社等；由籍贯（以"省"市、县市区域为准）相同的人所组织的同乡团体或由区域同乡团体联合海外同乡团体组织所组成的世界同乡总会，其中涉及经济领域的地缘性商会组织，如世界台湾商会联合会等，均属于行业协会范畴。

综上，台湾职业团体以及社会团体中的经济业务团体、国际经济团体、同乡性商会等社会组织均属于广义上的行业协会（图2-1），这与非营利组织国际分类中的"工商业和职业协会、工会"类以及2007年以后大陆采用的社会组织领域分类标准中的"工商业服务"类和"职业及从业组织"类基本吻合。

另外，按照台湾产业界通俗的说法，台湾行业协会大体上可分为如下几大类：一是全岛性的综合性工商团体，主要是工业总会、商业总会与工商协进会，即传统的三大工商团体；二是全岛性的特定工商团体，如中小企业协会、青年创业协会与工商建研会等；三是行业公行，台湾几乎所有的产业与行业均有自己的同业公会，数量众多；四是传统的民间企业组织，如青商会等；五是地方性工商社团，如"台湾省"、台北市、高雄市及各地方县市的工商团体[①]。

[①] 《三大工商团体权力的转化与"绿化"》，http://www.china.com.cn/overseas/zhuanti/txt/2006-11/28/content_7420538.htm，最后访问日期：2011年3月15日。

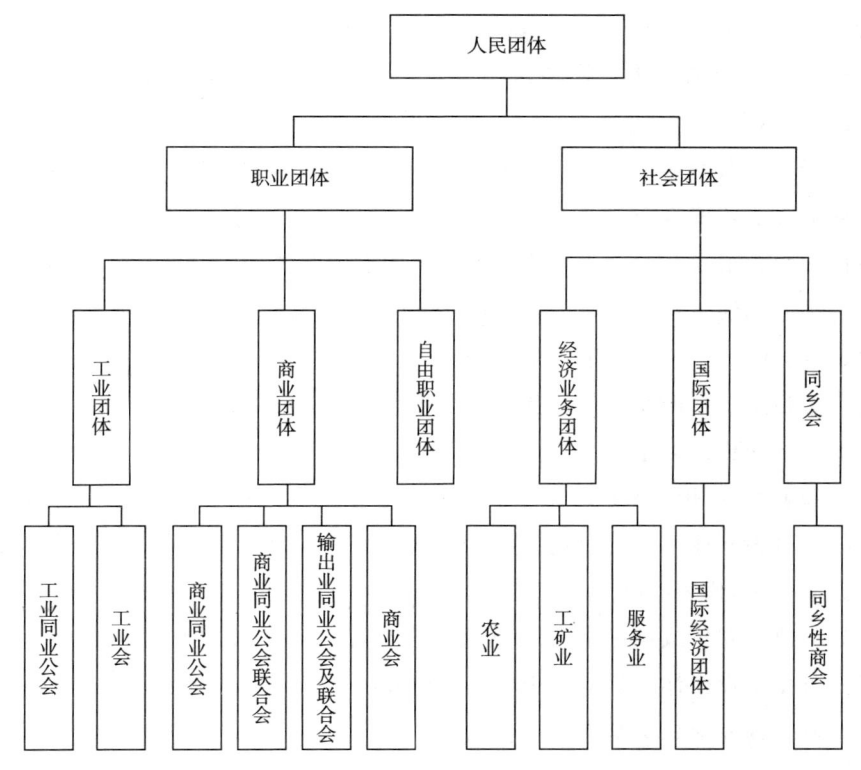

```
                          人民团体
                    ┌────────┴────────┐
                  职业团体            社会团体
          ┌─────────┼─────────┐    ┌──────┼──────┐
        工业团体   商业团体  自由   经济    国际   同乡会
                            职业   业务    团体
                            团体   团体
```

图 2-1 台湾行业协会的组成

资料来源：笔者整理。

二 规范特征

1. 对工商团体和其他行业协会区别规范

台湾行业协会的一般立法《人民团体法》与特别法《工业团体法》《商业团体法》的规定有"矛盾"之处，这可认定为法律在规范工商团体与自由职业团体、社会团体上是有区别的。

（1）登记管理方面：立法虽未明确工商团体为公法人，但从《工业团体法》和《商业团体法》中"一地一会"、同业企业满 5 家必须设立同业公会、强制入会、限制退会、兼营两业以上业者应分别加入各该业同业公会等规定来看，工商团体具有准公法性质，并且其成立条件、职能作用、内部管理和经费制度都被严格规范。《人民团体法》则规定人民团体在同一区域内，除法律另有限制外，可组织二个以上同级同类团体，只是名称不得相同；工商团体向主管机关核准立案后即可取得法人资格，而依据《人民团体法》，人民团体取得法人资格还需向法院办理法人登记。

（2）职能任务方面：工商团体的基本职能即"任务"被严格限定，章程中关于职能部分严格"照搬"两法规定。从法律规定和实际工作中履行的职能来看，台湾工商团体的法定职能归纳为四大基本职能：信息职能、服务职能、代表和协调职能、影响公共政策和社会参与职能。而《人民团体法》只规定组织的章程必须包括哪些内容，在组织"任务"方面不做限定，自由职业团体和社会团体因其成立的条件更宽松，且业务范围也更多元化，以不违法为前提即可根据实际情况自由编制各项职能。

（3）会员组成方面：《工业团体法》和《商业团体法》规定工商团体的会员为同业工厂、公司和行号，依缴纳常年会费等级决定每一会员单位派1~7名代表参加会员大会。《人民团体法》规定职业团体由同一行业的单位、团体或同一职业的从业人员组成，社会团体由个人或团体组成。可见工商团体之外的自由职业团体和社会团体的会员可以是组织或个人，业者或专家，甚至有学生会员①。

（4）经费监管方面：《人民团体法》笼统规定人民团体经费来源包括入会费、常年会费、事业费、会员捐款、委托收益、基金及孳息、其他收入，并简单要求每年编造预算、决算报告，提交会员（会员代表）大会通过并报主管机关备案，只有决算报告应先送监事会审核后将结果一并提交会员（会员代表）大会。《工业团体法》和《商业团体法》则具体规定工商团体的经费来源于入会费、常年会费、事业费、委托收益、基金及孳息，并对每项经费的概念、收取依据和收取程序作严格规定。工商团体的预决算，每年都应编造报告书送监事会审核后提报会员大会通过，并报主管机关备查。工商团体兴办的事业，应另立会计，每年送监事会审核后提报会员大会，并分报主管机关及目的事业主管机关备查。

2. 法律严格规定与实际宽松管理并存

与法律的严格规定相比，台湾当局对行业协会实行"从宽低度"的

---

① 例如台湾包装设计协会吸纳设计专业的学生为会员。——笔者注

管理原则,实务中"一地一会"、强制入会等规定并未真正履行。如台北市有 7000 多家进出口业者,加入台北进出口同业公会的只有 5000 多家。台湾行政区划改革,如台中市和台中县合并为台中市,原来市和县各有一个工商团体,按法律规定应遵循"一地一会"原则,但面对大多原先分属县和市的工商团体基于自身利益考虑不愿合并的情形,台湾当局"内政部"采取灵活的处理方式:行政区域的调整以一会为原则,但可例外,最终在一个区域内保留了两家相同的工商团体。按照法律规定,行业协会每年应开会并报资料给当局,但原则上只要没有纠纷,审查只是形式,当局并不介入协会实质事务。目前,台湾当局对行业协会的管理主要是"指导",而非法律规定的"监管"。例如,行业协会每年的预算、决算等报告会员代表大会通过后应报给当局,当局审查年度决算报告发现有亏损会提醒该组织注意收支平衡,但不会按法律规定那样给予处分;"内政部"每年对工商团体和自由职业团体进行评监,评监目的只是让表现优良的团体增加公信筹码,而评监不合格对团体没有实质影响[①]。

三 发展沿革

早期,台湾沿袭了新中国成立前国民党政府将行业协会视为社会控制与动员主要对象的传统,利用行业协会的行业整合和自治功能使其成为当局经济管理的重要中介,试图通过相关法规条例将行业协会纳入权力运行框架中,从而达到行业控制的目的。国民党政府基于发展民族资本主义经济的政策导向,通过立法逐步完善现代同业公会,取代以"公所"和"会馆"为代表的旧式行会。1918 年农工部的《工商同业公会规则》修改为《工商同业公会法》,次年颁布《工商同业公会施行细则》,1938 年颁布《商会法》和《同业公会法》。1947 年 10 月公布《工业会法》,要求各地原属社团性质的工业协会依法改组为法人性质的工业团体。为适应台湾工商业发展,1972 年 7 月公布实施《商业团体法》,1974 年 12 月公布实施《工业团体法》,并相继出台实施细则、

---

① 《全国性及台湾区工商暨自由职业团体绩效评鉴要点》规定"评分未达六十分及未如期送达工作报告表者,由主管机关及目的事业主管机关予以辅导改进或依有关法令办理。"——笔者注

章程范例、会务工作人员管理办法等法律文件。台湾通过立法的形式规范对行业协会的管理，进而控制整个社会的经济运行秩序，例如台湾成立包括台北市、高雄市等二十几个地方进出口商业同业公会，这二十几个进出口商业同业公会组成"台湾进出口商业联合会"，其中台北市进出口商业同业公会是台北市商业会的会员，台北市商业会是全国商业总会的会员。台湾就是通过这种纵横交错的严密的工商团体组织形式将各行业的工厂、商号、公司等商业组织纳入监管体系。台湾几乎所有的产业和行业都组建了工商团体，根据"经济部"会同"内政部"共同制定的"行业分业标准"，台湾共有155个工业团体业别，267个商业团体业别，25个输出业团体业别。

社会组织的发展不仅蕴含了深刻的社会、文化变迁含义，也反映了国家或地区与社会关系的转变。伴随着台湾政治发展阶段经历了威权主义时期、政治转型时期和民主发展时期，台湾行业协会的发展也经历了保存阶段、转型阶段和发展阶段。台湾政治、经济和社会等快速变迁，对社会组织产生深远影响。台湾政治解严之后加之与国际接轨，人民团体自主性提高，职能扩充。且随着民主化深入，《人民团体法》和《商业团体法》《工业团体法》几经修订，并于2009年完成最新修订，法律对工商团体等行业协会在政治上的种种规制逐渐取消。同时，主管机关在实际管理中的职能也不断弱化，形成法律规定相对严格与实际管理宽松低度的"矛盾"现状。台湾社会组织呈现逐年递增的现象，具有各种社会经济功能的行业协会更呈飞跃发展之势（表2-2、表2-3）[①]，在性质上也更趋多元化。根据台湾"内政部"的统计，截至2014年6月底，全台湾（包括"中央政府"和"地方政府"所辖）工业团体共计174个，商业团体数量为2568个，自由职业团体有2694个，国际团体数为2655个，经济业务团体共计5283个[②]。

---

① 台湾"内政部"统计查询网"中央政府所辖人民团体表""地方政府所辖人民团体表"中社会团体的分类中，从2009年开始没有同乡会的数据，无从提供同乡性商会的数据；也无法从国际团体中具体区分出经济性国际团体的数据。表格中2014年的数据截至6月底。——笔者注

② 数据来源于台湾"内政部统计处"2014年10月18日发布的"内政统计通报"。——笔者注

表 2-2 台湾各类型"全国性"行业协会发展统计表

单位：个

年份	工业团体	商业团体	自由职业团体	国际团体	经济业务团体
1999	139	59	25	133	687
2000	141	62	26	129	804
2001	141	66	29	130	899
2002	141	70	31	136	990
2003	142	75	32	142	1109
2004	142	78	33	147	1203
2005	143	82	37	149	1321
2006	143	83	43	161	1443
2007	144	89	45	166	1546
2008	145	96	46	170	1678
2009	146	101	47	176	1768
2010	146	107	48	141	1804
2011	146	114	48	147	1964
2012	147	119	48	147	2107
2013	147	127	51	148	2217
2014	149	130	52	151	2297

资料来源：笔者根据台湾"内政部"统计查询网整理"中央政府所辖人民团体表"相关数据整理。

表 2-3 台湾各类型"地方性"行业协会发展统计表

单位：个

年份	工业团体	商业团体	自由职业团体	国际团体	经济业务团体
2006	27	2252	2462	2158	1760
2007	27	2258	2503	2212	1847
2008	27	2274	2574	2255	1998
2009	27	2281	2583	2278	2205
2010	28	2278	2603	2304	2322
2011	27	2288	2613	2359	2520
2012	27	2302	2657	2403	2720
2013	27	2266	2650	2472	2879
2014	25	2264	2642	2504	2986

资料来源：笔者根据台湾"内政部"统计查询网整理"地方政府所辖人民团体表"相关数据整理。

第三节 两岸行业协会比较分析

一 基于沿革过程的比较

1. 1949 年以前,两岸共同经历了旧式行会到近代同业公会的转变

我国最早的商人行业组织可以追溯到隋唐时期的"行"或"团行"①,而近似于欧洲"基尔特"组织的是直到清代乾隆、嘉庆时期大量涌现的以"公所"②和工商性质的"会馆"③为代表的"行会"。到近代,我国传统经济结构发生变化,尤其是鸦片战争后国家经济被动卷入世界资本主义经济体系,面对外国资本主义的扩张渗透,传统行会对外垄断、对内限制同业的封闭保守性功能不得不调整,只有打破行帮和地域壁垒,联合各业力量才能与外商竞争。由此,20 世纪初在"公所"和"会馆"的基础上演变出了"近代商会"。"近代商会"是一种跨行业、跨地域的商人联合组织,所在地区的各行业和各籍贯行会成为商会的基层组织。1902年出现商业会议公所,1904 年清政府颁布《商会简明章程》劝办商会,此前设立的上海、天津等地的商业会议公所改组为商务总会,并从沿海沿江通商口岸向内地和中小城镇推行。从商务公所演化为商会是商人社团质的飞跃④,可以说近代商会超越了封建经济的封闭性和商人狭隘的自我保护意识,体现的是近代资本主义经济的开放性和商人刚刚萌生的社团法人意识。⑤ 1914 年,在上海成立了我国历史上第一家全国性的商会总机构——中华全国商业联合会。同一年中,全国各地建立的商会、总商会达

---

① 当时这类组织是奉官府之命成立,执行政府的课征任务,主要服务于官府,没有管制行业经营活动的规章制度,并不是工商业者自己的组织。——笔者注
② 公所是商人的业缘组织,是同行业所建立并维护同行业利益以及同行业商人的议事场所。——笔者注
③ 会馆既是地域组织,又是同业组合,有商人创建,也有地方官员创建。会馆主要有三类:作为士绅居留交际的场所;作为工商业者的同乡行帮组织;移民会馆。当商人在其中起主导作用且具有明显的地域或行业排他性时,可划入行会范畴。——笔者注
④ 贾西津、沈恒超、胡文安等:《转型时期的行业协会——角色、功能与管理体制》,科学文献出版社,2004,第 61~62 页。
⑤ 朱英:《中国近代同业公会与当代行业协会》,中国人民大学出版社,2004,第 79~94 页。

1099 个。① 随着民族资本主义经济的发展以及国民党政府的政策导向，20世纪二三十年代"新式同业公会"逐渐取代旧式行会，成为民国时期主要的行业组织形式。从商会的各业联合到同业公会的一业联合，并非旧式行会的复活，而是同业联合意识在新的历史条件下的发展。近代商会和同业公会的行业整合和自治功能使其成为政府经济管理的重要中介，从1915年北洋政府《商会法》和1918年农商部《工商同业公会规则》，到1929年南京国民政府将《工商同业公会规则》修改为《工商同业公会法》以及次年《工商同业公会法施行细则》的公布，再到1938年新的《商会法》和《同业公会法》颁布，无不体现了政府试图通过法制建设和相关规则、条例的实施将商会和同业公会纳入国家权力运行框架中。抗战爆发后，经济领域混乱，物价飞涨，投机风行。为集中物资进行抗战，国民政府对工商团体进行管制，强制工商业者入会并登记、考核。管制政策扩大到实际统治范围的主要区域和经济领域内与抗战和民生息息相关的所有方面。管制机构加强，由国家总动员会议负总责，经济部和社会部具体执行。管制结果促使工商团体数量大增和素质提高，对打击囤货牟利、通日资敌的行为具有一定积极意义。1947年10月27日，国民政府颁布《工业会法》，从此工业界得以独立于商会之外拥有自己的法定职业团体，工业会与商会具有同等法律地位，结束了近代中国商会长期工商不分的一统格局，尽管这种"工"与"商"的分流并不彻底。

2. 1949 年以后，两岸行业协会的差异性逐渐形成

1949年以后，国民党和共产党在各自控制的区域，按照各自的意识形态和政治理想，建立了各自的政治体制，并以此建立了一套社会组织管理体系，从而造成了两岸行业协会的发展存在极大差异。

（1）大陆：从近代同业公会到当代行业协会。随着社会主义改造的基本完成，大陆全面进入社会主义计划经济时代，企业不再是独立的经济主体和利益主体，而是作为生产经营单位直接听命于上级主管部门，政府的宏观管理和企业的微观经营活动之间不需要自由的中间组织。在这种完全依靠行政整合的制度架构中，同业公会没有继续存在和发展的土壤从而

---

① 洪涛等：《行业协会运作与发展》，中国物资出版社，2005，第55~57页。

退出历史舞台。1978年大陆开始推进经济体制改革,并随着改革的不断深入,经济结构发生深刻变化,国有企业一家天下的局面被打破,利益主体的多元化使得部门管理的局限性和束缚性显露出来,将经济管理体制由部门管理向行业管理转变成为必然的趋势。行业管理要求政府转变职能,不再直接干预微观市场组织的经济活动,而在政府和企业之间应该有一个能够承接相应职能的经济组织将政府宏观调控与企业的微观经营结合起来,行业协会于运而生。国家不断认识到行业协会发展的重要性和迫切性,1997年原国家经贸委选择上海、广州、厦门和温州四个城市开展行业协会的试点工作,并于1999年发布《关于加快培育和发展工商领域协会的若干意见(试行)》和《关于加强行业协会规范管理和培育发展工作的通知》等文件,对明确行业协会的地位和作用以及培育和发展行业协会的重要性做出重要指示。大陆行业协会的发展大致经历三个阶段:一是20世纪80年代适应改革开放的形势而组建的,多数由行政性公司演变而来;二是90年代末在政府机构改革中生成,部分由行政部门改制而成;三是进入21世纪以来为适应市场经济发展和入世的要求而新建。

(2)台湾:从近代同业公会到当代同业公会。从1918年北洋政府农工部《工商同业公会法》将同业性行业组织定名为"同业公会"开始,在台湾"同业公会"的名称一直沿用至今,依据《工业团体法》和《商业团体法》组建的工业同业公会和商业同业公会是台湾行业协会的主要形式。台湾同业公会发展沿革主要有三条路径:①新中国成立前已于台湾成立的同业公会,包括从封建旧式行会嬗变而来以及直接在资本主义生产关系之上建立而来。前者如成立于公元1889年的"台北市茶商业同业公会"是目前全台湾历史最悠久的同业公会;后者如成立于1945年10月底的"台湾区机器工业同业公会"。②新中国成立前在大陆成立的同业公会,跟随着国民党败退台湾后在台湾复会,如作为台湾三大工商团体龙头的"台湾工业总会"前身是1942年成立的"中国全国工业协会",1948年改组为"全国工业总会",国民党败退台湾的同年在台复会。③1949年后在台湾新成立的当代同业公会,目前台湾大多数同业公会都形成于该时期。

1949年后国民党在台湾建立威权主义政体,一方面严密控制台湾的社会组织,另一方面沿袭了新中国成立前国民党政府将行业协会视为社会控制与动员主要对象的传统,试图利用行业协会的行业整合和自治功能达到政府行业控制的目的。1966年之前台湾局势动荡不安,经济上接受美援,台湾的同业公会处于不稳定的发展状态中。1966年到1979年由于经济快速增长,制造业产值比例超过农业,对外贸易实现顺差,台湾同业公会开始发挥重要职能,主要是服务企业,弥补当局的不足,但并不挑战当局。20世纪80年代开始,台湾政治上的解严和全球结社革命的兴起,促使台湾人民的社团活动进一步呈现出组织化、国际化和全球化的发展态势,作为企业与当局桥梁的同业公会更是发挥出多元化的服务功能,通过提供建言以及影响立法的方式来弥补当局管理的不足。目前,台湾同业公会发展迅猛,团体众多,几乎包括了所有产业领域,形成庞大的压力集团或利益群体,对台湾重大财经政策甚至政局具有不可忽视的影响。

两岸行业协会发展的沿革路径如图2-2所示,椭圆表示两岸行业协会在不同历史时期的型态(称谓),空心箭头表示两岸行业协会的沿革路径,竖线表示两岸行业协会沿革的分水岭是1949年。正因为大陆和台湾行业协会经历了不同的发展历程,有了民间和学术界对大陆"行业协会"以及台湾"同业公会"的不同称呼。台湾同业公会主要指根据《工业团体法》和《商业团体法》规范的分业性工商团体,而工业会、商业会等组织以及根据《人民团体法》规范的经济业务团体、国际经济团体、同

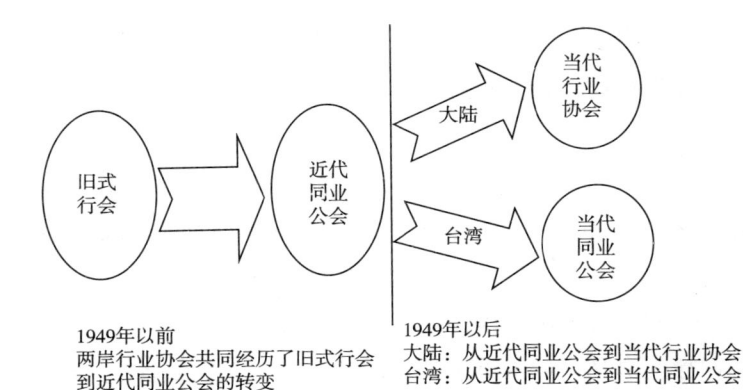

图2-2 两岸行业协会的发展沿革路径

资料来源:笔者整理。

乡性商会组织等社会团体并不冠名"同业公会"名称,但同样具有行业协会的性质。其实,两岸行业协会一脉相承,其内涵和功能是一致的。

二 基于立法制度的比较

台湾地区在"宪法"和"民法"中确立了公民结社自由权,并通过《人民团体法》和特别立法《工业团体法》《商业团体法》区分了一般行业协会与工商团体。台湾立法当局将工商团体分为工业团体和商业团体,分别制定了《工业团体法》和《商业团体法》,并颁布了各自的实施细则。根据这两部法规,各工业和商业团体的主管机关均是市当局,全台湾地区性质的工商团体主管机关则是"内政部"。由"经济部"会同"内政部"共同制定行业分业标准。企业被要求强制入会,并且同一区域内同类工商同业公会以一会为限。立法对工商团体的成立条件和职能任务作出严格的限定,将行业自律、为会员提供咨询服务、为政府事务提供帮助以及协调各方关系等职能规定为同业公会必须承担的法定义务,同时其内部管理和经费制度也被严格规范。因此,工商团体被认定为具有准公法性质的行业协会。台湾地区《人民团体法》规定了职业团体、社会团体和政治团体三类社会组织。职业团体指同一行业的单位、团体或者同一职业的从业人员可以组成以协调同业关系,增进共同利益,促进社会经济建设为目的的团体。作为一般法,《人民团体法》中的职业团体自然包括工业团体和商业团体这两类组织,另外还包括自由职业团体。《人民团体法》规范的社会团体范围很广,其中经济业务团体、国际经济团体、同乡性社会组织也被认定为行业协会。根据《工业团体法》和《商业团体法》建立的工商团体向主管机关核准立案后就具有法人资格,其他根据《人民团体法》成立的行业协会要取得法人资格还需要向法院办理法人登记。根据《工业团体法》和《商业团体法》,工商团体实行"一地一会"制度以及否定建立在竞争基础上的"退出机制",而根据《人民团体法》成立的行业协会,同一组织区域内,除法律另有限制外,可以组织两个以上同级同类的团体,只是名称不得相同。针对一般的行业协会,立法更注重强调发起人的资格,对其职能、职责、经费等问题留给了组建者更大的自行规范的空间。

大陆目前尚未出台关于行业协会的全国性立法，关于行业协会组建的直接依据是国务院颁布的《社会团体登记管理条例》。但是行业协会作为连接政府与企业的经济性、行业性社会团体，不同于其他政治性、学术性社会团体，《社会团体登记管理条例》将行业协会与其他社会团体混同管理，其规定缺乏对行业协会的针对性和可操作性。为了促进行业协会规范发展，国家有关部门相继印发了关于行业协会发展的专业性和指导性政策，具有代表性的法律规范性文件有：1997 年国家经贸委印发的《关于选择若干城市进行行业协会试点的方案》；1999 年国家经贸委印发的《关于加快培育和发展工商领域协会的若干意见》（试行）；2002 年 4 月国家经贸委印发的《关于加强行业协会规范管理和培育发展工作的通知》；2007 年 5 月底国务院办公厅下发的《关于加快推进行业协会商会改革和发展的若干意见》。与此同时，市场经济较发达、民营企业发展较快的地方，相继出台各种法律规范性文件，1999 年温州市政府率先颁布了第一个关于行业协会的地方性文件《温州市行业协会管理办法》。国务院办公厅《关于加快推进行业协会商会改革和发展的若干意见》颁布后，各地省级政府和市级政府陆续颁布了行业协会的地方性法规、地方政府规章和行政决定，然而这些地方性文件无不例外地受到上位法《社会团体登记管理条例》中一些规定的限制，这与行业协会专门立法的缺失有很大关系。[①] 总体而言，我国大陆现行关于行业协会的专门立法比较零乱、分散，层级较低。由于立法上的限制，我国行业协会普遍存在由于过去长期双重管理体制带来的效率低下问题，以及法律地位缺失、职能不明确、人事组织关系不清等问题，并且相当数量行业协会由于摆脱不了与政府千丝万缕的联系而缺乏必要的独立性。

从理论上讲，大陆法系国家有关行业协会的法律规范有四个层次：第一层次为国家有关结社自由的宪法和民法规定；第二层次为《社团法》《社团登记管理条例》等有关社会团体的法律规定；第三层次为《行业协会法》《商会法》《工业团体法》《商业团体法》等有关行业协会的专门

---

① 王名、孙春苗：《行业协会论纲·中国非营利评论》（第四卷），社会科学文献出版社，2009，第 35 页。

法律规定；第四层次为与行业协会立法相关的实施细则。表 2-4 是对中国大陆和台湾地区行业协会的法律规范层次所做的比较。

表 2-4　中国大陆与台湾地区行业协会法律体系比较

层次	构成主体		中国大陆	中国台湾地区
第一层次	对自由结社的规定	宪法	存在	存在
		民法	规定模糊	存在
第二层次	有关社团的法律规定	社团法	不存在	《人民团体法》
		社团登记管理条例	《社团登记管理条例》	
第三层次	行业协会专门立法		不存在	《工业团体法》《商业团体法》
第四层次	与行业协会立法相配套的实施细则、专门规定和有关办法		不存在	《工业团体法实施细则》《商业团体法实施细则》《工商团体会务工作人员管理办法》《工业团体财务处理办法》《督导各级人民团体实施办法》

资料来源：笔者分析整理。

从以上分析可以看出，台湾形成了以"宪法"和"民法"为结社自由的根本依据，以《人民团体法》为一般法，以《工业团体法》《商业团体法》为特别法，包括实施细则等行政法规在内的比较完整的相关法律体系。台湾行业协会除了登记机关外同样也有目的事业管理机关，但这种准"双重管理"体制不影响其向登记机关核准登记时是否征得目的事业管理机关的同意。台湾行业协会除非违法，否则不受当局干预，无论登记机关还是目的事业管理机关均以会员利益为导向，帮助厂商健康成长。现阶段大陆的法律体系中缺乏具有可操作性、专门性的行业协会立法，关于行业协会如何组建和运作的立法分散于不同层级的法规和规章中。目前行业协会组建的直接依据《社会团体登记管理条例》将行业协会与其他政治性、学术型社会团体混同管理，不利于行业协会健康规范发展。

三　基于职能作用的比较

行业协会职能是否有效发挥是行业协会的安身立命之本，台湾《工业团体法》和《商业团体法》以"任务"的字眼对工商团体的职能做出明确且具体的规定,工商团体的基本职能被严格限定,各团体章程中关于职能部分严格"照搬"两法规定,具体如下:(1)信息供给。对本行业进行国内外调查、统计、研究(《工业团体法》第4条第1项任务,《商业团体法》第5条第1项任务);对原料来源、会员生产运销、会员业务进行调查、统计(《工业团体法》第4条第3项任务);对会员和会员代表的基本资料进行建立、动态调查、登记(《工业团体法》第4条第8项任务,《商业团体法》第5条第7项任务)。(2)服务会员。工商团体要承担技术合作或国际贸易的联系和推广、会员产品的展览、广告和证明、会员证照的办理、技能训练、业务讲习以及团体或会员委托服务的事项等服务(《工业团体法》第4条第4项、第7项、第9项、第11项、第13项任务,《商业团体法》第5条第2项、第5项、第6项、第8项、第11项任务)。(3)组织与代表。工商团体通过组织同行企业,代表所有会员,维护会员的合法权益(《工业团体法》第4条第5项任务,《商业团体法》第5条第10项任务)。(4)自律与协调。工商团体要对同业纠纷、劳资纠纷等进行协助调处(《工业团体法》第4条第10项任务,《商业团体法》第5条第4项任务)。(5)协助"政府"。工商团体要对"政府"经济政策与法令进行协助推行及研究、建议,也要接受"政府"机关委托服务的事项(《工业团体法》第4条第14项任务,《商业团体法》第5条第3项任务)。(6)社会参与。工商团体要举办会员或社会公益事业,参加社会运动(《工业团体法》第4条第15项任务,《商业团体法》第5条第12项任务)。其他行业协会即自由职业团体和具有行业协会性质的社会团体根据《人民团体法》以不违法为前提即可根据实际情况自由编制各项职能。尽管如此,实务中,各行业协会对职能的设定及履行极为重视。

2007年国务院办公厅《关于加快推进行业协会商会改革和发展的若干意见》,提出积极拓展行业协会的职能,即充分发挥桥梁和纽带作用、加强行业自律、切实履行好服务企业的宗旨、积极帮助企业开拓国际市场。2006年《广东省行业协会条例》没有明确行业协会的职能,但提出"行业协会应当发挥提供服务,反映诉求,规范行为的职能作用,根据需要可以从事下列活动：（1）组织市场开拓，发布市场信息，编辑专业刊物，开展行业调查、评估论证、培训、交流、咨询、展览展销等服务；（2）协调会员之间、会员与非会员之间、会员与消费者之间涉及经营活动的争议；（3）代表行业内相关经济组织提出反倾销调查、反补贴调查或者采取保障措施的申请，协助政府及其部门完成相关调查，组织协调行业企业参与反倾销的应诉活动；（4）接受与本行业利益有关的政策的论证咨询，提出相关建议，维护会员和行业的合法权益；（5）参与行业性集体谈判，提出涉及会员和行业利益的意见和建议；（6）参与有关行业标准的论证，建立规范行业和会员行为的机制；（7）加强会员和行业自律，促进会员诚信经营，维护会员和行业公平竞争；（8）组织会员学习相关法律、法规和国家政策；（9）开展行业协会宗旨允许的业务和政府及其工作部门授权或者委托的其他事项。2014 年《深圳经济特区行业协会条例》第四章为"行业协会职能及管理"，分别于第 43 条〔行业协会可以为会员提供以下服务：（一）指导、帮助会员改善经营管理；（二）开展行业培训，提供咨询服务；（三）协助会员制定、实施企业标准；（四）开展市场评估，收集、发布行业信息，推广行业产品或者服务；（五）组织行业会展、招商，开展国内外经济技术合作交流；（六）开展章程规定的其他促进行业发展的活动〕、第 44 条〔行业协会可以就以下事项开展协调沟通，反映诉求工作：（一）协调会员之间、会员与非会员之间、会员与消费者之间在生产经营活动中产生的争议；（二）协调本行业协会与其他行业协会或者组织的关系；（三）沟通本协会会员与政府及有关职能部门之间的联系，协助政府及有关职能部门开展管理工作；（四）在价格行政管理部门的指导下，监督行业内产品或者服务定价，协调会员之间的价格争议，维护公平竞争；（五）开展行业统计、调查，参与涉及行业发展的行政管理决策的论证，向政府及有关行政管理部门反映涉及行业利益的事项，提出相关立法以及有关技术规范、行业发展规划制定等方面的意见和建议；（六）代表本行业会员提出涉及本行业利益的意见和建议；（七）代表本行业会员依法提起反倾销、反补贴、反垄断调查或者采取保障措施申请，协助政府及有关行政管理部门开展反倾销、反补贴、反垄断调查，参与反倾销应诉活动〕、第 45 条〔行业协会行使以下行业自律职能：（一）在本行业贯彻实施有关法律、法规、规章的规定以及政府相关政策；（二）建立行业自律机制，制定并组织实施本行业的行规行约和惩戒规则；（三）推进实施国家标准、行业标准或者地方标准〕、第 46 条（鼓励行业协会协助政府参与公共管理，参与协调会员与其员工之间的劳资纠纷，化解社会矛盾，维护社会稳定，促进社会和谐）、第 47 条〔行业协会可以参与草拟行业发展规划、行业政策、行业标准，并可以根据行政机关委托或者许可开展以下活动：（一）开展公信证明、产地证明、行业准入资质审查、产品质量认证；（二）开展本行业从业人员技能培训、资质考核和技术职称评审工作；（三）对行业生产经营许可、进出口许可和行业重大技术改造、技术引进项目进行评估论证；（四）对本行业企业及经营许可证年检、年审提出意见；（五）行政机关委托的其他事项〕、第 48 条（行业协会可以根据章程规定和业务开展的需要设立咨询、评估、培训、信息、检测、认证、展览、标准化等服务性组织，所取得的收入应当按照章程和本条例第 56 条的规定用于符合本协会宗旨的业务活动，不得在会员中分配）对行业协会的职能作出规定。

虽然大陆行业协会近年来发展迅猛，初步发挥着各项职能，但由于行业协会曾出现较长的空档期，起步较晚、发育还不成熟，加之政府职能转变缓慢及现有行业管理体制的局限性也极大制约了行业协会的规范发展。两岸行业协会在具体职能的发挥程度上还存在差距：（1）相比台湾同业公会，大陆行业协会的会员入会率相对较低，通过制定行业道德准则和行规行约来规范企业和行业的行为从而维护行业公平竞争秩序及行业整体利益的意识还不够清晰，制定的规范也较为笼统，缺乏可操作性。（2）发挥行业合力为政府和社会提供外部服务以及对会员企业提供内部服务的职能，是台湾行业协会生存的基础，也是法律对台湾公法性质同业公会职能的强制性规定。近年大陆行业协会的服务职能不断完善，但不排除"还有 1/3 难以维持，1/3 勉强维持"[①] 的行业协会由于基础较差、缺乏经费活动困难，对所谓服务企业及服务社会，心有余力不足。（3）台湾行业协会在沟通和政府的关系，以及通过影响立法的方式实现行业发展并为企

---

① 余晖：《行业协会及其在中国的发展：理论与案例》，经济管理出版社，2002，第 57 页。

业谋权。大陆行业协会近年也大为重视协会发挥的沟通和维权功能，代表本行业企业积极应对反倾销、反垄断、反补贴调查及诉讼，一些行业协会还极为重视与其他国家和地区的行业协会的沟通和交流，但能够较为充分发挥行业代表职能的行业协会尚属少数。

虽然大陆行业协会的地方性立法及相关法律规范性文件无不较为完整地规范行业协会的各项职能，但现实中对于大多行业协会而言，这些职能并未得到充分重视及有效发挥，犹如"墙上之饼"。原因在于，相比"民间主导型"的台湾行业协会的发展运作，大陆行业协会是经济体制改革和政府机构改革的产物，其职能充分发挥有待政府职能转变的进一步推进，有待行业协会与政府关系的进一步理顺，以及有待行业协会内部治理机制的进一步完善。

四　基于组织形态的比较

1. 从组织形式上比较

台湾广义上行业协会由工商团体和自由职业团体，以及社会团体中的经济业务团体、国际经济团体、同乡性商会等社会组织组成。狭义的行业协会仅指以工业同业公会和商业同业公会为主的工商团体。大陆缺乏统一的行业协会立法，各地对行业协会形式的规定比较复杂、多元，可谓千奇百怪，名称上有行业协会、商会、联合会、同业公会、促进会等。大部分地方的法律和政策仅承认行业协会和商会，而商会与行业协会的界限模糊，各地对行业协会和商会的区别和认定依据不同。有的地方将行业协会和商会分别代表"业缘性"组织和"地缘性"组织，以相同或近似行业企业为主体的组织为行业协会；一定地域范围内跨行业、跨产业的综合性行业协会称为商会。有的地方把商业领域的行业协会称为商会。还有的地方，把政府职能部门作为业务主管单位的组织称为行业协会，而由工商联（总商会）作为业务主管单位的组织称为行业商会。《深圳经济特区行业协会条例》对行业协会的界定既包括同业或者相关行业协会，也包括跨行业的行业协会。根据第14条规定，"行业协会的名称由行政区域名称、行业名称、组织形式组成。组织形式包括商会、促进会、同业公会、联合会等"。可以认定行业协会的组织形式包括商会、促进会、同业公会、联合会等,即将这些组织一并纳入行业协会的调整范围。

2. 从组织性质上比较

台湾现行的《工业团体法》和《商业团体法》明确规定工业团体和商业团体为法人,工商团体向主管机关核准立案后即可取得法人资格。而依据《人民团体法》,自由职业团体和社会团体不一定需要具备法人形式,其登记成立后不具有法人资格,取得法人资格还需向法院办理法人登记。大陆除了深圳、温州[①]等地方立法明确规定行业协会必须是具有独立民事权利能力和行为能力的社会团体法人,不少地方的法律和政策对此没有具体要求。

3. 从组织构成上比较

根据台湾《工业团体法》和《商业团体法》的规定,工业同业公会的会员为同业工厂,商业同业公会的会员为同业公司和行号。《人民团体法》规定职业团体由同一行业的单位、团体或同一职业的从业人员组成,社会团体由个人或团体组成。因此,工商团体外的自由职业团体和社会团体的会员可以是组织或个人、业者或专家。大陆由于缺乏统一的行业协会立法,因此对行业协会的会员组成没有统一明确的规定,各地方法律和政策的规定不尽相同。一般对行业协会要求会员为单位会员,商会的会员可以是个人。《温州市行业协会管理办法》规定行业协会由同一行业的企业、个体商业者及相关的企事业单位组成,承认个人可以作为行业协会的会员。《深圳经济特区行业协会条例》对行业协会成立主体上更是大胆地提出不再局限于企业,而是包括企业、其他经济组织以及个体工商户,尽管限定个体工商户和不具有法人资格的组织的比例不得超过会员总数的10%,以及设立行业协会必须具有30个以上的单位会员。

---

① 《深圳经济特区行业协会条例》第三条规定"本条例所称的行业协会,是指企业、个体工商户和其他经济组织,为促进经济发展维护合法权益,而自愿组成、按照章程自律管理,依法设立的非营利性社会团体法人。"《温州市行业协会管理办法》第三条规定,"行业协会由同一行业的企业、个体商业者及相关的企事业单位自愿组织的民间性、自律性、非营利性社会团体法人"。——笔者注

第四节 经验借鉴与问题分析

一 台湾行业协会管理体制对大陆行业协会改革和发展的经验借鉴

台湾产业发展和行业协会的发展存在相互促进的关系。首先,台湾的行业发展水平与成熟度高低很大程度上决定了行业协会职能的发挥。结合实地调研与网上资料的分析,不难发现行业发展水平高,企业的规模大、数量多,其所组成的经济类社会组织的自主性、活跃性也高,职能发挥作用显著。例如,台湾电机电子工业同业公会的有效运作就离不开台湾电机电子行业的发育成熟。其次,行业协会的发展壮大也极大地促进了行业发展,协助企业开拓商机。例如,工业总会、商业总会、台湾电机电子工业同业公会、台湾科学园区工业同业公会会和台北市进出口商业同业公会等商业团体对行业的发展和经济的拉动发挥了极大的作用。不可否认,台湾行业协会的发展运作和管理体制有很多经验值得大陆行业协会学习和借鉴。

1. 登记便利且管理规范的准双重管理体制

大陆行业协会长期以来管理体制最突出的特征是实行登记管理机关和业务主管单位的"双重管理"体制[①],目的是方便各业务主管单位通过行业协会来保留对所辖地区行业的干预与控制,是"政府管企业"体制的延续。台湾行业协会实行的准"双重管理"体制不影响行业协会向登记机关核准登记时是否能提供目的事业管理机关并征得目的事业管理机关的同意。台湾当局对行业协会实行"低度宽松"的管理原则,对行业协会的管理主要是"指导",尽管法律条文规定的是"监管",无论年检还是评鉴,都充分尊重行业协会运作的自由。相比大陆只有《社会团体登记

---

① 2013年3月国务院《机构改革和职能转变方案》公布,《国务院办公厅关于实施〈国务院机构改革和职能转变方案〉任务分工的通知》提出,2013年12月底前民政部会同法制办完成《社会团体登记管理条例》等相关行政法规修订工作,对行业协会商会类、科技类、公益慈善类、城乡社区服务类社会组织实行民政部门直接登记制度。各省市陆续在全省范围内推进包括行业协会商会在内的社会组织直接登记,明确将原先的业主主管部门变更为业务指导部门。面对双重管理体制向一元登记制度转变将面临的问题,相关实施细则有待具体化和明确化。——笔者注

管理条例》对包括行业协会在内的所有社会团体笼统规定的现状，台湾地区形成了以《人民团体法》为一般法，以《工业团体法》《商业团体法》为特别法，包括实施细则等行政法规在内的相对完整的行业协会规范体系。综上，台湾行业协会的立法体系及登记管理模式在一定程度上可为大陆提供借鉴，主要体现便利、规范和高效。

2. 适当松绑"全国性"行业协会的准入限制

台湾地区共有36000多个人民团体，其中全台性质的社团数量10500多个，全台性行业协会在行业协会总量中也占了很大比例。截至2010年底，台湾全台性工业团体146个，而地方仅27个；全台性经济业务团体1804个，地方也不过2520个。① 促成全台性行业协会成长的因素除了台湾政治民主、社团登记相对自由外，还有一个重要因素即法规对全台性社团的设立门槛不断松绑：1989年《人民团体法》规定可以设立两个以上同级同类的社团，只要名称不同，打破了原先同类全台性社团只能设立一个的限制；2005年《人民团体法》进一步将原本申请全台性社团须有13个县市修正为只须7个县市即可。全台性行业协会的影响范围更广，参与公共政策和影响公共资源分配的倡导功能更为强大，无论联合维权还是行业规范都更能引起当局重视。大陆全国性行业协会的政策倡导功能也不断显现，仅2013年当年就参与法律法规文件修改制定392件，参与标准制定5549项②；但是由于过去长期登记管理体制限制，大陆成立全国性行业协会需国家部委以上单位作为业务主管部门，从而导致全国性协会的登记注册困难重重。对行业协会进一步松绑，逐步扩大规模，是一个值得斟酌的改革方向。

3. 重视行业协会的合理诉求与建言

台湾行业协会作为独立于当局的第三部门，发挥强大的民间社会力量，在与当局合作和互动中相互制衡，往往通过汇集会员意见向当局建

---

① 数据来源于台湾"内政部"统计查询网"中央政府所辖人民团体表"和"地方政府所辖人民团体表"。——笔者注

② 数据来源于民政部民间组织管理局副局长刘忠祥在2014年10月18日民政部首次组织的全国性行业协会商会服务地方经济发展（聊城）培训交流会上的讲话。《行业协会商会服务经济发展的聊城视角》，《聊城日报》，http://www.lcrb.cn/tegao/20141022/19907.html，最后访问日期：2014年10月30日。

言,反映业界共同利益诉求,提出解决方案,从而推动公共政策的出台及推动产业立法。由于台湾民主化的发展以及当局对行业协会诉求和建言的重视,台湾行业协会在政策倡导等方面发挥出积极的作用:(1)反映行业诉求,推动政策制定。工业总会从2008年起每年定期征集产业界各公会对改善台湾投资环境的意见,归纳整理为《对政策的建言》白皮书,内容涉及产业发展、能源政策、环境与安全、卫生政策、公平交易及消费者关系、赋税与金融政策、劳资关系及人力资源、国际贸易、两岸政策、智慧财产权、中小企业发展等,这些建言对提升台湾竞争力产生了积极的影响。配合政策白皮书,工业总会还及时发表《议题办理情形》,包括各议题办理情形、未来处理方向和办理进度,有近2/3的建言已获得政府善意的回应与积极落实,包括大陆人民熟悉的"开放两岸三通直航""解除40%大陆投资上限""开放大陆人民来台观光""调低或取消遗产赠与税税率""调降营业所得税至17%""开放陆资来台"等议题。台湾商业总会也每年向业界征集诉求,2011年编撰的建言从产业和议题两个层面向当局提出意见和建议,其中包括台湾经济研究院曾仁桀教授起草的《两岸经贸政策》的建言。台湾科学工业园区科学工业同业公会与台北市电脑商业同业公会联合组织了"2012台湾经济向前行——给'总统'候选人建言"活动,得到各党候选人的回复。(2)促进产业立法,推动产业发展。在台湾当局的支持下,2010年工业总会促成《产业创新条例》立法,并提出《废弃物清理法》第28、33条和77条修正、《劳工安全卫生法修正草案》《土壤及地下水污染整治费收费办法》《永续发展基本法草案》及《环境基本法部分条文修正草案》等的修改建议。台北市进出口商业同业公会积极参与当局研拟或修订重要贸易法规,并广泛征集会员及专家学者的意见,提出政策建议。大陆若要在全球经济下滑的背景下致力转变经济增长方式,保持稳定增长,可借鉴台湾经验,重视行业协会的合理诉求与建言,将之转化为推动行业健康成长的有效举措。

4. 通过政府委托赋予行业协会行使行业管理职能

台湾地区当局与行业协会的交流互动频繁,关系密切,二者互相依赖相互促进。尤其是规模较大的工商团体,由于其自身的组织能力强,资源多,比当局更加熟悉产业发展趋势以及国际规则与事务,因此,当局必须通过这些行业协会来了解最新产业资讯和国际形势，而行业协会往往也能积极配合当局政策，特别是在当局需要帮助时给予人力物力财力的大力支持。台湾当局和行业协会充分意识到"政"社合作、共创双赢局面的重要意义，当举办世界性展览会时需要花费数千万元新台币，行业协会申请十几万元新台币的经费补助有如杯水车薪，但申请经费补助的目的是获得当局的支持，从而有利于扩大该活动的权威性和影响力。当局通常在资格认证、人才培训和项目研究三个方面委托行业协会实行行业管理、履行公共职能。台北市进出口商业同业公会主办的"国际贸易大会考"和"贸易经营师"证照考试，属于全台性质的贸易认证考试，享受当局一定的补助，为贸易相关院校学子及贸易从业人员检定基本贸易技能与高阶人才，每年均吸引数千人报考，合格者发给证书并建置"国际贸易人才库"，为会员企业推举贸易人才。

二 台湾行业协会管理体制与发展运作的问题分析

尽管台湾行业协会从发展演进到管理体制都比大陆更成熟更完善，值得大陆学习和借鉴，但仍存在以下几个方面的问题，这些问题在大陆行业协会发展的过程中也正在经历或将会经历，充分认识这些问题可以有效避免大陆行业协会多走弯路。

1. 行业协会发展不平衡

行业协会发展水平、发展程度参差不齐，实力较强的行业协会由于其会员众多、当局关注度高，获取的资源也多，因此，能较好地履行其各项职能，如台湾六大工商团体（商业协进会、工业总会、商业总会、电电公会、中小企业协会、工业协进会）成立之初具有当局背景，理事长等协会龙头基本由国民党中常委指派，尽管发展到今天已经民间化了，但在当局曾经支持下形成的强大社会影响力已使其具有与当局抗衡的能力。而大多数的工商团体，特别是行业发展水平低、会员数量少的组织，维持自身运作都极为困难，更谈不上职能的发挥，如台湾区电影制片工业同业公会只有3家会员厂商[①]，台

[①] 工业团体服务网·工业团体全名录，一般工业，台湾区电影制片厂工业同业公会，http://www.industry.org.tw/Company/show_data.asp?department_id=2176，最后访问日期：2013年6月5日。

湾区皮革制品工业同业公会只有8家会员厂商①，两家行业协会虽然在工业总会网站进行了注册登记并建立网站，但网站上几乎没有任何相关资料；台湾区手套工业同业公会②、台湾区环境卫生用药工业同业公会③截至目前还尚未建立该组织网站；台湾区樟脑工业同业公会④已经暂时停止运作。目前台湾地区当局委托给行业协会实行行业管理和提供公共服务职能的项目还十分有限，当局往往是将"计划""专案"委托事项交给有研究能力的学术性团体，有资格举行行业资格认证考试和职业资格审定的还只是极少数较成熟、规模较大的行业协会。

2. 绩效考核缺乏淘汰机制

虽然在立法上对经济类社会组织的考核有严格的规定，"内政部社会司"每年3~6月将对工商团体和职业团体进行绩效评监，根据团体的财务经费收入决算分为三类分别进行评比。评监的内容包括会务（基本资料、会务状况及财务状况等）和业务（依章程所办理的会员服务、社会服务、参与当局机关或其他团体活动或接受委办业务、研究发展、参加与团体业务有关的考察或会议及编印书刊等）。评监结果分为优、甲、乙三个等级，并对各等级做出相应的奖惩说明。但实际上对于考核不合格的团体并未给予相关的惩罚措施或命其解散，使得该类绩效考核措施没有起到应有的作用。

3. 中小型行业协会发展受阻

由于中小型行业协会本身的会员数量少，因此，相应的会费收入少，获取资金的渠道单一，较之于大规模行业协会的雄厚实力相距甚远。后者

---

① 工业团体服务网·工业团体全名录，化学皮胶工业，台湾区皮革制品工业同业公会，http://www.industry.org.tw/Company/show_data.asp?department_id=2166，最后访问日期：2013年6月5日。

② 工业团体服务网·工业团体全名录，纺织工业，台湾区手套工业同业公会，http://www.industry.org.tw/Company/show_data.asp?department_id=2068，最后访问日期：2013年6月5日。

③ 工业团体服务网·工业团体全名录，化学皮胶工业，台湾区环境卫生用药工业同业公会，http://www.industry.org.tw/Company/show_data.asp?department_id=8283，最后访问日期：2013年6月5日。

④ 工业团体服务网·工业团体全名录，化学皮胶工业，台湾区樟脑工业同业公会，http://www.industry.org.tw/Company/show_data.asp?department_id=2367，最后访问日期：2013年6月5日。

因其规模大、业务能力强、影响力深远，能获得当局青睐，也能因此获得当局经费补助以及接受其他组织的委托获得经费来源。这类小规模行业协会受到的关注度低、经费紧张，不利于其良性发展。课题组在调研过程中发现，台湾地区有不少行业协会的办公场所只有一间狭小办公室，秘书处只聘请一位秘书长和一名普通文员，甚至只有一名专职总干事承担了行业协会所有的会务工作。

第三章 两岸行业协会治理比较

——一项评估的结论

第一节 行业协会治理评估的相关研究

一 行业协会治理

一个成熟的社会，需要各方主体的良性互动和互相扶持。国家与市民社会理论认为，行业协会需要主动参与政府政策的制定和贯彻执行。利益相关者理论认为，行业协会应承担对其利害关系人的社会性责任，包括对会员、秘书处员工等内部利益相关者和政府主管部门、新闻媒体等外部利益相关者的责任和义务。自主治理理论认为，人类社会中大量的公共池塘资源（the common pool resources）问题在事实上并不依赖国家也不是通过市场来解决的；自主组织和自主治理实际上是更为有效的管理公共事务的制度安排，显然行业协会产生于"自筹资金的合约实施博弈"，要解决"一群相互依赖的委托人如何才能把自己组织起来，进行自主治理，从而能在所有人都面对搭便车、规避责任或其他机会主义行为诱惑的情况下，取得持久的共同受益"[1] 这样一个问题。法人治理理论认为，行业协会需要通过建立一套既分权又能相互制衡的制度来降低代理成本和代理风险，从而实现组织的目的和使命。

随着第三部门的迅速崛起，行业协会等非营利组织的治理问题逐渐成

---

[1] 〔美〕埃莉诺·奥斯特罗姆：《公共事务的治理之道——集体行动制度的演进》，余逊达、陈旭东译，上海三联出版社，2000，第35页。

为各界关注的焦点。2002 年在南非召开的第三部门研究国际学会第五届年会（the International Society for Third – Sector Research Fifth International Conference）的主题就是非营利组织的治理；美国 2002 年 10 月召开的管理学会（Academy of Management）年会将非营利组织的治理问题作为研讨的主要问题之一；2007 年 11 月我国第二届治理论坛将"非营利组织治理与和谐社会建设"作为大会议题。非营利组织治理问题的重要性深获非营利组织研究学者的重视，美国学者丹尼斯·R（Dennis R. Young）等在其论著中开宗明义地指出"治理已成为非营利组织能否有效运作的首要课题"[1]。行业协会作为会员制的非营利组织，也存在委托—代理问题，具备法人治理的完整结构：会员大会或会员代表大会所组成的权力机构、理事会或常务理事会所组成的决策机构、秘书处所组成的执行机构、监事会或监事所组成的监督机构。行业协会作为一种组织形式，同样需要通过有形的组织结构和人员运作实现其功能，通过一套内部或外部的制度来协调组织与所有利益相关者的关系，保障组织决策的科学化和运作效率。国内学者从不同角度对行业协会治理结构问题进行研究，如浦文昌将我民间商会行业协会的治理结构与德国工商会、法国协会进行比较，对完善我国商会行业协会治理结构提出改革建议，并认为应建立商会制衡机制来完善对商会各领导机构权力的制衡[2]；邓海峰提出应在属于行政管制法性质的条例中引入"治理制度"，对比美国和德国治理结构的差异，主张中国未来的社团采用近似于德国式的治理结构模式，确立会员大会和会员代表大会双重权力机关体制，由会员大会选任的理事会作为社团的议事机关和执行机关[3]。

  与公司治理相同，行业协会治理既是一个静态的组织结构，又是一个动态的治理机制活动过程。行业协会治理结构就是法定组织结构与管理组织机构的整合，法律体系上的组织结构是基础和保证，是一种"正义性"

---

[1] Young D. R., Hollister R. M. & Hodgkinson V. A. Governing, *Leading and Managing Nonprofit Organizations* (San Francisco: Jossey – Bass Publishers, 1933), p.141.
[2] 浦文昌：《完善商会（协会）法人治理制度促进民间商会健康发展》，载浦文昌主编《"市场经济与民间商会"理论研讨会论文集》，西北大学出版社，2006，第 75 ~ 88 页。
[3] 邓海峰：《社团立法中的治理结构问题》，载浦文昌主编《"市场经济与民间商会"理论研讨会论文集》，西北大学出版社，2006，第 147 ~ 154 页。

的规范,管理组织的运行状态即治理机制是关键和核心,是一种"效率性"的根源。显然,具有相同的法定治理结构,不同的行业协会可能表现出不同的治理效率。而目前的研究大多没有将行业协会的治理结构和治理机制有机结合起来,尤其对外部治理机制的研究更是表面化。大多研究是专门论述行业协会治理结构,或者从某个侧面研究行业协会的内部治理机制,而没有将激励、监督、决策和相关的外部治理机制作为一个相互配合的整体来进行研究。并且对行业协会治理问题的研究定性分析较多,定量及实证研究较少且缺乏系统性,所谓的制度分析与解决方案多侧重于理论分析,较少在全面系统的评估结论基础上进行规范研究。

二 行业协会评估

评估,作为一种管理手段,已经越来越广泛地应用于政府、企业以及非营利组织的管理活动之中。彼得·罗西认为,评估是一种测量和判断社会工作干预结果的评估模式,它对于全面评价社会工作干预的绩效,改善服务方式,提升服务质量,确保服务达成预设目标具有重要意义[1]。对非营利组织评估问题的关注始于20世纪90年代初期,美国、英国、日本等国家,先后建立了许多半官方或者民间的中介性或学术性的评估机构,采用定量和定性相结合的指标体系,定期或不定期对非营利组织进行包括绩效、项目、组织管理和综合能力等在内的各种评估。国外有关非营利组织评估研究已经形成基本的惯例,一定程度上可供我国学界参考借鉴,于是国内学者在对行业协会进行评估研究时,时常借鉴国外的先进经验。陈秀峰认为非营利组织的评估有广义和狭义之分:从广义上理解,非营利组织在制定一个计划或者投资一个项目过程中都需要对政策、计划、项目的可行性、进展情况以及实施的效果有基本的判断,因此,必定要进行各种各样的调查、研究、评价等;而狭义上的评估,是指由项目的事实方或者受益方委托专业机构,从独立的第三方的立场,对非营利组织的政策、计划、项目的状况做出独立的评价,评估的受托方一般是专业的评估机构[2]。

---

① 〔美〕彼得·罗西:《项目评估:方法与技术》,邱泽奇等译,华夏出版社,2002,第413页。
② 陈秀峰:《从个案研究中国非营利组织评估现状——以大学教育基金会为例》,《学会》2009年第11期。

我国国内关于行业协会评估的研究是从近些年开始的，从评估内容上看大体可分为针对行业协会的全面评估、针对机构所提供服务的项目评估、针对机构的人力资源评估三种，针对机构的全面评估在多数文献中被认为是关于组织绩效的评估。从对当前行业协会评估现状的描述和总结看，王文等对行业协会商会评估工作中发现的问题进行梳理，对评估中创造的经验进行总结，在评估工作研究中发现行业协会存在某些突出问题：产业联盟的问题、事会不分和会企不分的问题、行业协会业务萎缩问题、职业性行业协会和行业性文艺性协会交差问题等[1]。罗斌等提出通过评估促进行业协会（商会）的健康发展，是社会管理创新的重要内容，认为政府是评估的发起者和组织者，更是评估的实施者、推动者和监管者，当前政府领导对评估给力不足，应引起高度的重视并着手加以改进[2]。从评估维度看，任浩认为评价行业协会影响力需要从基础指数、能力指数和发展指数三个维度入手[3]。张磊等主张从行业协会的基本状况、非营利性、运作能力和战略四个维度对行业协会进行评估[4]。王欣认为行业协会绩效管理可以从基础绩效、服务绩效和关系绩效三个维度着手[5]。李科等则从基础绩效、能力绩效、发展绩效、财务绩效及服务绩效五个维度对行业协会进行全面综合评价[6]。从评估实例研究看，贾宝明等介绍安徽省示范行业协会评估办法和程序、评选内容和标准，总结出社会组织评估是加强社会组织自律、诚信建设与科学民主运行的一项措施，是评估社会组织功能和作用的一把标尺，同时提出设计各类社会组织不同的评估标准，建立科学的指标体系，制定和建立一套理论与政策法规一致、理论与实际活动相统一的各类社会组织通用的评估指标体系[7]。李聪在泰安市行业协会评估

---

[1] 王文、罗军、王一鸣：《对行业协会、商会评估工作有关问题的思考》，《社团管理研究》2011年第4期。
[2] 罗斌、肖光坤：《行业协会评估工作的领导方略探究》，《学会》2011年第10期。
[3] 任浩、李峰：《行业协会影响力评价指标体系的实证研究》，《现代管理科学》2006年第4期。
[4] 王磊：《我国行业协会的绩效管理研究》，电子科技大学硕士学位论文，2007，第45~46页。
[5] 王欣：《行业协会的绩效管理研究》，山西大学硕士学位论文，2010，第24~27页。
[6] 李科、任浩：《行业协会评价综合分值计算模型及验证研究》，《工业技术经济》2008年第7期。
[7] 贾宝明、王世刚：《安徽省示范行业协会评估的实践和思考》，《学会》2009年第2期。

研究中提到目前国际上有三种评估模式：以美国为代表的民间主导评估模式、以日本为代表的政府主导的评估模式和介于两者之间的英德评估模式，并总结了行业协会的评估方法，如观察法、座谈法、访谈法、文献法①。

目前还没有针对行业协会治理评估的专门研究，学者对行业协会评估的研究主要是绩效评估和能力评估，绩效评估和能力评估的指标和内容，与治理评估有相同之处，但还有许多不同之处。行业协会作为一种组织形式，需要通过有形的组织机构和人员运作来实现其功能和属性，为了保障组织的运作效率与运行效果，必须对组织进行相应的治理。我国行业协会的发展虽然步伐很快，但其发展受到内部管理机制和运行模式的限制，治理问题逐渐浮出水面，因此对行业协会的治理评估应该成为组织常态化的一种自我规范行为。

第二节 行业协会治理的概念与内涵

一 行业协会等社会组织在国家社会治理中的作用

1. "治理"的产生

英文中的"治理"（governance）源于拉丁文和希腊语"gubernare"，原意是控制（rule）、引导（guide）和操纵（steer），长期以来它与"统治"（government）一词交叉使用②，主要用于与国家的公共事务相关的管理活动和政治活动。治理的基本含义是指在一个特定的范围内运用权威维持秩序，目的是在各种不同的制度关系中运用权力去引导、控制和规范公民的各种活动，以最大限度地增进公共利益③。自 1989 年世界银行首次使用"治理危机"一词，"治理"一词被广泛运用。全球治理委员会对"治理"做出的标准定义为：治理可以发生在社会各个层次上，同时涉及

---

① 李聪：《泰安市行业协会评估》，《岱宗学刊》2010 年第 6 期。
② Jessop B, The Rise of Governance and the Risks of Failure: The Case of Economic Development, *International Social Journal* 155 (1998): 29–45.
③ 俞可平：《治理与善治》，社会科学文献出版社，2000，第 5 页。

公共部门及私人部门的行动者,是"各种公共的或私人的个人和机构管理其共同事务的诸多方法的总和,是使相互冲突的或不同的利益得以调和并且采取联合行动的持续的过程"①。因此进行治理的组织可以是政府、企业和非营利组织等。

治理理论通常分为两个层次:第一个是国家层次,即强调政府与公民、国家与社会的合作;第二个是组织层次,最为突出的是关于公司治理的讨论,其实质是公司利益相关者对公司管理的参与和监督②。

2. 国家治理体系与治理能力现代化:一个全新的政治理念

国家治理、社会治理,即为第一层次的治理。20 世纪 80 年代,伴随西方社会日益严重的社会经济危机,由于"市场失灵"和"政府失灵"的不可避免,政府与市场单一主导或二元对立的情形被打破,第三部门即非营利组织进入社会领域发挥的作用逐渐受到重视,"多元参与与合作共治"的理念逐渐形成并被广为接受。

所谓社会治理,一方面,强调"参与式治理",即国家力量与社会力量、公共部门与私人部门以及公民个人等多元主体共同参与社会治理;另一方面,强调"多中心治理"和"协作式治理",即政府、市场、社会三大主体不再是支配与被支配的关系,而是基于共同利益和目标的"伙伴式关系",在地位平等的基础上通过协商、合作来解决问题。20 世纪 70 年代末 80 年代初开始,在英国撒切尔政府和美国里根政府的推动下,欧美掀起了一场社会福利改革运动,政府向市场和社会放权,将大量社会服务项目推向市场,或者在社会服务中引入市场运作理念③,从而构建"小政府—大社会"的治理体制。同时政府通过直接补助、减免税费、购买服务等多种方式与非营利组织进行协作。在社会治理中社区的作用不容小觑,欧美国家逐渐形成了政府指导与监控、社区组织和民间团体主办、企业在社区内通过市场机制提供优质服务的社区治理体系。

党的十八届三中全会通过的《中共中央关于全面深化改革若干重大

---

① Commission on Global Governance. http://en.wikipedia.org/wiki/Commission_on_Global_Governance,最后访问日期:2015 年 3 月 22 日。
② 王名:《中国社团改革》,社会科学文献出版社,2001,第 54 页。
③ 黄家亮、郑杭生:《国外社会治理的基本经验》,《人民日报》2014 年 5 月 4 日,第 5 版。

问题的决定》,历史性地提出将"完善和发展中国特色社会主义制度,推进国家治理体系和治理能力现代化"作为国家全面深化改革的总目标。这也是"治理"思想首次进入国家高层文件,成为引领中华民族伟大复兴、实现中国梦的总方针和行动纲领,意义十分重大。从"统治"走向"治理",是人类政治发展的普遍趋势。"少一些统治,多一些治理",也是 21 世纪世界主要国家政治变革的重要特征。

"国家治理体系和治理能力的现代化",这是一个全新的政治理念。它的提出,说明目前我国的治理体系和治理能力还相对落后,跟不上社会现代化的步伐,不能满足人民日益增长的政治经济需求。如果不采取突破性的改革举措解决国家治理中存在的紧迫问题,那么,我们目前局部存在的治理危机有可能转变为执政危机。如何衡量一个国家的治理体系是否现代化,俞可平提出了五个标准,即公共权力运行的制度化和规范化,民主化,法治,效率,协调①。

3. 行业协会等社会组织在国家社会治理中的作用

国家制度和理念从"管理""统治"到"治理"的根本性调整转变和创新中,社会组织的重要地位和作用被放到了前所未有的高度。继十八大提出"加快建立政社分开、权责明确、依法自治的现代社会组织体制"和十八届二中全会确定改革社会组织管理制度之后,十八届三中全会作出的全面深化改革战略部署,即《中共中央关于全面深化改革若干重大问题的决定》中,共有 13 处涉及与"社会组织"作用与发展相关的内容。

(1) 社会组织的民间性和非营利性特征,使其能够发挥政府和市场无法替代的作用

社会组织即非营利组织,是公民参与社会治理的重要载体。一方面,社会组织的民间性体现为其基层性和多元性特征。社会组织的基层性特征使其更容易贴近服务对象,更容易获得各种社会需求的信息,活动的形式和内容更容易为大众所接受,从而有效地提供多样且具有针对性的社会服务。社会组织的多元性所形成的开放性和广泛参与性,能够全面细致、公

---

① 俞可平:《六个方向推进现代国家治理》,《21 世纪经济报道》2014 年 12 月 30 日,第 18 版。

平合理地反映多方利益，从而发挥协调利益、化解矛盾、排忧解难的作用。另一方面，社会组织的非营利性表现为利他性和公共性的特征。社会组织作为利他主义和公共精神的蓄水池，是积累社会资本的主要载体，能够弥补政府过多介入市场导致的管理成本增大、效率低下以及滋生腐败等缺陷，从而与政府共同成为市场的协调者、服务者和管理者。社会组织以其不同于政府和企业的性质特征，在国家治理中发挥其独特作用。诸如行业协会等社会组织已经或多或少承担起过去由政府完全包揽的管理社会和经济的事务。

（2）国家和社会治理创新空间拓展，预示着社会组织将承担更多社会责任和历史使命

从治理结构来看，从"管理""统治"到"治理"，国家治理结构从以往的"单中心""一元""金字塔式"结构，向"多中心""多元""网络式"结构转变，形成多元权力主体之间协作、互动、共治的治理新格局。政府不再是社会唯一的权力中心，而是发挥主导作用，并鼓励和支持社会各方面参与，实现政府治理和社会自我调节、居民自治良好互动。基于共治机制下重塑的治理结构中，治理主体是多元的，社会组织是其中一个重要的构成要素，它们能够与政府在特定的领域中进行合作，分担政府的部分行政管理责任[①]。新一轮的《国务院机构改革和职能转变方案》和三中全会《决定》也提出"适合由社会组织提供的公共服务和解决的事项，交由社会组织承担"。

从治理方式来看，从"管理""统治"到"治理"，权力运行向度从过去的"自上而下"垂直向度管理向"上下互动"新型权力网络转变。治理的实质是建立在市场原则、公共利益和认同基础之上的合作，它所拥有的管理机制主要不依靠政府的权威，而是合作网络的权威，其权力向度是多元和相互的。社会组织成为这个新型权力网络中的重要一极，成为政府和企业之外对资源进行配置的第三种力量。从这个意义上讲，社会组织参与到治理中来，能够推动国家权力实施方式的转型。

从治理效果来看，伴随着经济积累与社会转型，我国的社会主要矛盾

---

① 古明明：《新兴社会组织对社会治理的意义》，《学习时报》2013年12月2日，第6版。

正由物质匮乏阶段人们对于以物质为主的产品需求与物质生产供给不足之间的矛盾，逐渐转变为人们对于公共事务的参与需求、参与机制和通道堵塞不畅之间的矛盾①。其直接的表现是，复杂的社会问题日益凸显，包括社会公正、环境污染、发展不平衡等问题使社会矛盾日渐尖锐化，国家的维稳态势日趋严峻。在此背景下，社会组织作为一种新型治理主体的加入，不仅提高"社会协同、公众参与"的程度，而且能够帮助政府分担一部分公共治理事务，释放一部分政府治理的压力，有效缓解社会矛盾，最大限度地增加和谐因素，实现真正的善治。

行业协会具有社团性、互益性、非营利性、行业性、自愿性、非政府性等特征，是一个典型并且极其重要的社会组织，尤其是在市场经济体制下。党的十八届三中全会也特别强调要限期实现行业协会商会与行政机关真正脱钩，强调要重点培育和优先发展行业协会商会类社会组织。因此，行业协会将在推进国家治理体系和治理能力现代化中，担当尤为重要的责任使命。而行业协会自身的法人治理也是完善行业协会功能机制，提升行业协会组织能力的重要内容，行业协会应逐步建立起"权责明确、运转协调、有效制衡的法人治理结构，做到民主选举、民主决策、民主管理、民主监督。"②

二　从"公司治理"到"行业协会治理"

如何有效地发挥行业协会在推进国家治理体系和治理能力现代化中的重要作用，是新时期下的一个时代命题。十八届三中全会的决定把"激发社会组织活力"放在一个很重要的位置，并提出要"正确处理政府和社会关系，加快实施政社分开，推进社会组织明确权责、依法自治、发挥作用"，这是对行业协会等社会组织的治理结构、治理能力、治理效率提出方向性要求，也对行业协会等社会组织治理问题的研究提出新要求。

---

① 马庆钰：《助推社会组织加速发展》，《光明日报》2014年4月25日，第11版。
② 民政部民间组织管理局副局长刘忠祥在2014年10月18日民政部首次组织的全国性行业协会商会服务地方经济发展（聊城）培训交流会上的讲话。——笔者注《行业协会商会服务经济发展的聊城视角》，《聊城日报》，http://www.lcrb.cn/tegao/20141022/19907.html。

如前所述，第二层次的治理是以公司治理为主的组织治理。公司治理（corporate governance）是伴随着现代公司制度发展而产生的概念，通过一套包括正式的或非正式的、内部的或外部的制度或机制来协调公司与所有利益相关者之间的利益关系，以保证公司决策的科学化，从而最终维护公司各方面的利益。"公司治理"与"公司治理结构"不能等同，然而"当前国内关于公司治理的研究存在明显的误区——将公司治理结构等同于公司治理，使公司治理的对象和范围受到很大限制"[1]。公司治理结构是公司的一种组织形式，公司治理需要特定的公司治理结构，公司治理结构只是公司治理的手段。公司治理结构主要由公司股东大会、董事会、监事会等公司机关所构成，其建立的基础是公司的权力配置，在这种结构中，上述三者之间形成一定的制衡关系。从科学决策的角度来看，治理结构远不能解决公司治理的所有问题，公司治理不仅需要一套完备有效的公司治理结构，更需要若干具体的超越结构的治理机制。在 OECD 组织于 1999 年制定的《公司治理原则》中，已不单纯强调公司治理结构的概念和内容，而涉及许多具体的治理机制，其主要内容包括股东的权力、对股东的平等待遇、利害相关者的作用、信息披露和透明度、董事会责任 5 项内容。显然，治理机制是比治理结构更为广泛、更深层次的公司治理观念。根据现代公司治理理论，公司治理不仅仅是"静态"的治理结构，还包括"动态"的治理运作[2]。

吉斯（Gies）等认为非营利组织的诸多治理功能是和营利组织相似的，是理事会为了治理免税组织所采取的集体行动[3]；罗伯特·布拉德（Robert Blood）也认为非营利组织非常类似于私人公司而不是任何其他现存的政治机构，从公司治理的角度研究非营利组织法人治理极为必要[4]。因此，公司治理的有关理论与实践在范围上自然覆盖到了行业协会等非营

---

[1] 李维安：《改革实践的呼唤：中国公司治理原则》，《中国改革》2000 年第 10 期。
[2] 李维安：《改革实践的呼唤：中国公司治理原则》，《中国改革》2000 年第 10 期。
[3] Gies D. L., Ott J. S. & Shafritz J. M., "Governance: The Roles and Functions of Boards of Directors" *The Nonprofit Organization: Essential Readings* (London: Brools/Cole Publishing Company., 1990) pp. 177 – 181.
[4] Robert Blood, "Should NGOs be Viewed as 'Political corporations'?" *Journal of Communication Management* 9 (2004), pp. 120 – 133.

利组织领域，原因在于：

一方面，从文义上看，"corporate"一词兼有"公司"和"法人"的含义，"corporate governance"既可以译成"公司治理"，也可以译成"法人治理"，既包括企业法人治理（公司治理），也包括行业协会等非营利组织法人治理。我国大陆依法在民政部门登记成立的行业协会大多具有法人资格，属于我国大陆《民法》规定的社团法人；台湾地区依据《工业团体法》和《商业团体法》登记成立的工商团体一经核准立案就具有法人资格，依据《人民团体法》登记成立的其他行业性社会团体可以向法院申请办理法人登记。

另一方面，行业协会作为会员制的互益性组织也存在委托—代理问题，也需要通过建立一套既分权又能相互制衡的制度来降低代理成本和代理风险，从而实现组织的目的和使命。与公司治理相同，行业协会治理既是一个静态的组织结构，又是一个动态的治理机制活动过程。行业协会治理结构就是法定组织结构与管理组织机构的整合，法律体系上的组织结构是基础和保证，是一种"正义性"的规范，管理组织的运行状态即治理机制是关键和核心，是一种"效率性"的根源。

显然，具有相同的法定治理结构，不同的行业协会有可能表现出不同的治理效率。然而行业协会有其自身性质和固有特征，不同于一般的企业法人，其治理结构和治理机制不能照搬公司治理的现成模式。

三 行业协会的治理结构

行业协会存在会员、理事、监事、职员等利益主体，这些参与协会活动的各个利益主体既有各自独立的利益，又有促进协会成长的共同利益，各自借助行业协会治理的结构形式来行使自己的治理权。合理有效的行业协会治理结构是一个基于法律层面的制度安排，是一种法定组织结构，也是一种科学的管理模式。研究行业协会治理结构时，既要通过政府颁布一整套法律和条例的方式对行业协会治理结构进行制度安排，以符合社会正义性和公益性要求；又要考虑因外生参数改变而可能存在各种不同的"特殊契约"，在法律法规框架内通过组织章程和一系列具体合同来提高组织运行效率。

会员大会由行业协会全体会员组成,是协会的最高权力机关,享有协会中重大事项的决定权,例如变更章程、任免理事、解散协会等。会员大会仅是协会的议事机关,并非执行机关或代表机关,其决议必须由其他机关予以执行,也不能直接代表协会对外进行法律行为。

理事会"由三个或以上的理事所组成的多头管理组织,并依集体责任的形式履行领导统御的职能"[1],是"行业协会的决策核心和权力中枢,作为行业协会的掌舵人,负责实现组织的重大使命"[2],对组织的成败负最终的责任,往往对整个组织握有最大的控制权。理事会的职能表现在对内和对外两个方面,对内管理职能包括进行决策制定;任免、监督和评估执行人员;规划组织目标;预选与财务监督;充当协会内部冲突的最终裁决者等。理事会的对外联系职能或称代表职能,表现在对外维护与任务环境的关系,包括提升协会的公共形象、对外募款、与政府主管机关建立良好关系等,从而为协会发展营造良好外部条件。为贯彻理事会决议,行业协会会在理事会中挑选一名德高望重并热爱组织的人担任理事长(会长),理事长的法律地位是行业协会的法定代表人。理事长以行业协会领导者身份承担协会成败的职责,并且作为理事会与秘书长(执行长或总干事)接触的关键点,在秘书长协助下,决定理事会与执行委员会的开会议程和相关策略,定期与秘书长联系,探讨现有议题与活动,评估工作进度,以及提供所需的变革方案。为了有效管理行业协会的运营,有些规模较大的行业协会在理事会下设立各种专门委员会,其名称及数目视组织规模及服务性质而定,如执行委员会、审计委员会、资源委员会等。各专门委员会是理事会的延伸和理事会责任的分工,不能取代理事会职能和干涉非营利组织正常活动。其中执行委员会是享有由章程规定的具体权力的委员会,当不能或者没有必要召开全体理事会会议的时候,执行委员会能代表理事会来行使权力,但决策的最终裁决权仍由全体理事会决定。

会员制非营利组织的监事会一般为非营利组织的任意机关,作为我国

---

[1] Chandler R. C & Plano J. C., *The Public Administration Dictionary* (2nd ed.) (Santar Barbara. California: ABC - CLIO, 1988), p. 165.

[2] Kolzow D. R, "Smooth Sailing With Your Board of Directors" *Economic Development Review* 13 (1995): 20 - 23.

大陆行业协会赖以成立依据的《社会团体登记条例》没有规定监事会是社会团体的必设机构。台湾地区《工业团体法》和《商业团体法》均规定工商团体需设立监事会，并对监事的数量及职责都作出具体的限定。监事会可以作为行业协会的专职监督机构，基本职能是监督理事和执行人员的经营活动，以财务活动为重点，确保理事及执行人员正确有效地行使职权，而不是滥用职权，对于违反法律法规、组织章程及损害协会利益的行为，监事会有权要求纠正。一个成熟高效的行业协会，监事及监事会的功能不可小觑。

秘书处是行业协会的执行机关，台湾《工业团体法》和《商业团体法》称该机关员工为会务工作人员，其职责是贯彻落实组织既定方针，处理日常业务。秘书处的最高负责人是秘书长，由理事会任命，向理事会报告并负责。秘书长类似于公司的 CEO，主要职责是作为理事会的意志执行者贯彻理事会的决议，作为受雇职员的行政主管引领整个协会日常工作，可以说，秘书长是理事会与行业协会职员间的桥梁。秘书长的权限包括经营活动的决策和管理权、理事会决议执行实施权、协会内部机构设置方案拟订权、协会基本管理制度和规章制定权、工作人员的人事管理权等。秘书长与理事会的互动关系有效影响行业协会的运作与发展，理事会功能能否发挥相当程度上依赖行业协会全体工作人员特别是秘书长行为的影响。

综上所述，可以构造出行业协会内部治理结构基本框架，如图 3-1 所示：

在图 3-1 中，虚线方格表示行业协会的非必设机构，箭头指向表示两个机构之间的关系。在行业协会的内部治理结构中，会员大会是协会的最高权力机关，任免和监督理事会和监事会，理事会和监事会对其负责并报告工作；理事会任免和监督理事长；理事长是理事会的代表，是组织的最高责任者，秘书长是理事会任命的最高行政长官，是协会业务最高执行者和协会最高行政长官，理事长和秘书长分别在各自职责范围内向理事会负责并报告工作；理事长代表理事会对秘书长进行任免、命令和指挥，秘书长向理事长反馈协会运作情况并对相关政策提出建议；理事会下设执行委员会负责统筹全体理事的决议、议程的设定以及安排各委员会的相关事

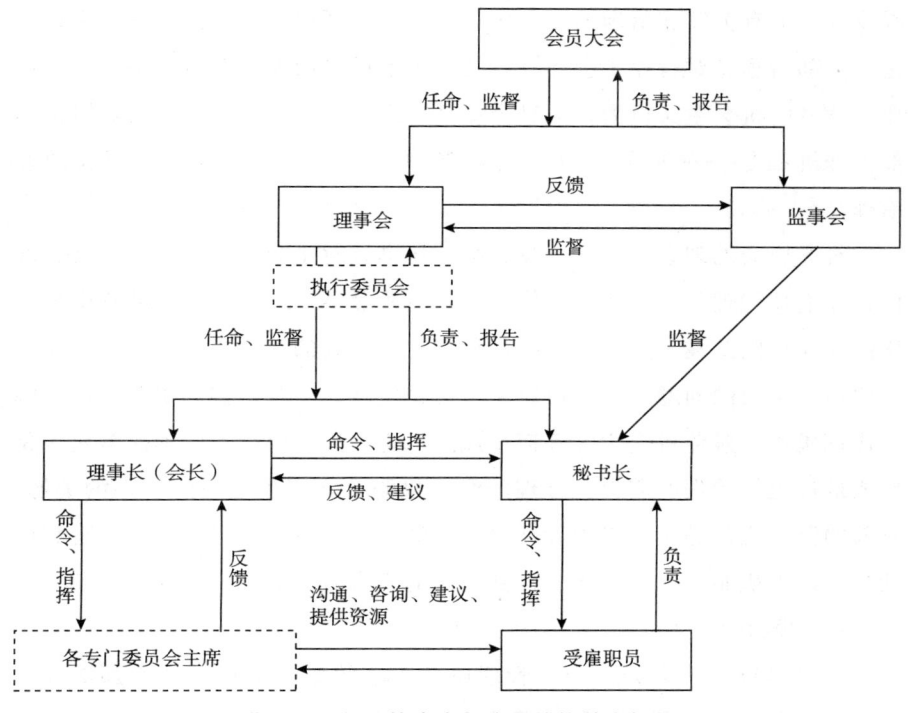

图 3−1　行业协会内部治理结构基本框架

资料来源：笔者整理。

宜，其成员大多由各专门委员会的主席出任，理事长对各专门委员会主席享有命令和指挥的权力；秘书长与组织中各受雇职员之间是直接隶属的命令指挥关系；各专门委员会主席和受雇职员没有直接的隶属关系，但有相互沟通、咨询、建议和提供资源的关系。

四　行业协会的治理机制

行业协会治理机制是内部治理与外部治理相结合的过程。行业协会的内部治理是以协会的内部人为基础的治理，所要解决的是协会内部的利益协调与整合问题，主要途径是通过协会的机构设置和权利安排来解决协会有关的效率问题；行业协会的外部治理是指通过协会的捐助人或出资人、服务对象或受益人、政府主管部门、所在社区、社会舆论、国家法律法规等外部力量对协会行为和组织使命的监督。如果没有外部市场（经营者人才市场、产品市场、捐赠市场等）的竞争机制所产生的间接治理机制以及提供的有关实施治理的充分信息，内部治理也不能单独发挥作用；但是，外部治理是对行业协会经营者的一种事后的治理，有时候不仅不能避免经营者的机会主义行为，而且会提高治理成本，与此相比，行业协会内部治理机制是一种事前和事中的监督和治理，是一种过程治理和预警治理。

行业协会的理事会对于会员大会、秘书处对于会员大会和理事会，同样存在委托代理关系，代理人作为"理性经济人"，有追求自身效用最大化的倾向，因此在行业协会中同样存在对代理人的激励、监督以及如何解决组织决策权的问题，同样可以通过激励机制、监督机制和决策机制来降低代理成本、避免机会主义等道德风险行为。行业协会科学的决策机制是形成最佳组织治理的前提，合理的激励机制是实现最佳组织治理的关键，有效的监督机制是实现组织最佳治理的保证，三者相互作用，并结合相应的外部治理机制，融为一体，达到一定的组合效率。

1. 激励机制

不论是行业协会的治理、管理还是实施效率的实现，最终都取决于组织人员的构成，需要组织凝聚力和对组织成员的吸引力，因此应设立对行业协会成员的激励机制，即以什么样的制度来激励行业协会成员，包括理事、监事、秘书长或总干事以及职员的工作动机，包括以物质为内容的显性激励方式，以及以非物质为内容的隐性激励方式，分别为：薪酬激励、组织目标与使命激励、组织文化激励、信任激励、竞争激励、声誉激励。

2. 监督机制

行业协会存在对执行机构和执行人员的监督，通过内部监督与外部监督的合力作用，最终转化为执行机构及执行人员的自我监督。内部监督是确保行业协会非营利性的基础和根本，包括作为行业协会专职监督机构的监事会对理事及执行人员经营管理活动的监督；理事会运用考核权和任免权对执行人员的监督；协会内部规章制度对受雇职员违规行为的监督；以及使命、信念等"道德驱动"的监督。外部监督主要指外部利益相关者为了各自的利益，通过不同途径对行业协会的管理者与执行者进行的监督，外部监督只有通过内部监督才会起作用。外部监督包括政府的监督、独立第三方评估①、同行互律、媒体监督以及捐款者②与公众的监督。

3. 决策机制

行业协会决策机制是设计决策权在协会内部利益相关者之间的分配格局，其要解决的是决策权力机构的设定以及对应的决策内容，表明什么样的决策该由谁做出，并依靠一定的组织结构和制度来运行。行业协会的激励与监督机制只是解决协会的内部分权与制约，以及如何调动成员积极性的问题。而科学的决策能够降低代理成本，实现委托人预期效果和社会效益的最大化，促使组织使命的完成以及组织的可持续发展。在行业协会中并非所有人员都拥有过度的权力，大部分行业协会的管理失灵不是由于权力失衡，而是根源于一些出发良好但并非科学的管理决策。行业协会治理不仅要建立有效的激励机制和监督机制，而且要建立一套科学的决策机制，通过这一机制，创造和保持有效的决策过程，从而促使理事会和管理层在决策中实现真正有效的合作。行业协会的决策机制由会员大会、理事会、管理层、监事会等内部治理的权力系统组成，并以此形成相应的决策分工形式和决策权分配格局。第一层决策是作为组织最高权力机构的会员大会的决策，第二层决策是作为组织常设决策机构的理事会的决策，第三层决策是组织管理层领导对日常事务的决策。

综上所述，可以构造出行业协会治理机制基本框架，如图3-2所示：

在图3-2中，行业协会治理机制包括内部治理机制和外部治理机制，激励机制和决策机制属于内部治理机制，而监督机制区分为内部监督机制和属于外部治理的外部监督机制。激励机制包括薪酬为主的物质激励方式，以及组织目标与使命激励、文化激励、信任激励、竞争激励和声誉激励等非物质激励方式。决策机制包括会员大会决策，以及理事会决策和管理层决策。

---

① 为弥补政府监督机制的不足，西方国家很重视独立第三方机构评估的监督。全国慈善信息局（NCIB）是美国最早成立的民间评估机构之一（2001年合并为BBB明智捐赠联合会），其最主要的工作是对慈善组织的非营利性进行评估，帮助捐款人掌握慈善组织全面的信息，从而进行更明智的捐款。——笔者注

② 福建省万贯五金机电城有限公司投资建立"海峡国际五金机电城"，2013年5月与福建省泉州五金机电行业协会签订协议约定无偿为协会提供1000平方米的办公场所，并连续5年每年捐赠20万元人民币作为协会的运营经费。——笔者注

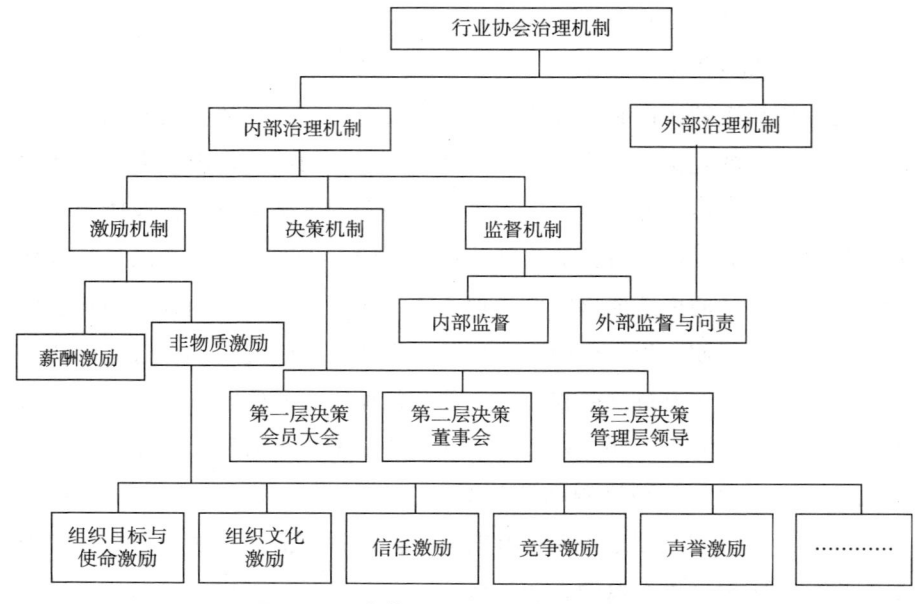

图 3-2 非营利组织治理机制基本框架

资料来源：笔者整理。

第三节 行业协会治理的评估理论与实践

一 行业协会治理评估

目前国内没有针对行业协会治理的专门评估程序和评估方法，也几乎没有学者对"行业协会治理评估"做出专门的概念界定。笔者认为行业协会治理评估是由评估主体进行的，以评估事项的法律、法规、制度和有关标准化的规定为依据，采用规范的程序和科学的方法，从治理结构和治理机制的角度，对评估对象行业协会治理的合理性、有效性进行调查、审核和测定，以简单直观的符号表示评估结果的一种评估行为。一个合理、可行的评估手段，可以直接运用于行业协会治理实践活动的评估和改善，简单而言，行业协会治理评估就是对行业协会治理水平和治理效果进行评估。治理水平是组织比其他组织做得更好的内在特殊物，是治理主体运用治理工具对行业协会会员大会、理事会、秘书处和监事会等各层次权力运用者及权力运用过程等治理客体进行治理而逐渐形成并不断发展的一种综合能力的强弱。行业协会治理水平越强，其治理结构就越完善、治理机制就越健全，组织的目标和宗旨就越容易实现。反过来，通过判断行业协会治理结构是否规范、治理机制是否健全，从而可以评判组织的治理水平。

二 行业协会治理评估理论和方法

包括行业协会在内的非营利组织的评估理论和方法基本来自企业绩效评估，可以适用于行业协会治理评估的理论和方法有 GET 内部经营评价模型、DEA 效率评价方法、BSC 评价系统、3D 理论和 3E 评估法等。

1. GET 内部经营评价模型

GET（Gap Evaluation Tool）是组织内部经营自我评价的一种方法，是一种主观评价工具，是内部评价系统，其基本出发点是内部经营混乱的组织，能够持续发展的可能性很小，主要原因是很难与外部利益相关者如政府、捐赠方等保持长久良好的关系。可以通过该方法对行业协会管理的有效性、战略规划、协作关系、制度框架、治理、筹资六个方面的自我评价，找出实际经营与预期之间的差距，并将组织资源集中投向差距较大的方面，从而有效提高运营能力。在运用 GET 过程中，组织不同的利益相关者如行业协会会员、理事、秘书长或总干事、职员等就六个方面的组织职能做出相应评价，用连续整数来描述职能性水平的高低，如最高分五分（表示非常好），最低分一分（表示非常差）。其中，对行业协会的治理维度进行评估可以分三个步骤进行，首先评价协会成员对治理方面管理职能的理解程度，然后评价协会实施这些管理职能的计划水平，最后评价管理职能的实际执行状况。在评估中，结合行业协会的自身情况，有针对性地设计问题及调查问卷，可以要求协会成员对有关治理方面的问题作出回答，例如：有清晰的组织结构吗？行业协会的理事、秘书长的角色定位、责任界定清楚吗？协会执行决策制定程序了吗？决策的制定是经过有效的沟通后做出的吗？协会有解决问题的既定流程吗？等等。根据以上理解程度、计划水平、执行状况三个步骤，来分析评价结果，每项评价都有最高得分、实际得分、实际得分与最高得分之间的比值。治理水平高的组织，其理解、计划、执行三个评价结果之间的差距会很小，反之三个评价结果之间会有明显差距,这时行业协会就应该将资源配置到协会的治理方面。其他五个方面也可以参照治理方面的评价,协会可以据此将资源配置到差距较大的职能方面,最终达到改善业绩的目的。

2. DEA 效率评价方法

DEA（Data Envelopment Analysis）即数据包络分析方法,是 Charnes、Cooper 和 Rhooles 于 1978 年提出的一种效率评价方法,其通过保持决策单元的输入输出不变,借助于数学规划和统计数据确定相对有效的生产前沿面,将各个决策单元投影到 DEA 的生产前沿面上,并通过比较决策单元偏离 DEA 前沿面的程度来评价它们的相对有效性。运用 DEA 进行行业协会的效率评价具有两个优点:一方面,一个行业协会是否高效取决于其他组织的业绩表现,DEA 与其他绩效评价方法不同,无须事先设定一个评价标准,而是通过对若干组织单元比较分析后进行相对有效性评价,从而确定该行业协会的运行是否高效。另一方面,行业协会的产出无法以市场价值标准衡量,如何在各个影响绩效的因素间分配权重,是其绩效评价难以克服的一大问题,DEA 无须任何权重假设,而是以决策单元输入输出的实际数据求得最优权重,排除很多主观因素,具有很强的客观性。

3. BSC 评价系统

BSC（Balabced Scored Card）即平衡计分卡,是由 Robert S. Kaplan 和 David P. Norton 于 20 世纪 90 年代初期提出用于衡量和评价企业经营业绩的方法,分别从财务、客户、内部经营过程、组织成员学习与成长四个方面综合评价企业经营业绩。与企业类似,行业协会的高效率运作需要完善的内部经营过程,更好地满足会员的需要,是行业协会生存和发展的前提,如何对理事、监事、秘书长和职员等协会成员进行激励也是行业协会面临的现实问题。可以根据行业协会的特有属性对财务、客户、内部经营过程、组织成员学习与成长四个方面的各项指标做相应调整。BSC 作为一种信息系统的管理工具,有助于行业协会管理层及时获得可靠的相关重要信息,迅速发现经营过程中存在的不足并采取行动加以改善,行业协会在设计和实施 BSC 模型时应根据自身资源状况、规模大小及业务复杂程度对评估指标作出相应调整。BSC 并不只有固定的四个方面,所有对行业协会战略成败起重要作用的，且能为行业协会创造竞争优势的因素都可在 BSC 中占有一席之地①，因此影响行业协会运行效率和战略规划的组织内部设置和运行规则以及相应的决策、激励和监督机制，即行业协会的治理，也可以作为 BSC 的一项内容进行评价。

4. 3D 理论

3D 指诊断（Diagnosis）、设计（Design）和发展（Development），其中诊断是指行业协会及其管理者根据相关利益群体需求及组织行动的环境，正确识别协会管理及策划项目活动中面临的问题；设计是指行业协会及其管理者考虑多种因素，设计活动策略、选择恰当的手段来解决这些问题；发展是指在不断发现问题和解决问题的过程中，在不断学习的基础上，提高协会活动和实施项目的能力，推进协会管理的变革和创新。3D 理论更多地将评估视为发现问题和解决问题的过程，强调行业协会在评估中总结经验教训，提高协会的管理能力，推动协会活动的创新。在行业协会治理评估中可以运用 3D 理论，首先识别行业协会治理结构和治理机制存在的问题，接着根据行业协会特征和影响协会的各种因素，进行最优的制度安排与机制设计，最后在协会发展的过程中，不断发现新的问题，不断总结经验教训，不断对协会的治理结构和治理机制进行变革与创新，以适应协会发展的需要。

5. S－O－R 模型

张冉构建了 S－O－R 模型，从 Structure（结构能力）、Operation（运作能力）和 Relationship（关系能力）三个维度对行业协会的组织能力进行全面评价（图 3－3）。行业协会能力包括内部管理能力（服务能力、自律能力）、内外部协调能力（协调能力、代表能力）以及资源获取能力（人力、资金、金融、物资等），行业协会组织能力的发挥自然依赖协会内外治理效率的高低。董云川、张建新认为行业协会是成熟市场经济国家

---

① 西安交通大学课题组：《中国民间组织评估框架与发展对策研究》，载国家民间组织管理局主编《中国民间组织评估》，中国社会出版社，2007，第 69 页。西安交通大学课题组认为非营利组织可根据自身条件和环境对影响组织战略成败的因素做出调整，如罗文标、吴冲在平衡计分卡传统四个方面的基础上，增加"政府"与"竞争"维度。——笔者注

的一种社会主体结构，并在提出发展中国高等教育评估专业协会时引入S-O-R评估模型①。

```
                    行业协会S-O-R
                    组织能力模型
        ┌───────────────┼───────────────┐
    实体边界          行业边界          社会边界
  （组织能力Structure）（运行能力Operation）（关系能力Relation）
  ┌──┬──┬──┬──┐  ┌──┬──┬──┬──┬──┐  ┌──┬──┬──┐
  物 人 金 内 内  信 规 拓 学 发  政 社 国
  质 力 融 部 部  息 范 展 习 展  会 会 际
  支 支 支 管 治  供 协 服 创 能  互 影 交
  配 配 配 理 理  给 调 务 新 力  动 响 流
  能 能 能 能 能  能 能 能 能     能 能 能
  力 力 力 力 力  力 力 力 力     力 力 力
```

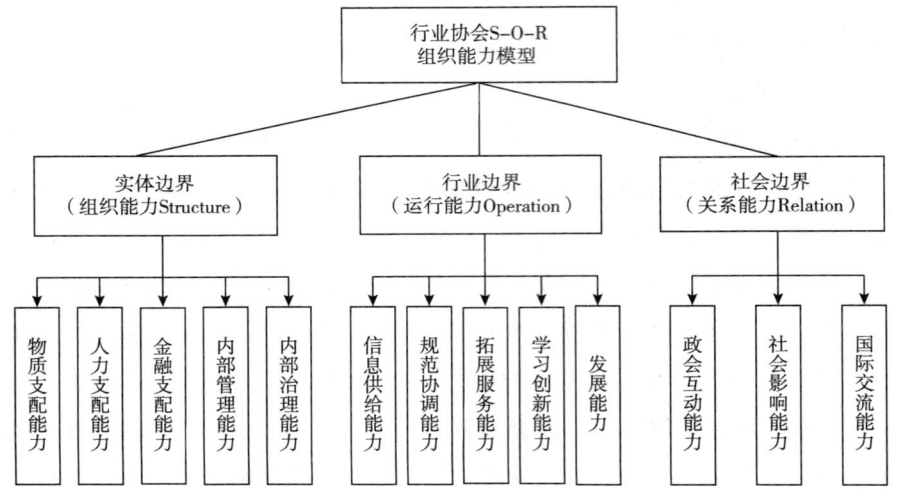

图 3-3 行业协会 S-O-R 组织能力评估模型

资料来源：张冉：《现代行业协会组织能力》，上海财经大学出版社，2009。

三 行业协会治理评估实践

1. 大陆行业协会评估实践

我国大陆社会组织评估工作正式提上日程是 2005 年，民政部民间组织管理局开展一系列有关民间组织评估的理论、评估指标和评估实践的研究。2008 年开始启动全国性行业协会商会的评估工作，评估由点到面、由试点到全面实施，评估指标和评估制度逐渐规范。截至 2011 年底，评估全国性行业协会商会 4 批共 305 家，占民政部登记注册行业协会商会数量的 51%，截至 2012 年底，评估全国性行业协会商会 5 批共 314 家，评估率达到 52.3%。② 全国性行业协会商会评估的依据是《全国性民间组织评估实施办法》的规定和《民政部关于协助开展行业协会商会评估工作

---

① 董云川、张建新：《构建我国高等教育评估行业协会的思考》，《高教发展与评估》2009 年第 3 期。
② 徐家良、廖鸿：《中国社会组织评估发展报告（2013）》，社会科学文献出版社，2013，第 36 页。

的通知》的要求，由政府部门、研究机构、律师事务所、会计师事务所和行业协会商会负责人组成的行业协会商会评估专家小组和评估委员会，依照行业协会商会评估指标和评估工作程序，对参评行业协会商会的基础条件、内部治理、工作绩效和社会评价4个方面进行了综合评判，评估遵循"政府指导、社会参与、独立运作"的社会组织综合评估机制。评估指标由4项一级指标、17项二级指标、48项三级指标组成。评估结果分为5个等级，评估等级结果有效期为3年。评估满分为1000分，评估得分为950分以上、900分以上、800分以上、700分以上分别为5A、4A、3A、2A级行业协会，评估得分为700分及以下的，为1A级行业协会。经过自评、评估专家小组考察初评、评估委员会审核终评，对评估等级为3A以上的全国性行业协会给予授牌。

广东省从2009年5月开始，根据《广东省民政厅关于社会组织评估管理的暂行办法》从依法办会、规范运作、能力建设、发挥作用、社会评价5个维度对行业协会进行综合评估，评估体系为5个一级指标、21个二级指标、59个三级指标，总分共计1000分。

深圳市民间组织管理局于2008年11月3日根据试行的《深圳市全市性行业协会商会评估实施办法》宣布启动全市行业协会商会评估工作，对2008年6月30日前登记成立满1年以上的市级行业协会允许其参与评估。评估指标共分为一级指标4项，二级指标15项，三级指标44项，四级指标106项，主要包括基础条件、内部治理、工作绩效、社会评价四大部分内容。评估指标确定的总分值为1000分，其中基础条件100分，包含法人资格、章程、登记和备案、年度检查4项二级指标；内部治理380分，包含发展规划、组织机构、人力资源、财务资产、档案证书管理5项二级指标；工作绩效370分，包含提供服务、反映诉求、规范行为和行业影响力4项二级指标；社会评价150分，包含内部评价、外部评价2项二级指标。评估将内部治理和工作绩效作为行业协会商会工作的重点以及评估工作的主要内容，因此权重设置较大，在4项一级指标中，内部治理和工作绩效部分合计分值750分，占到总分值的75%。民间组织管理局成立深圳市社会组织评估委员会负责对评估试点工作进行指导协调和监督管理，评估小组和评估委员会采用实地考察及查阅证明材料的方式对各项指标进行评分。评估结果分为五个等级，依次为 5A 级、4A 级、3A 级、2A 级和 1A 级，A 级越高，表示行业协会商会总体水平越高。评估等级结果有效期为 3 年。评估结果将作为深圳市对行业协会商会实施公共财政扶持和发展专项经费资助的参考标准和依据。

福建省从 2008 年 5 月 6 日正式启动全省性的行业协会等社会组织的评估试点工作，2009 年 4 月 13 日福建省出台《福建省社会组织评估暂行办法》，从 2009 年开始对在省民政厅登记满 1 年符合《福建省社会组织评估暂行办法》中参评条件的行业协会商会进行评估。参加社会组织评估并获得 3A 以上评估等级的行业协会商会可免于"三项评估"；获得 4A、5A 等级的行业协会商会 3 年内可以免年检。2013 年 4 月《福建省行业协会（商会）评估规范》正式出台，评分表对指标分类和评估标准作了严格的规范，设置了 4 项大类指标，18 项中类指标，63 项小类指标，总分 1000 分。

泉州市[①]民政局 2012 年首次启动行业协会评估工作，评估工作基本参照国家民政部设置的指标体系。2012 年 3 月泉州市经贸委、民政局、财政局和工商联联合制定了《泉州市工贸领域行业协会（商会）年度工作绩效考核评估实施意见》。目前进行了 2012 年度和 2013 年度行业协会绩效考核，2013 年度的考核指标设置比 2012 年更为科学合理且有明显的细化，总分共计 100 分，分为组织结构（10 分）、制度与管理（10 分）、工作与业务（80 分）3 项一级指标，11 项二级指标。考评对象除了泉州工贸领域的市级行业协会，还包括以泉州企业为会员主体且秘书处设在泉州的省级行业协会，以及县域经济中具有较强代表性的行业但未成立市级协会的县级行业协会。考评分为自评、初评和综评三个阶段，考评等次分为优秀、达标、基本达标和不达标 4 个等次，对年度工作绩效考评结果为优秀、达标的行业协会分别给予 5 万元和 3 万元的资金补助，资金来源由市级中小企业发展专项资金中安排。

---

① 泉州市是我国东南沿海较发达城市，作为一个拥有较多产业集群的生产制造型城市，行业协会发展较为迅速，并且大多为自下而上自发组建的"民办型"行业协会。泉州的行业协会作为一股非政府的民间力量，分布在各个产业领域，在沟通和调节行业内矛盾，促进行业和谐发展，维护行业的整体利益，发现并有效利用市场机会，促进资源在行业中的合理配置和利用，促进泉州经济和谐发展等方面都起到了重要的作用，泉州也因此被列为福建省行业协会改革与发展唯一综合试点城市。——笔者注

2. 台湾行业协会评估实践

台湾"内政部"于 2006 年 1 月 16 日发布文号为"内授中社字第 0950702324 号"的文件就行业协会即台湾部分工商团体和自由职业团体评鉴事项作出规定。评鉴为每年的 3 月至 6 月，由"内政部"主办，各目的事业主管机关及有关单位协办。评鉴所需经费由"内政部"社会行政业务相关经费项下支应。评鉴对象为"全国性"及台湾区工业及矿业团体、"全国性"商业及台湾区输出业团体、"全国性"自由职业团体，即台湾地区级别以上的行业协会。根据各团体财务经费收入决算将评鉴团体分为三类：第一类为年度经费在新台币 1000 万元以上者，第二类为年度经费在新台币 300 万元以上未满新台币 1000 万元者，第三类为年度经费未满新台币 300 万元者，评鉴依团体分类分别评比。

评鉴项目及配分为：会务，包括基本资料、会务状况及财务状况等，占工作总量的 60%；业务，包括依章程所办理之会员服务、社会服务、参与当局机关或其他团体活动或接受委办业务、研究发展、参加与团体业务有关之出国考察或会议及编印书刊等，占工作总量的 40%。

评鉴包括自评、初审、复审和决审。由"内政部"将符合评鉴条件的行业协会年度工作报告表寄送各受评鉴协会详细填写后，寄回"内政部社会司"汇整，由"内政部社会司承办科"先初审，继由"内政部社会司"组织项目小组复审后，邀集各目的事业主管机关会商意见决审，必要时得查访受评鉴的行业协会。评鉴结果评分在 90 分以上者，列为优等，颁给奖状，并得酌发奖金；评分在 80 分以上，未满 90 分者，列为甲等，颁给奖状；评分在 70 分以上，未满 80 分者，列为乙等，致函嘉勉；评分在 70 分以下或有某些情事之一者[①]不予奖励。评列优等者，由目的

[①] 1. 未依规定填报年度工作报告表者。2. 未召开会员（会员代表）大会，或召开会员（会员代表）大会无过半数会员（会员代表）出席，或会后未将会议记录报主管机关者。3. 章程之订定与变更，未依法提会员（会员代表）大会决议或未报主管机关核备者。4. 未依规定召开理事、监事会议，或召开理事、监事会议未有各过半数理事、监事出席，或会后未将会议记录报主管机关者。5. 理事、监事任期届满，未依法完成改选者。6. 未依规定将年度工作计划、工作报告、预算及决算书表提会员（会员代表）大会并报主管机关者。7. 年度经费亏损超过决算收入 20% 者。8. 会务及业务推展违反法令章程、公序良俗或社会公益情事者。——笔者注

事业主管机关优先辅导参与办理公共事务，并得由主管机关委请办理团体示范观摩活动。经评鉴列为优等及甲等者，由"内政部"择期公开表扬。评分未达 60 分及未如期送达工作报告表者，由主管机关及目的事业主管机关予以辅导改进或依有关法令办理。

3. 对现有评估实践和政策的分析

（1）大陆和台湾现行评估政策的优点：①大陆民政部门和台湾"内政部"组织对行业协会进行评估是行业协会加强全面建设的需要，也是改进当局监管方式，促进管理科学化、规范化的手段。②评估向社会各界展现行业协会的自身建设和社会公信力，进而增强社会各界对行业协会的认识和了解，提高行业协会社会影响力，促进行业协会与社会各界的交流与合作。③大陆各地行业协会评估大多采用自我评估和专家评估相结合的方式，自我评估是一个不断自我改进、自我完善的过程，专家评估是一个不断修正、不断促进的过程，两方面有机结合，内因外因相互作用，更好地达到评估的实际效果。评估采用自愿参评的形式，提供的材料绝大部分就是对行业协会商会日常所做的工作进行整理和归纳，除非行业协会平时没有开展活动且资料不全需要"伪造"材料，否则不会增加行业协会的负担，另一方面评估结果作为当局向行业协会购买服务和实施公共财政扶持的依据，可以激励表现良好的行业协会通过评估自我提升。台湾对同业公会的评鉴虽然是强制的，但与年检工作相结合，不会增加工商同业公会的负担，并且评鉴等级的划分对表现优良的协会具有激励作用。

（2）现有评估政策存在的问题：①目前还没有针对行业协会治理的专门评估，大陆民政部门的评估主要是绩效评估，绩效评估的指标和内容，与治理评估有相同之处，但还有很多不同之处。台湾当局对行业协会进行的评鉴内容过于简单，基本是年检的最低要求。②大陆行业协会评估实践中"基础条件"和"内部治理"这两项指标，各行业协会满足程度差别不大，满足程度差别比较大的是"工作绩效"这项指标。内部治理这项指标的考核范围主要是行业协会的治理结构，可见治理结构相同或相近，治理机制的运作不同仍会导致行业协会不同的治理效率，因此应该将治理机制纳入评估范围。③目前的评估，无论大陆还是台湾都属于当局主导型的评估模式，应该将评估逐步转变为行业协会的自身行为。行业协会作为业界的自治组织，理事会、秘书处的绩效评估不能由政府来进行，评估的目的、内容、形式、评估机构应该有协会自己来决定。① 行业协会治理评估应该成为行业协会常态化的自我规范行为。④大陆目前采用的行业协会自愿参评的方式，评估的对象大多为表现良好的行业协会，评估结论无法体现整个地区行业协会的发展状况及治理效率。而台湾，在实践中对评鉴不合格的团体也没有按照文件规定采取实际的处罚措施，评鉴结果对不合格的行业协会没有实际的影响。

第四节　行业协会治理的评估模型

一　本书评估目的

本书所要进行的评估旨在从治理结构和治理机制两个方面构建相对科学合理的行业协会治理评估体系，运用隶属度分析筛选评估指标，根据评估指标设计相应的问卷。行业协会治理评估的主体可以是政府，也可以是第三方评估机构，目的在于通过评估了解行业协会的治理水平和治理效果。本书随机选择大陆广东、福建以及台湾地区的行业协会作为评估对象，通过评估结果比较两岸行业协会治理能力的具体状况。由于治理评估不同于绩效评估，治理评估指标较难量化，而多以描述性、阐述性为主，因此，本书评估的目的不是像传统绩效评估那样，运用指标和权重对各个行业协会进行计分进而划分等级，而是采用描述性统计的方式对大陆和台湾行业协会的各项治理指标评估结论进行比较分析，通过实证的数据更好地对两岸行业协会治理状况进行比较，尽可能找出现象背后的原因，从而了解和掌握两岸行业协会的治理水平差异以及各自的管理运作特色，有利于促进两岸行业协会治理结构完善和治理机制健全。

二　治理评估指标体系的理论构建

根据公司治理理论，治理可以分为治理结构和治理机制两大部分。行

---

① 浦文昌：《关于加强和改善行业协会商会外部监管治理的思考》，《比较研究》2011 年第 1 期。

业协会治理，同样也包括治理结构和治理机制。本书在国内外非营利组织指标体系设计理念和技术方法的基础上，经过深入调查并结合民政部行业协会评估指标体系，从理论上构建了一个由 2 项一级指标、7 项二级指标、18 项三级指标、57 项四级指标构成的行业协会治理评估指标体系（表 3－1）。2 项一级指标分别为治理结构和治理机制，治理结构包括权力机构、执行机构、办事机构和监督机构 4 项二级指标，治理机制包括激励机制、监督机制和决策机制 3 项二级指标。

表 3－1　第一轮行业性社团治理评估指标体系

一级指标	二级指标	三级指标	四级指标
A 治理结构	A－1 权力机构	A－1－1 会员组成	A－1－1－1 会员数量 A－1－1－2 加入协会的方式 A－1－1－3 会费缴纳制度
		A－1－2 议事规则	A－1－2－1 章程起草制定制度 A－1－2－2 章程内容 A－1－2－3 表决前对章程了解程度 A－1－2－4 会员大会召开频率 A－1－2－5 会员出席情况（会员代表数量依据） A－1－2－6 会员实际出席会员大会比例 A－1－2－7 会员大会作出决议的投票权的计算方法
	A－2 执行机构	A－2－1 理事会组成	A－2－1－1 常务理事会与专门委员会设立情况 A－2－1－2 理事会人数 A－2－1－3 理事会成员任期 A－2－1－4 理事会连选连任情况 A－2－1－5 理事会连选连任人数
		A－2－2 理事产生	A－2－2－1 会长候选人产生方式 A－2－2－2 理事产生方式
		A－2－3 理事会召开情况	A－2－3－1 理事会召集频率 A－2－3－2 理事出席会议比例

续表

一级指标	二级指标	三级指标	四级指标
A 治理结构	A-3 办事机构	A-3-1 办事机构组成	A-3-1-1 是否设立日常事务办公室（秘书处） A-3-1-2 办公场所是否固定及来源状况 A-3-1-3 办公自动化、信息化程度 A-3-1-4 网页更新频率 A-3-1-5 办事机构工作制度 A-3-1-6 有无专门的财务机构或财务人员
		A-3-2 办事机构人员结构	A-3-2-1 是否有与章程规定的业务工作相适应的工作人员 A-3-2-2 专职人员学历结构 A-3-2-3 是否有与开展业务相适应的志愿者队伍 A-3-2-4 专职人员年龄分布
		A-3-3 秘书长（执行长、总干事）	A-3-3-1 秘书长产生方式 A-3-3-2 秘书长专兼职情况
	A-4 监督机构	A-4-1 监事会设立情况	A-4-1-1 有无按民主程序设立监事或监事会
		A-4-2 监事会权力行使积极性	A-4-2-1 监事列席理事会会议情况 A-4-2-2 监事会召开频率
B 治理结构	B-1 激励机制	B-1-1 工作人员激励制度	B-1-1-1 针对工作人员的薪酬等各项制度 B-1-1-2 针对工作人员的培训类型 B-1-1-3 对组织目标、使命和组织文化的认同度 B-1-1-4 秘书处薪酬状况
		B-1-2 负责人激励制度	B-1-2-1 组织给负责人带来的声誉影响 B-1-2-2 负责人的工作业绩奖励方式
		B-1-3 会员激励制度	B-1-3-1 会员是否入会自愿，退会自由，入会程序规范、手续完备 B-1-3-2 会员培训计划 B-1-3-3 组织经费来源与结构
	B-2 监督机制	B-2-1 内部监督机制	B-2-1-1 针对理事、常务理事、非专职秘书长的考核制度 B-2-1-2 针对专职工作人员的考核制度 B-2-1-3 对违反章程会员的惩罚制度
		B-2-2 外部信息公开制度	B-2-2-1 财务审计及公开情况 B-2-2-2 是否向有关部门汇报组织运作情况，并接受监督检查 B-2-2-3 是否定期向会员公开信息 B-2-2-4 向会员公开信息的途径

续表

一级指标	二级指标	三级指标	四级指标
B 治理结构	B-3 决策机制	B-3-1 决策规则	B-3-1-1 重大决策制定方式 B-3-1-2 决策表决通过方式
		B-3-2 决策人员情况	B-3-2-1 决策制度中有无设立回避制度 B-3-2-2 决策人员素质（学历水平、专业知识、处事经验、从事非营利组织工作年限） B-3-2-3 印章保管的使用制度
		B-3-3 决策救济	B-3-3-1 组织内部决策争议解决机制 B-3-3-2 决策异议申诉制度

三 指标体系的基本指标说明

行业协会治理既是一个静态的组织结构，又是一个动态的治理机制活动过程，上述第一轮指标体系对行业协会的静态结构和动态机制都进行了综合分类。下面对具体分类指标进行简单说明，使评估指标具体明确，便于理解和操作。

1. 治理结构

（1）权力机构。会员大会是会员制的行业协会的最高权力机构，权力机构指标层包括会员组成和议事规则2项三级指标层。会员组成指标是评价行业协会会员的组成结构和比例，反映行业协会权力机构的规模以及该组织的社会影响力和号召力，由3项四级指标构成：会员数量、会员加入协会的方式，以及会费缴纳制度。议事规则指标是指行业协会会员大会或会员代表大会中会员参与组织事务的制度规范，主要考察行业协会权力机构规章制度的健全程度以及运作方式的科学性和民主性，由7项四级指标构成：章程起草制定制度、章程内容、表决前对章程了解程度、会员大会召开频率、会员出席情况即会员代表数量依据、会员实际出席会员大会比例以及会员大会作出决议的投票权的计算方式。

（2）执行机构。行业协会执行机构是指行业协会的理事会，是行业协会的决策核心和权力中枢，执行机构指标层包括理事会组成、理事产生和理事会召开情况3项三级指标层。理事会组成指标反映理事会一般情况和基本制度，由理事会人数、理事会成员任期、常务理事会与专门委员会设立情况3项四级指标构成。理事产生指标包括会长候选人的产生方式和理事产生方式2项四级指标，由此评价行业协会理事的代表性状况。理事会召开情况指标反映理事会开展工作的正常情况，由理事会召集频率和理事出席会议比例2项四级指标构成。

（3）办事机构。行业协会的管理层是理事会的执行机关，负责贯彻落实既定方针，处理日常业务，一般被称为办事机构或秘书处。办事机构指标层下有3项三级指标：办事机构组成、办事机构人员构成和执行长。办事机构组成指标反映行业协会办事机构的组织健全情况，下分6项四级指标层：是否设立日常事务办公室（秘书处）、是否有固定的办公场所、是否具备办公自动化系统（即电脑、网络、传真等现代办公手段应用程度）、网页更新频率、是否有办事机构工作制度、是否有专门的财务机构或财务人员。办事机构人员的能力和素质影响办事机构的业务执行情况，因此办事机构人员构成也是一项重要的评价指标，由4项四级指标构成，分别为：是否有与章程规定的业务工作相适应的工作人员、专职人员学历程度、是否有与开展业务相适应的志愿者队伍、专职人员年龄分布。秘书长是行业协会办事机构的最高负责人，是沟通理事会与办事机构人员之间的桥梁。秘书长的产生方式和工作方式可能影响行业协会办事机构的有效运作，因此将作为一项重要的评价指标，其项下有2项四级指标：一是秘书长的产生方式，二是秘书长是否专职。秘书长产生方式比较复杂，可能由会员依据行业协会章程民主选举产生，也可能通过其他方式产生，例如由主管部门派遣和任命、根据会费缴纳数额确定等，即使选举产生也可能存在差额选举和等额选举的情况；另外，秘书长的工作方式也有专职和兼职之分，这体现了秘书长对行业协会事务的参与程度。无论哪种形式的秘书长产生方式和工作方式都可能影响行业协会日常工作的开展。

（4）监督机构。行业协会的内部专职监督机构是监事会，本书通过监事会设立情况和监事会权力行使积极性2项三级指标对监事会的运作状况进行评估。监事会设立情况指标主要看组织有无按民主程序设立监事会或个人监事。评估监事会权力行使积极性，可以通过监事列席理事会会议情况，以及监事会召开频率2项四级指标来进行。

2. 治理机制

（1）激励机制。行业协会与其他任何组织一样，组织治理能力的提高需要组织凝聚力和对组织成员的吸引力，应设立对组织成员的激励机制。行业协会的激励机制指行业协会以什么样的制度安排来激励组织成员的工作动机，笔者将"行业协会成员"细分三种类型：工作人员、负责人和会员，分别通过3项三级指标进行考察。对工作人员的激励制度包括3项四级指标：①是否有针对工作人员的薪酬制度和社会保障制度，由工资、奖金、福利等构成的薪酬状况是激励行业协会工作人员的基本条件，而行业协会是否给工作人员办理一系列社会保险，使其在年老、疾病、伤残、失业、遭遇灾害、面临生活困难的情况下能够得到保障其基本生活需要的物质帮助也是重要的物质激励手段。②是否有针对工作人员的培训计划，对行业协会工作人员的培训，一方面有利于提高工作人员的素质和工作效率，另一方面这种对工作人员再教育的方式能够增强工作人员对组织归属感和忠诚度。③工作人员对组织目标、使命和组织文化的认同程度，当行业协会的目标和使命与工作人员一致时将激发他们巨大的工作热情和强烈的归属感，同时工作人员对组织中形成的组织文化的认同也会对其产生巨大的凝聚力和感召力。对行业协会负责人的激励制度也由3项四级指标构成：①负责人的薪酬状况，对负责人是否有薪酬、有多少薪酬进行检测，可以反映行业协会负责人的专业程度，以及对组织事务的参与程度。②组织给负责人带来的声誉影响，行业协会的负责人往往没有薪酬或者薪酬有限，不能忽视声誉等隐性激励方式对其的影响。③对负责人工作业绩奖励方式，这是对负责人物质激励方式的补充。对行业协会会员的激励制度指标层下也有3项四级指标：①会员是否入会自愿、退会自由，入会程序规范手续完备，规范的入退会制度能够使会员没有后顾之忧，从而积极参与到行业协会的活动中来。②是否有针对会员的培训计划，定期对会员进行培训，能够增强行业协会对广大会员的吸引力。③组织经费来源与结构，这一指标主要测评行业协会的经费从何而来，以及会费外收入所占经费比例，因为组织的运营收入、政府财政支持，在一定程度上能够减轻会员的会费压力，从而激发他们参与非营利活动的积极性。

(2) 监督机制。对行业协会的监督方式分为外部监督和内部监督。根据监督对象的不同,内部监督机制指标层下分 3 项四级指标:针对理事、常务理事、执行长(秘书长)的考核制度,针对工作人员的考核制度,以及对违反章程的会员的惩罚制度。对行业协会的外部监督主要表现在信息公开上,外部信息公开制度评估指标也包括 4 项四级指标:一是行业协会是否按规定进行财务审计,以及组织收支平衡情况、财务公开情况;二是行业协会是否向有关部门汇报组织运作情况,并接受监督检查;三是行业协会是否向社会公众信息公开以及公开的程度;四是向会员公开信息的途径。

(3) 决策机制。行业协会的决策机制是由会员大会(权力机构)、理事会(执行机构)、执行层(办事机构)、监事会(监督机构)等内部治理的权力系统组成,并以此形成相应的决策分工形式和决策权分配格局。对行业协会决策机制的评估,通过对决策规则、决策人员情况、决策救济 3 项三级指标进行。决策规则指标层下分 2 项四级指标:①除选举之外的重大决策的制定采用什么样的方式,是由会员大会制定还是由理事会制定?是部分会员协商决定还是负责人个人决定?②决策表决方式,实践中行业协会决策表决的方式多样化,有无记名投票、记名投票、举手表决和鼓掌通过等,不同的表决方式可能影响决策的结果。决策人员情况也极可能影响决策的科学性和民主性,因此也是一项重要的评估指标,其内容包括对 3 项四级指标的评估,分别为:①决策制度中是否设立回避制度;②决策人员素质,包括学历水平、专业知识、处事经验和从事非营利组织工作年限;③组织是否建立印章使用制度。决策救济是指对组织做出的决策所产生的后果的处理制度,决策机制的完善包括决策救济制度的健全,该项指标由 2 项四级指标构成:①组织内部决策争议的解决方式,包括内部协商、政府部门主持调节、仲裁和诉讼等;②组织成员不服组织决策作出的处理是否有申诉的权利。

四 评估指标的实证筛选

主要运用模糊隶属度分析法对上表的指标进行筛选。

隶属度属于模糊评价函数里的概念,模糊综合评价是对受多种因素影响的事物做出全面评价的一种十分有效的多因素决策方法,其特点是评价结果不是绝对地肯定或否定,而是以一个模糊集合来表示。模糊隶属度分析是由美国加利福尼亚大学控制论教授 L. A. 扎德（L. A. Zadeh）(1965) 指出：若对论域（研究的范围）U 中的任一元素 x,都有一个数 $A(x) \in [0,1]$ 与之对应,则称 A 为 U 上的模糊集,$A(x)$ 称为 x 对 A 的隶属度。$A(x)$ 越接近于 1,表示 x 属于 A 的程度越高,$A(x)$ 越接近于 0,则表示 x 属于 A 的程度越低。用取值于区间 $[0,1]$ 的隶属函数 $A(x)$ 表征 x 属于 A 的程度高低,这样描述模糊性问题比起经典集合论更为合理。

笔者将表 3-1 的第一轮评估指标制成咨询表,向非营利组织研究专家学者、民政部门、行业主管部门、行业协会负责人等共发放 150 份,请咨询对象根据自身知识和工作经验,从 57 个评估指标中选出 10 个不理想的行业协会治理能力评估指标。反馈并有效的咨询表为 120 份,通过统计分析,分别得出 57 个指标的反隶属度。其中,反隶属度高于 0.3 的评价指标有 12 个（如表 3-2）,超出预设中 10 个不理想指标的目标,认为有必要全部剔除,保留 45 个较为理想的评价指标,作为行业协会第二轮评估指标体系。根据 45 项四级指标的内容相应设计了 45 道问题形成调查问卷（附录）。

表 3-2　第一轮行业协会治理评估指标体系中被剔除的 12 个指标

一级指标	二级指标	三级指标	四级指标	反隶属度
A 治理结构	A-1 权力机构	A-1-2 议事规则	A-1-2-2 章程内容 A-1-2-6 会员大会作出决议的投票权的计算方法	0.617 0.600
	A-2 执行机构	A-2-1 理事会组成	A-2-1-2 理事会人数 A-2-1-4 理事会连选连任情况	0.583 0.358
		A-2-2 理事产生	A-2-2-2 理事产生方式	0.633

续表

一级指标	二级指标	三级指标	四级指标	反隶属度
A 治理结构	A-3 办事机构	A-3-1 办事机构组成	A-3-1-1 是否设立日常事务办公室（秘书处）	0.583
			A-3-1-4 网页更新频率	0.500
		A-3-2 办事机构人员结构	A-3-2-1 是否有与章程规定的业务工作相适应的工作人员	0.575
			A-3-2-2 是否有与开展业务相适应的志愿者队伍	0.658
B 治理机制	B-1 激励机制	B-1-1 工作人员激励制度	B-1-1-3 对组织目标、使命和组织文化的认同度	0.408
	B-2 监督机制	B-2-2 外部信息公开制度	B-2-2-3 是否定期向会员公开信息	0.625
	B-3 决策机制	B-3-2 决策人员情况	B-3-2-2 决策人员素质（学历水平、专业知识、处事经验、从事非营利组织工作年限）	0.608

第五节 行业协会治理的两岸比较

一 调研与样本情况

1. 研究对象

鉴于两岸现状以及行业协会发展成熟度的不同，考虑到比较的可操作性和评估结论的实际意义，大陆研究范围为海西地区民营经济及行业协会发展较为成熟的广东省和福建省。由于两岸行业协会在界定和范畴上存在交叉，本书选择的评估对象为相对狭义的行业协会，即大陆民政部门核准登记且在社会组织评估分类中的"商会行业协会"和部分具有民间性和行业性特征的"联合性社会组织"；台湾"内政部"第0950702324号文要求参加评鉴的"工商业团体"。

2. 样本数量

调研范围涉及多个省市和地区，为了保证研究样本数据能较好地说明问题并有助于统计分析，问卷调查期间从2012年3月至2014年6月，长达两年多。主要采用问卷调查的方式，大陆主要通过地方民政部门的渠道发放纸质及电子问卷，台湾主要通过高等院校和民间组织的友情引荐寄发问卷。其中相当数量的有效问卷是笔者在台湾、广东和福建对行业协会实地调研访谈，或通过各类会议结识行业协会负责人或工作人员时指导其填写的，并根据实际调查情况在填写者认同的情况下修正问卷选项。对于一些邮寄或电子问卷有模糊或者疑义的选项，笔者另行与问卷填写者通过电话或电邮沟通了解真实情况，进而修正其所填写的问卷，从而保证问卷数据的真实及有效。问卷回收数为广东省 75 份、福建省 94 份、台湾地区 82 份。扣除一些信息填写不全或无效的问卷，最后纳入统计的有效问卷为广东省 75 份、福建省 92 份、台湾地区 81 份。问卷样本数量和有效问卷率基本能满足本调查评估的条件和要求，能反映被调查地区行业协会的总体治理状况。

3. 样本分布

所调查的大陆 167 家行业协会，从生成途径来看，成立之初为自上而下生成的"官办型"协会 18 家、"民办型"协会 39 家，"民办官助型"即在政府鼓励和指引下由民间组建的协会 120 家。从业务主管部门来源来看，挂靠经济贸易委（经济和信息化委员会）的 85 家，住建部门的 11 家、工商联合会的 43 家，挂靠其他业务主管单位的 18 家，其中广东省 4 家样本行业协会由于具有较强的跨行业性，其业务主管部门为"广东省委省政府及其相关部门"。从行业协会规模来看，大部分协会的会员数为 200~300 个，有 12 家协会会员不足 100 个，有 8 家行业协会会员超过 500 家，会员数最多的协会如广东省物流行业协会拥有 1700 多个会员。

台湾被调查的 81 家行业协会中，工业同业公会 47 家，商业同业公会 34 家。冠名为"中华民国""台湾区""台湾"的"全国性"同业公会 61 家，市级同业公会 16 家，县级同业公会 4 家。

二 治理现状比较与分析

治理结构

1. 权力机构

（1）会员组成

①会员数量：根据样本统计（图 3-4），大陆行业协会会员企业数量

占行业企业总数比例为 60%~80% 的占 20%，比例为 40%~60% 的占 33.5%，比例低于 40% 的占 51.5%；台湾行业协会会员企业数量占企业总数比例为 80%~90% 的占 46.9%，比例为 60%~80% 的占 43.2%，比例为 40%~60% 的占 9.9%。很明显，台湾行业协会的行业覆盖率高于大陆行业协会，这与台湾长期以来法律要求"一业一会""业必归会"有关，台湾"经济部"和"内政部"共同制定工业团体和商业团体的分业标准，各个企业按照分业标准选择加入相应的行业协会。中国大陆法律对企业加入行业协会没有强制性要求，2013 年后各地出台政策允许跨地区设立行业协会以及同一地区同一行业可以设立多个行业协会，行业协会在争取行业代表性上将会面临更大的挑战。

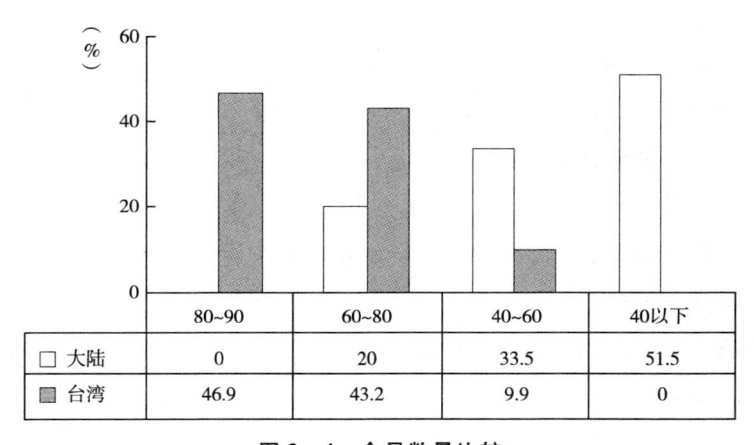

(%)	80~90	60~80	40~60	40以下
大陆	0	20	33.5	51.5
台湾	46.9	43.2	9.9	0

图 3-4　会员数量比较

②加入协会的方式：根据样本统计（图 3-5），被调查的大陆行业协会 100% 为"自愿加入"；台湾 87.7% 的行业协会表示会员入会为"自愿加入"或"推荐加入"，或两种情况兼有，只有 12.3% 的行业协会选择"强制加入"。台湾《工业团体法》和《商业团体法》对会员加入行业协会进行了强制性规定，即依法取得登记证照的工厂、公司、商号应于开业后一个月内，加入工业或商业同业公会为会员，兼营两种以上工商业者应分别加入各该业工业或商业同业公会为会员。但实际经营中，除了工业公会和商业公会外，大多行业协会还是采用吸引会员自愿入会的方式代替强制入会。

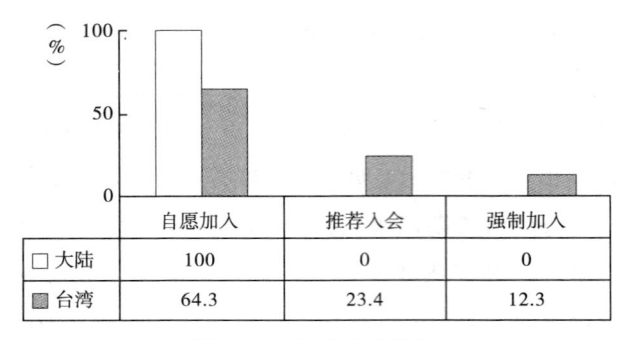

	自愿加入	推荐入会	强制加入
大陆	100	0	0
台湾	64.3	23.4	12.3

图 3-5　入会方式比较

③会费缴纳制度：根据样本统计（图 3-6），大陆 99.4% 的行业协会"按照会长、副会长、理事单位、普通会员等区别不同的缴费限额"，仅有一家行业协会的情况为"设有最低限额，多交不限"；台湾被调查行业协会均为"按照注册资本比例"收取会费。台湾《工业团体法》和《商业团体法》明确规定工业同业公会"依会员资本额、生产工具、工人数额或产品数量为计算标准，于章程中定订"常年会费标准，商业同业公会"依会员资本并参照营业额，划分等级，其级数计算标准及会费缴纳办法与章程中定之"。大陆行业协会考虑到作为协会负责人的会长、副会长、理事头衔会给企业家及其企业带来相应的名利，本着权利义务相匹配的原则，有"头衔"的企业家多缴纳会费，同时普通会员相对较低的会费可以鼓励更多企业加入协会。

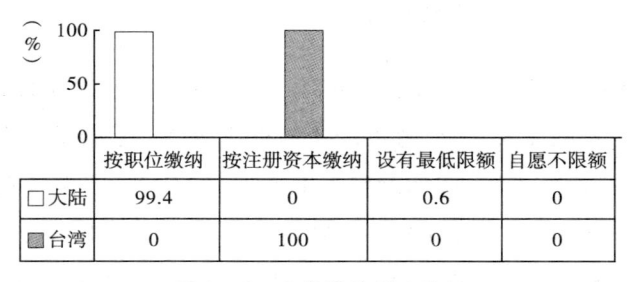

	按职位缴纳	按注册资本缴纳	设有最低限额	自愿不限额
大陆	99.4	0	0.6	0
台湾	0	100	0	0

图 3-6　会费缴纳制度比较

（2）议事规则

①章程起草制定制度：对于协会章程的实际制定通过机构（不考虑形式通过情况），根据样本统计，大陆被调查协会均选择"会员代表大会

或者会员大会",但通过访谈和实际了解,发现至少有 21 家行业协会即占调查总量的 12.6%,[①] 实际由理事会通过章程,报送材料时补上会员大会通过章程的相关程序。台湾被调查协会均表示"会员代表大会或者会员大会"通过章程。

②表决前对章程了解程度:扣除 21 家实际并非由会员大会或者会员代表大会通过章程的行业协会;剩余 146 家被调查协会中有 80.2% 的行业协会表决前有组织会员学习章程内容,会员对章程内容基本了解;19.2% 的行业协会会员大会或者会员代表大会期间,章程随会议材料发放,会员临时了解章程内容;0.6% 的行业协会即 1 家仅在会上宣读章程内容,会员对章程内容不甚了解。台湾被调查协会中有 92.6% 的协会表决前组织会员学习章程内容,会员对章程内容基本了解,仅有 7.4% 的协会章程于会员大会或会员代表大会期间随会议材料发放,会员临时了解章程内容(图 3 - 7)。

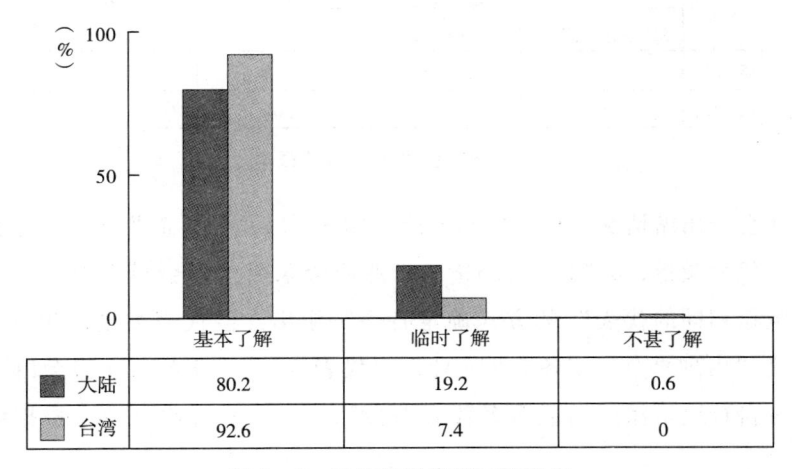

(%)	基本了解	临时了解	不甚了解
大陆	80.2	19.2	0.6
台湾	92.6	7.4	0

图 3 - 7 表决前对章程了解程度

③会员大会召开频率:根据样本统计(图 3 - 8),大陆有 65.8% 的行业协会每年召开一次会员(代表)大会,20.4% 的协会每届才召开一次会员(代表)大会(每届通常 4 ~ 5 年,根据地方政策文件的要求确

[①] 由于对样本统计状况的怀疑,选择了超过 1/3 的被调查对象进行访谈或电话邮件调查,得出的结论不能代表样本统计比例。——笔者注

定），13.8%的行业协会平均每两年召开一次会员大会；台湾被调查行业协会均表示每年召开一次会员代表大会。台湾《工业团体法》和《工业团体法》规定行业协会每年至少召开一次定期会员大会，而大陆法律对此没有强制性规定。关于"会员代表"的来源，两岸也有所不同：大陆行业协会召开会员（代表）大会前会向全部或者大多数会员企业发出会议通知，回函有意向参会的企业派出法定代表人或公司高管组成会员代表大会，如果欲参会的代表人数超过会议的承受范围，由理事会事先确定参会代表；台湾则是由会员企业根据章程确定的各企业可派名额，派出参会代表组成会员大会。

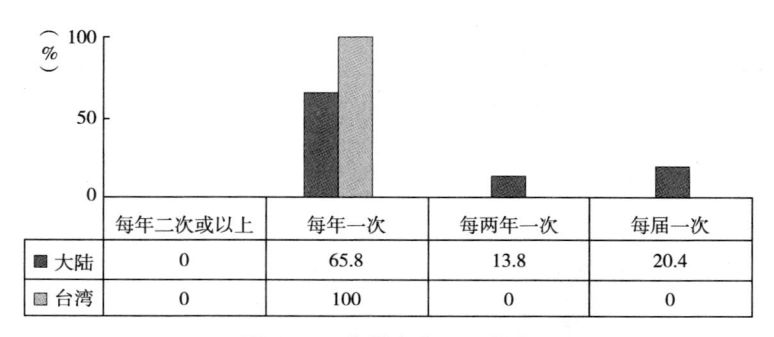

(%)	每年二次或以上	每年一次	每两年一次	每届一次
大陆	0	65.8	13.8	20.4
台湾	0	100	0	0

图 3-8　会员大会召开频率

④会员出席情况：根据样本统计（图3-9），会员企业派出参加会员大会的代表数量，大陆有60.5%的行业协会采用"各会员企业派一名或多名数额相同的代表"的方式确定各会员派出参会代表数量，20.4%行业协会"由理事会决定各会员企业派出代表数"，15%的行业协会由"会员单位自行决定派一名或多名代表参会"，4.2%的行业协会"根据缴纳

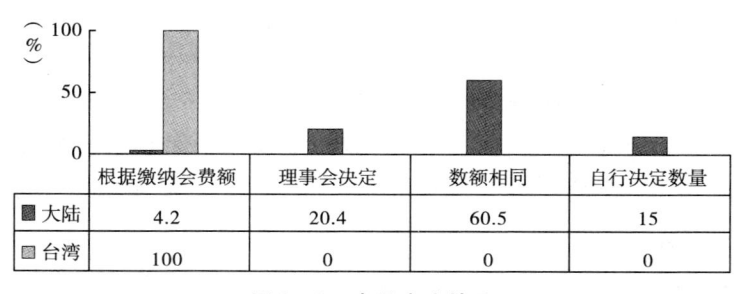

(%)	根据缴纳会费额	理事会决定	数额相同	自行决定数量
大陆	4.2	20.4	60.5	15
台湾	100	0	0	0

图 3-9　会员出席情况

会费额度确立名额";台湾所有被调查行业协会均选择"根据缴纳会费额度确立名额"。台湾《工业团体法》和《商业团体法》规定行业协会的会员根据企业规模收取不同等级的会费,一般根据会费缴纳的金额不同将会员分为1~7级,分别有权派出1名至7名会员参加会员大会。大陆行业协会则根据会员数量和会议规模选择不同方式控制或者鼓励会员派代表参加会员(代表)大会。据调查,福建一些行业协会表示普通会员企业参会的积极性不高,一般会前秘书处给所有会员企业发函,由会员自行决定是否参会以及派几名代表参会,对代表数量不做限定。

⑤会员实际出席会员大会的比例:根据样本统计(图3-10),大陆有51.5%行业协会会员(代表)大会出席率为70%以上,26.3%行业协会会员(代表)大会出席率为50%以上,19.2%行业协会会员(代表)大会出席率为90%以上,3%行业协会会员(代表)大会出席率不足50%;台湾76.5%行业协会会员大会出席率为70%以上,16%行业协会会员大会出席率达到90%以上,7.4%行业协会出席率为50%以上。整体比较,台湾行业协会会员大会出席率高于大陆行业协会。

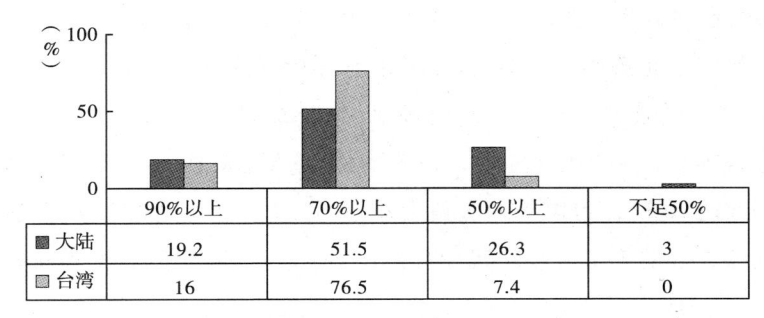

(%)	90%以上	70%以上	50%以上	不足50%
大陆	19.2	51.5	26.3	3
台湾	16	76.5	7.4	0

图3-10 会员实际出席会员大会的比例

2. 执行机构

(1) 理事会组成

①常务理事会和专门委员会设立情况:根据样本统计(图3-11),大陆58.7%的协会"设立常务理事会,未设立专门委员会",24.6%的协会"常务理事会和专门委员会均未设立",16.8%的协会"设立常务理事会和若干专门委员会";台湾行业协会有54.3%"设立常务理事会和若干专门委员会",36.6%的协会"设立常务理事会,未设立专门委员会",

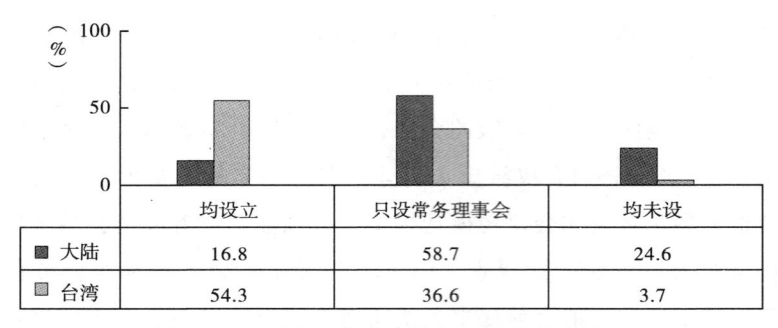

	均设立	只设常务理事会	均未设
大陆	16.8	58.7	24.6
台湾	54.3	36.6	3.7

图 3-11 常务理事会和专门委员会设立情况

仅有 3.7% 的协会"常务理事会和专门委员会均未设立"。通过比较，台湾行业协会的理事会功能更加完整。

② 理事会成员任期：根据样本统计，大陆 167 家和台湾 81 家被调查协会的理事会成员任期均为"3~5 年"。据调查，广东省民政部门规定行业协会理事会一届任期为 4 年，福建省民政部门对理事会任期没有明确规定，但大部分协会任期均设定为 4 年或者 5 年，台湾《工业团体法》和《商业团体法》明确规定理事和监事的任期为 3 年。根据调查分析，无论大陆还是台湾大多行业协会理事会任期都处于合理范围内。

③ 理事会连选连任人数：根据样本统计（图 3-12），大陆被调查协会 48.5%"连选连任者不超过理事会成员人数的 1/2"，27.5% 的协会"连选连任人数不限比例"，24% 的协会"连选连任者不超过理事会成员人数的 2/3"；台湾被调查协会中有 64.2%"连选连任者不超过理事会成员人数的 1/2"，35.8% 的协会"连选连任者不超过理事会成员

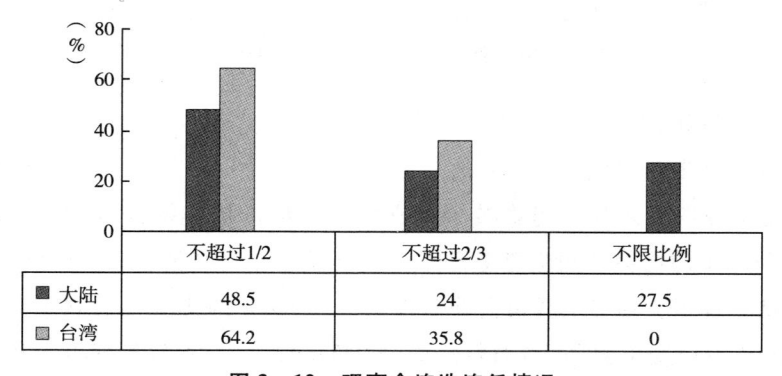

	不超过1/2	不超过2/3	不限比例
大陆	48.5	24	27.5
台湾	64.2	35.8	0

图 3-12 理事会连选连任情况

人数的 2/3"。比较显示台湾行业协会在理事会连选连任的比例上比大陆行业协会严格，原因在于台湾《工业团体法》和《商业团体法》有规定理事"连选连任者，不得超过 1/2"的下限。

（2）理事会产生

会长候选人产生方式：根据样本统计（图 3 - 13），大陆 46.7% 的协会"根据在同行业中的影响力推荐"会长候选人，31.1% 的协会由"前任会长或理事会推荐"会长候选人，还有 22.2% 的协会的会长候选人由"行政主管部门推荐"。台湾被调查协会中有 96.3% 会长候选人由"前任会长或理事会推荐，有 3.7% 的协会"设提名委员会"。据调查，大陆近年新成立的行业协会（会长尚未更换）由几位发起人根据企业家在同行业中的影响力确立会长候选人，还有一部分由行政部门鼓励并引导成立的协会，会长候选人是行政主管部门推荐的，这种推荐虽然非官方正式推荐，但足以影响协会成立工作的顺利进展。成立时间较长的协会，理事会换届通常由前任会长或理事会推荐信任会长候选人，这种推荐工作前任会长的意见往往很重要。台湾行业协会发展时间较长，被调查协会成立时间都在十年以上，会长候选人一般由前任会长或理事会推荐，个别理事会功能完整的协会设有提名委员会。

(%)	根据影响力推荐	行政主管部门推荐	设提名委员会	前任会长或理事会推荐
大陆	46.7	22.2	0	31.1
台湾	0	0	3.7	96.3

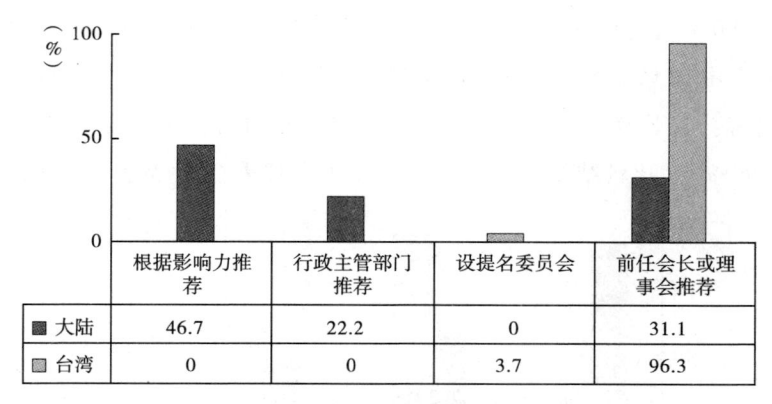

图 3 - 13　会长候选人产生方式

（3）理事会召开情况

①理事会召集频率：根据样本统计（图 3 - 14），大陆 73.1% 的协会"平均每年召开两次"理事会，15.5% 的协会"每年只召开一次"理事

会，只有11.4%的协会"每季度召开一次或一次以上"理事会；台湾被调查协会大多表示"每季度召开一次或一次以上"理事会，7.4%的协会"平均每年召开两次"理事会。比较结果显示，台湾行业协会的理事会召开频率高于大陆行业协会，这与台湾《工业团体法》和《商业团体法》明确规定理事会每三个月至少举行一次有关。在调查访谈过程中发现，大陆大多行业协会理事会属于有需要才召开，没有形成理事会定期召开的机制。有些协会甚至"创新性"地采用"通信开会"的方式，将需要理事会表决的议题以传真或电子邮件方式发给各个理事，理事回复表决意见。

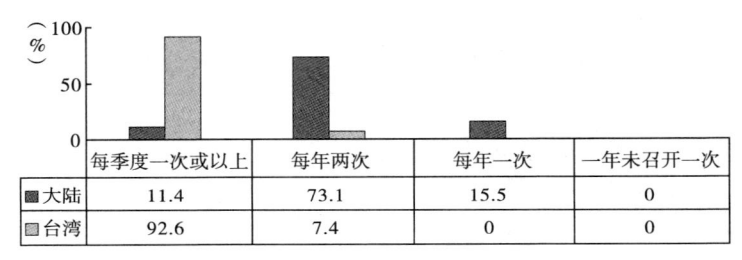

	每季度一次或以上	每年两次	每年一次	一年未召开一次
大陆	11.4	73.1	15.5	0
台湾	92.6	7.4	0	0

图3-14 理事会召集频率

②理事出席会议比例：根据样本统计（图3-15），大陆54.5%的行业协会理事出席会议比例"超过90%"，26.9%的协会理事出席会议比例"80%~90%"，18.6%的协会理事出席会议比例"50%~80%"；台湾被调查协会中有56.8%的理事出席会议比例"80%~90%"，30.9%的协会理事出席会议比例为"50%~80%"，12.3%的协会理事出席会议比例"超过90%"。比较结果显示，大陆行业协会理事会出席会议比例高于台

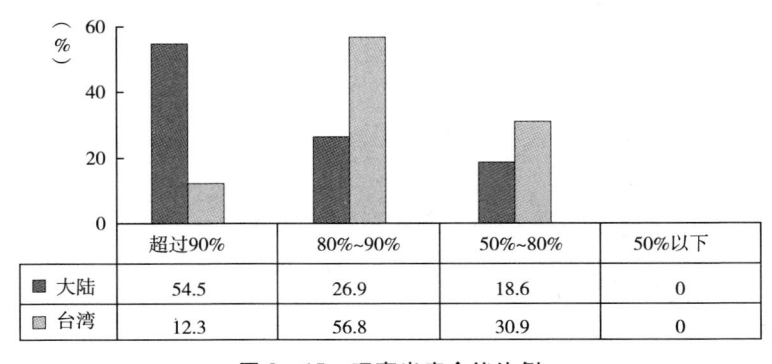

	超过90%	80%~90%	50%~80%	50%以下
大陆	54.5	26.9	18.6	0
台湾	12.3	56.8	30.9	0

图3-15 理事出席会议比例

湾行业协会，原因在于大陆行业协会的组建出于自愿，理事工作的实际热情度更高，当然也和大陆理事会召开频率相对较低有关，并且台湾法律规定理事人数过半数出席即可召开理事会。

3. 办事机构

（1）办事机构组成

①办公场所是否固定及来源状况：根据样本统计（图3-16），所有被调查行业协会均有固定的办公场所。大陆有47.3%的协会办公场所是"自己购买或租借"，34.1%的协会办公场所"由协会个别会员无偿提供或者以低廉优惠的租金出租给协会"，18.6%的协会由"政府相关部门或挂靠主管部门提供"办公场所；台湾被调查协会均"自己购买或租借"办公场所。通过比较可以看出，大陆行业协会对政府及个别会员的依赖程度比较高，民间性和自主性相对低于台湾行业协会。

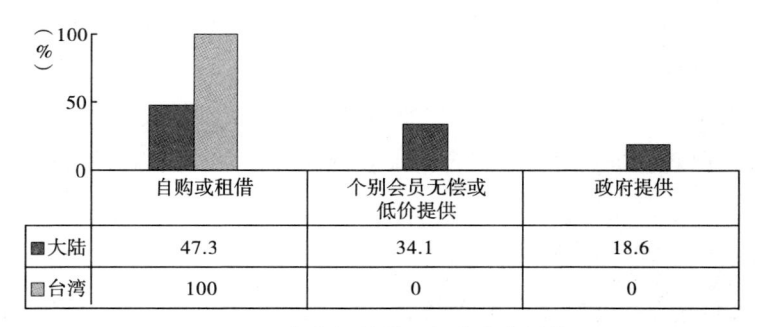

	自购或租借	个别会员无偿或低价提供	政府提供
大陆	47.3	34.1	18.6
台湾	100	0	0

图3-16 办公场所是否固定及来源状况

②办公自动化、信息化程度：根据样本统计（图3-17），大陆52.1%的行业协会"配备办公所需数量、质量的电脑、传真、复印机、打印设备等工具，并建立专门的网站"，41.3%的行业协会"配备办公所需数量、质量的电脑、传真、复印机、打印设备等工具，但无自己的网站"，6.6%的协会"无自己的网页，并且配备的电脑、传真、复印机、打印设备等工具不齐全"。台湾被调查行业协会有66.7%"配备办公所需数量、质量的电脑、传真、复印机、打印设备等工具，并建立专门的网站"，29.6%的协会"配备办公所需数量、质量的电脑、传真、复印机、打印设备等工具，但无自己的网站"，3.7%的协会"无自己的网页，并且配备的电脑、传真、复印机、打印设备等工具不齐全"。比较可见，台

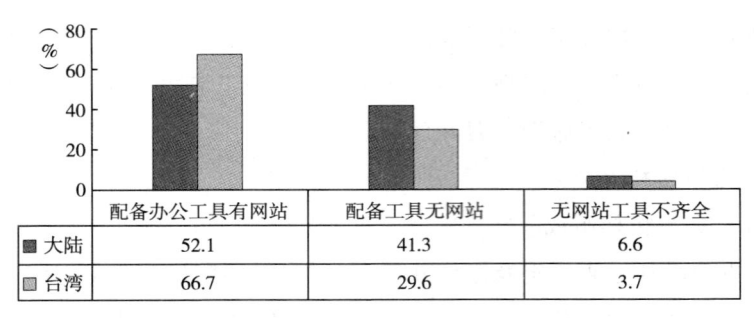

	配备办公工具有网站	配备工具无网站	无网站工具不齐全
大陆	52.1	41.3	6.6
台湾	66.7	29.6	3.7

图 3-17　办公自动化、信息化程度

湾行业协会的办公自动化和信息化程度高于大陆行业协会。

③办事机构工作制度：根据样本统计（图3-18），多数被调查协会均表示设有办事机构工作制度，但制度体现方式不同。大陆67.1%的行业协会"设有专门的办事机构工作制度"，32.9%的协会"没有专门的办事机构工作制度，但协会章程中有所体现"；台湾被调查行业协会中有61.7%"设有专门的办事机构工作制度"，38.3%的协会"没有专门的办事机构工作制度，但协会章程中有所体现"。此项比较显示大陆和台湾情况相似，在调研访谈中发现，台湾很多行业协会办事机构规模较小，秘书处工作仅由一名秘书长（总干事）加一名干事承担。大陆选择的样本多为民政部绩效评估为3A级以上行业协会，办事处工作人员多为3名以上，"设有专门的办事机构工作制度"的比例相应较高。广东省物流行业协会办事机构有工作人员近200名，除了负责协会日常工作的秘书处外，还设立了物流研究院和物联网研究中心，相应制定了一套严密的办事机构工作制度。

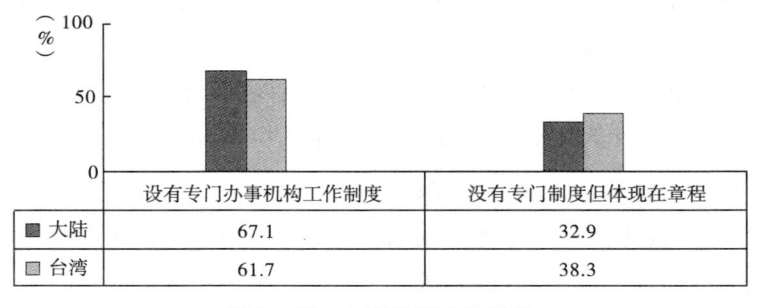

	设有专门办事机构工作制度	没有专门制度但体现在章程
大陆	67.1	32.9
台湾	61.7	38.3

图 3-18　办事机构工作制度

④有无专门的财务机构或财务人员：根据样本统计（图3-19），大陆32.9%的协会"设有专门财务机构，配备具有专业资格的会计人员"，28.7%的协会"没有专门的财务机构，但定期外聘具有专业资格的专门会计人员"，19.8%的协会"无专门会计人员，由其他专职工作人员兼任财务工作"，18.6%的协会"有专门会计人员，但不具有专业资格"；台湾被调查协会中有53.1%"设有专门财务机构，配备具有专业资格的会计人员"，46.9%的协会"没有专门的财务机构，但定期外聘具有专业资格的专门会计人员"。调查比较显示，台湾行业协会的财务制度比大陆行业协会更加规范。在调查访谈中发现，无论台湾还是大陆的行业协会，办事机构规模较小的行业协会一般由某位工作人员负责记录协会日常"流水账"，每年年检前外聘会计师事务记账及出具审计报告及办理报税事务。

	有专门财务机构和专业资格会计人员	没有专门财务机构定期外聘具有专业资格的会计人员	有专门会计人员但不具有专业资格	由其他专职工作人员兼任财务工作
大陆	32.9	28.7	18.6	19.8
台湾	53.1	46.9	0	0

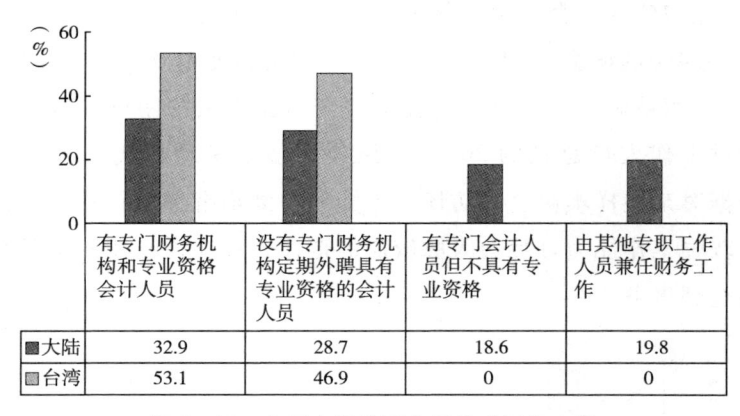

图3-19 有无专门的财务机构或财务人员

（2）办事机构人员结构

①专职人员学历结构：根据样本统计（图3-20），大陆行业协会中硕士研究生占7.8%，本科占39.2%，大专占41.3%，大专以下占11.7%；台湾被调查行业协会中，硕士研究生及以上占29.8%，本科占17.7%，大专占33.1%，大专以下占19.4%。调查显示，大陆行业协会具有本科以上包括硕士研究生学历的工作人员主要承担行业统计、课题研究等工作，从事秘书处日常事务的工作人员学历较低。台湾行业协会办事机构负责人学历较高，相当部分具有硕士研究生及以上学历，负责日常会

务工作的人员学历程度较低。

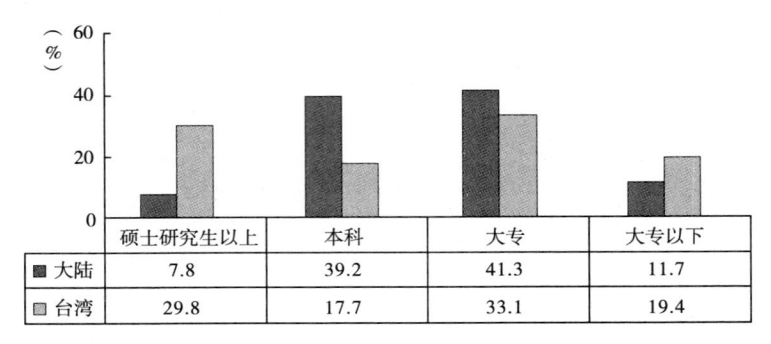

	硕士研究生以上	本科	大专	大专以下
大陆	7.8	39.2	41.3	11.7
台湾	29.8	17.7	33.1	19.4

图 3-20 专职人员学历结构

②专职人员年龄分布：根据样本统计（图 3-21），62.9% 的行业协会"离退休人员与刚毕业学生比例分别不超过工作人员总数的 20%"，28.7% 的协会"离退休人员或刚毕业学生占工作人员比例超过 50%"，8.4% 的协会专职工作人员"基本为离退休人员，年龄结构老年化"。台湾被调查行业协会均表示"离退休人员与刚毕业学生比例分别不超过工作人员总数的 20%"，该项评估结果显然优于大陆行业协会。根据对某些样本协会的访谈，大陆和台湾均有部分行业协会只聘请一名有较强工作能力且社会人脉较广的退休人员担任专职秘书长负责办事机构全部事务。

	离退休人员或刚毕业学生比例分别不超过20%	离退休人员与刚毕业学生超过50%	基本为刚毕业学生	基本为离退休人员
大陆	62.9	28.7	0	8.4
台湾	100	0	0	0

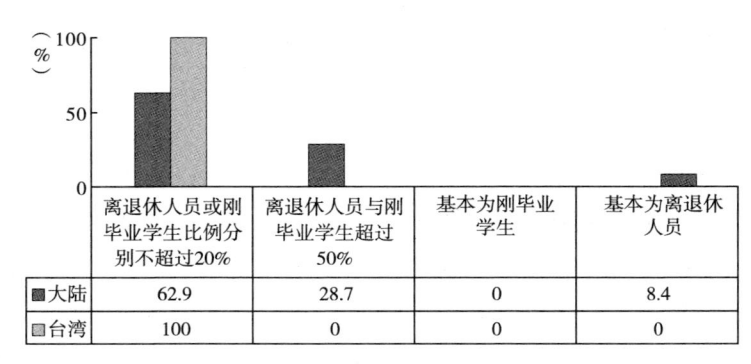

图 3-21 专职人员年龄分布

（3）秘书长（执行长、总干事）

①秘书长产生方式：根据样本统计（图 3-22），大陆有 57.5% 的行

业协会执行长是向社会公开招聘的，35.3%的协会执行长"由会员依据组织章程民主选举产生"（其中54.2%的协会选举方式为差额选举，45.8%的协会选举方式为等额选举），7.2%的协会执行长"由理事会决定"；台湾被调查协会有70.4%的秘书长或总干事是"公开招聘"，29.6%的协会秘书长或总干事"由理事会决定"。大陆之所以有相当数量的行业协会秘书长"由会员依据组织章程民主选举产生"，是因为这些协会的秘书长是由企业家兼职的。

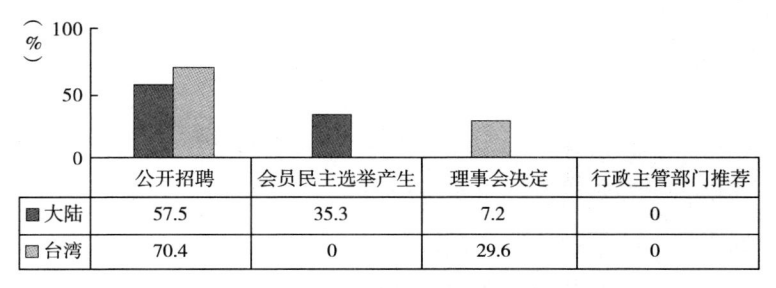

(%)	公开招聘	会员民主选举产生	理事会决定	行政主管部门推荐
大陆	57.5	35.3	7.2	0
台湾	70.4	0	29.6	0

图 3-22 秘书长产生方式

②秘书长专兼职情况：根据样本统计（图3-23），大陆行业协会中57.5%的秘书长为专职，36.5%的协会秘书长为"企业家，所在企业为会员企业"，4.8%的协会秘书长"在某会员企业中任高管或私人幕僚"，1.2%的协会秘书长"同时在其他行业协会、咨询机构或商业机构工作"；台湾被调查行业协会中有96.2%的秘书长为专职，3.8%的协会秘书长"在某会员企业中任高管或私人幕僚"。近年来，随着大陆行业协会改革

(%)	专职	企业家	在某会员企业中任高管或私人幕僚	同时在其他行业协会\咨询机构或商业机构工作
大陆	57.5	36.5	4.8	1.2
台湾	96.2	0	3.8	0

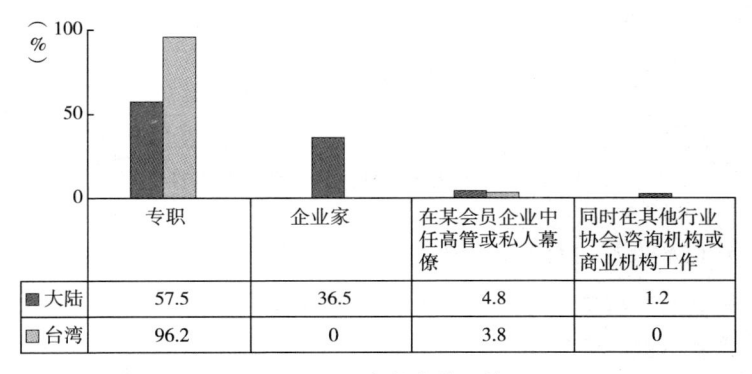

图 3-23 秘书长专兼职情况

工作的推进，秘书长专职化的程度越来越高，由企业家担任秘书长的行业协会往往聘任专职的副秘书长来主持秘书处日常工作，"秘书长"职务所起的作用与常务副会长相似。过去协会会长往往派出自己所在企业集团的高管担任协会秘书长，如今碍于协会"治理结构科学化"的需要，秘书长以会长的企业集团中的某个独立企业的代表身份担任协会副会长，但实际仍把控协会的日常工作。根据调查，台湾行业协会中有些规模较大的协会设有多名"副秘书长"，分别由各主要会员单位的高管或协会负责人的私人幕僚担任，薪水不由协会支付。

4. 监督机构

（1）监事会设立情况

根据样本统计（图3-24），大陆36.5%的行业协会"设立监事会"，30.5%的协会"没有设立监事会，但有设立监事"，19.2%的协会"既无监事和监事会，也无其他监督机构"，13.8%的协会"既无监事，又无监事会，但组织中设有其他内部监督机构"。台湾被调查行业协会全部设有监事会，这与台湾《工业团体法》和《商业团体法》关于行业协会应于会员大会时由会员代表互选出监事成立监事会的规定相印证。该项评估结果显示大陆行业协会的内部监督机制还有待完善。

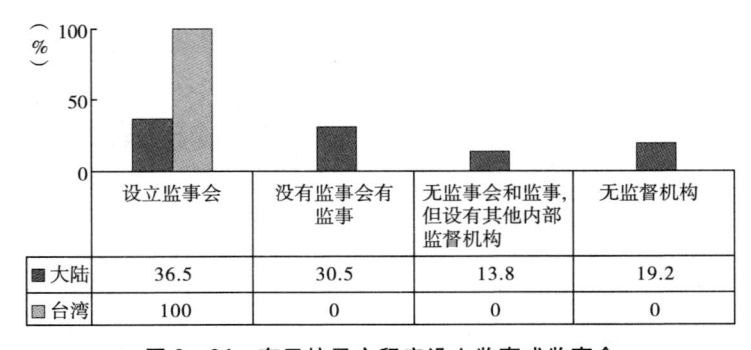

	设立监事会	没有监事会有监事	无监事会和监事，但设有其他内部监督机构	无监督机构
大陆	36.5	30.5	13.8	19.2
台湾	100	0	0	0

图3-24 有无按民主程序设立监事或监事会

（2）监事会权力行使积极性

①监事列席理事会会议情况：根据样本统计（图3-25），大陆设有监事会或监事的行业协会112家中有82.1%"每次都列席"理事会会议，16.1%的协会"经常列席"理事会会议，1.8%的协会表示监事只是"偶

尔列席"理事会会议；台湾被调查行业协会100%表示监事会"每次都列席"理事会会议。该项评估显示，两岸行业协会的监事和监事会至少都能在形式上对行业协会内部运作和重大决策起到监督作用。

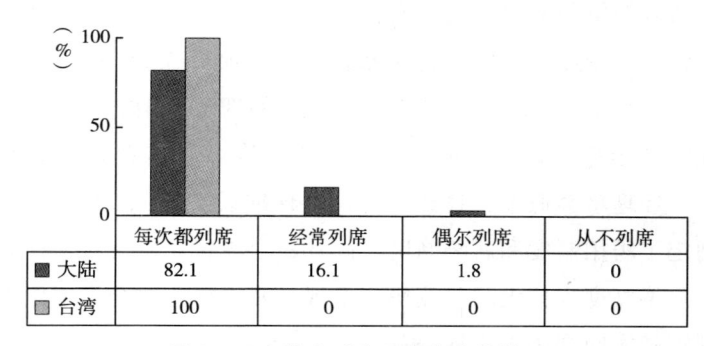

(%)	每次都列席	经常列席	偶尔列席	从不列席
■大陆	82.1	16.1	1.8	0
■台湾	100	0	0	0

图3-25　监事列席理事会会议情况

②监事会召开频率：根据样本统计（图3-26），大陆设有监事会的行业协会61家中有44.3%"一年平均召开两次"监事会，39.3%的协会"一年只召开一次"，16.4%的协会"一年未召开一次"。由于台湾《工商团体法》规定监事会每三个月召开至少一次监事会，因此台湾被调查协会均表示"每季度召开一次或一次以上"，显然台湾行业协会的理事会召开频率明显高于大陆行业协会。

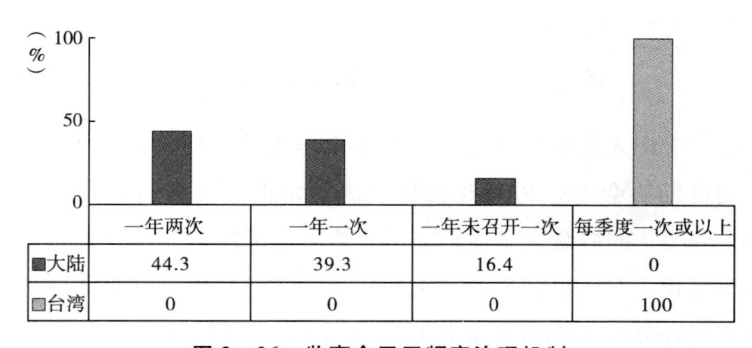

(%)	一年两次	一年一次	一年未召开一次	每季度一次或以上
■大陆	44.3	39.3	16.4	0
■台湾	0	0	0	100

图3-26　监事会召开频率治理机制

5. 激励机制

（1）工作人员激励制度

①针对工作人员的薪酬等各项制度：根据样本统计（图3-27），大陆行业协会79%表示制定了聘用制度，71.3%的协会表示制定薪酬制度，

66.5%的协会表示制定社会保障制度，26.9%的协会表示制定考核制度，22.8%的协会表示制定奖惩制度，19.2%的协会表示制定培训制度。台湾被调查的 81 家行业协会，分别有 96.3%和 95.1%制定了聘用制度和薪酬制度，60.5%的协会制定考核制度，46.9%的协会制定奖惩制度，18.5%的协会制定培训制度。制定社会保障制度的选项只有 25.9%的协会选择，可能是台湾对所谓工作单位为员工缴纳社保的理解与大陆不同。台湾工商团体法规定"会务工作人员的名额、职称、待遇及其服务规则由各公会自行制定，经理事会通过，报经主管机关核准后实施"，因此大多数行业协会都制定了聘用制度和薪酬制度。此外，台湾行业协会对工作人员的考核制度和奖惩制度也比大陆行业协会重视，两岸行业协会对工作人员培训制度的制定和实施都不太重视。

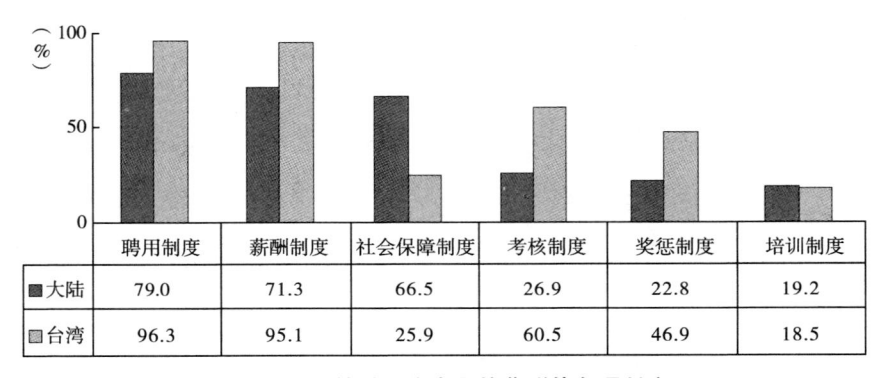

	聘用制度	薪酬制度	社会保障制度	考核制度	奖惩制度	培训制度
大陆	79.0	71.3	66.5	26.9	22.8	19.2
台湾	96.3	95.1	25.9	60.5	46.9	18.5

图 3-27　针对工作人员的薪酬等各项制度

②针对工作人员的培训类型：根据样本统计（图 3-28），32 家制定了培训制度的协会中有 93.8%的协会表示培训类型有当局有关部门的专业培训，87.5%的协会表示培训类型有协会内部培训，78.1%的协会表示培训类型有相关专业报刊资料订阅，65.6%的协会员工培训类型有学历教育，25%的协会员工培训类型有考察或访问。尽管只有 32 家协会制定有培训制度，但大多协会表示尽管没有培训制度，但实际上有代表协会参加当局有关部门的专业培训，52.7%的协会表示对于工作人员的学历教育是默认和支持的。台湾被调查的 15 家制定有培训制度的行业协会中有46.7%选择学历教育，40%的协会培训类型有协会内部培训，33.3%的协会培训类型有相关专业报刊资料订阅，26.7%的协会培训类型有考察或访

问。从评估结果看，大陆的行业协会的培训类型更具多样性，单个行业协会同时制定有多项培训措施。

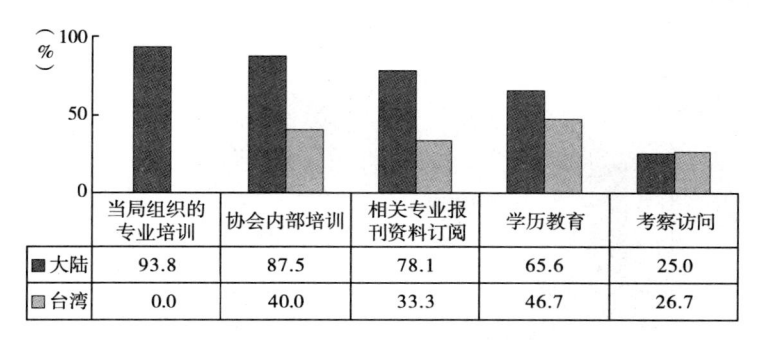

	当局组织的专业培训	协会内部培训	相关专业报刊资料订阅	学历教育	考察访问
大陆	93.8	87.5	78.1	65.6	25.0
台湾	0.0	40.0	33.3	46.7	26.7

图 3-28 针对工作人员的培训类型

③秘书处薪酬状况：根据样本统计，广东行业协会秘书长工资年收入幅度为 6 万~20 万元人民币，普通工作人员收入大多处于 2.4 万~9 万元人民币范围内；福建省行业协会秘书长工资年收入大多为 3.6 万~10 万元人民币幅度内，普通工作人员年收入大多处在 1.8 万~4 万元人民币幅度内；台湾行业协会秘书长工资年收入跨度较大，从 20 万~120 万元新台币不等，普通工作人员收入 12 万~50 万元新台币。通过比较可见，行业协会秘书处薪酬水平基本与当地普通企业薪酬相当，与行业协会的运作效益相挂钩。

(2) 负责人激励制度

①组织给负责人（会长、副会长、企业家出身的非招聘的秘书长）带来的声誉影响：根据样本统计，所有被调查的大陆和台湾行业协会均表示行业协会负责人以及负责人所在企业提升了在同行中的影响，可见行业协会给负责人带来的隐性激励不可小觑。

②负责人（专职秘书长）的工作业绩奖励方式：根据样本统计（图 3-29），68.7%的大陆行业协会对秘书长的工作业绩采用"奖金或其他物质奖励"，46.7%的协会在行业中公开表彰优秀秘书长，26.9%的协会推荐优秀秘书长作为社会各项表彰的候选人（如省市十佳青年、政协委员等），31.3%的协会表示对秘书长没有任何工作业绩奖励。台湾被调查行业协会有 87.7%对优秀秘书长采用奖金或其他物质奖励，

剩余 12.3% 的协会表示没有进行工作业绩奖励。评估结果显示，大陆对专职秘书长同时采用物质加精神的工作业绩奖励方式，在激励手段上台湾比大陆更将秘书长视为职业经理人对待，更注重奖金等显性激励方式的运用。

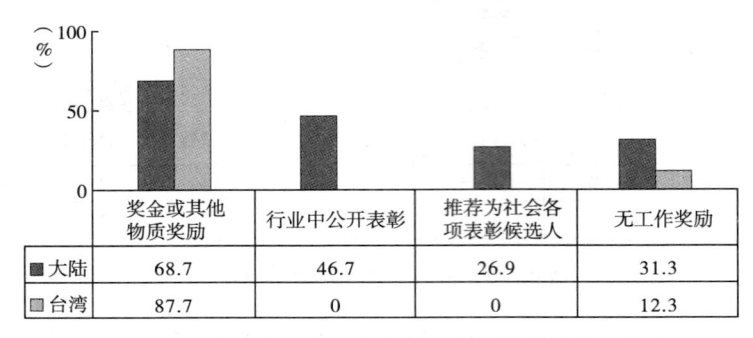

	奖金或其他物质奖励	行业中公开表彰	推荐为社会各项表彰候选人	无工作奖励
大陆	68.7	46.7	26.9	31.3
台湾	87.7	0	0	12.3

图 3-29　负责人（专职秘书长）的工作业绩奖励方式

（3）会员激励制度

①会员是否入会自愿，退会自由，入会程序规范、手续完备：根据样本统计，大陆所有行业协会都表示会员入会自愿、退会自由，入会程序规范、手续完备。台湾被调查协会中有 22.2% 持否定选项，据调查是针对退会自由所做的选择。台湾法律规定业必归会，但实际上大多协会对会员的退会要求并不阻挠。

②会员培训计划：根据样本统计，80.8% 的大陆行业协会具有针对会员的培训计划，台湾被调查协会中有 92.6% 表示每年都有针对会员的培训计划。该项指标的评估结果台湾行业协会略高于大陆行业协会。通过调研访谈可知，无论台湾还是大陆，大多协会把对会员的培训作为协会服务功能的重要项目，每年通过内部培训和讲座、出访和考察等方式激发会员对协会的满意度和归属感。

③组织经费来源与结构：根据样本统计（图 3-30 和图 3-31），61.1% 的协会有来自会员捐赠（包括正副会长、常务理事等缴纳的赞助费）的收益，50.9% 的协会经费来源于市场运营收入，46.7% 的协会经费来源于当局拨款（补助及奖励），23.4% 的协会表示有当局购买服务的收入。76.1% 的协会会费收入占总经费比例最高，23.9% 的协会市场运营

收入占总经费比例最高。台湾被调查协会中有71.6%的协会经费结构中有市场运营收入，38.3%的协会经费来源包括当局拨款（补助及奖励），35.8%的协会经费包括当局购买服务收入，16%的协会经费组成有会员捐赠的部分。台湾被调查协会中，51.9%的协会表示会费收入占总经费比例最高，48.1%的协会市场运营收入占总经费比例最高。行业协会经费来源多元化，降低会费在协会经费中的比例，可以为会员提供更多服务，自然能增强会员对协会的满意度和归属感。总体比较而言，台湾行业协会的市场运营能力比大陆行业协会强，提供当局采购和争取当局项目补助的能力也相对较强。

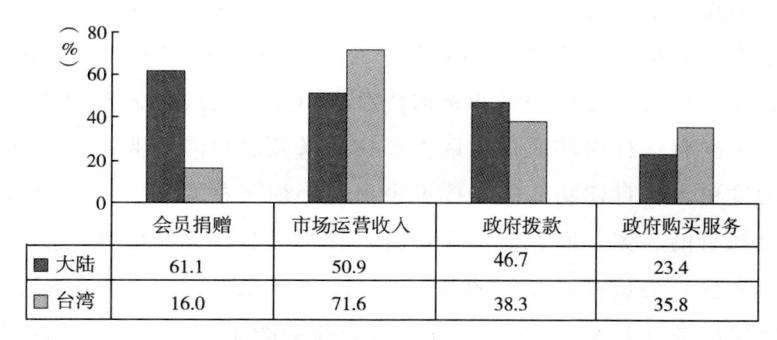

	会员捐赠	市场运营收入	政府拨款	政府购买服务
大陆	61.1	50.9	46.7	23.4
台湾	16.0	71.6	38.3	35.8

图3-30　组织经费来源（除会费外）

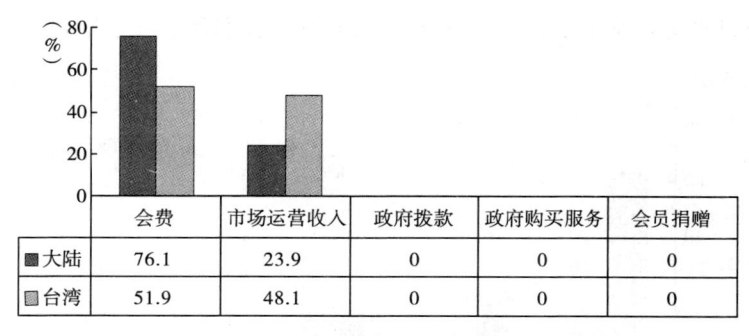

	会费	市场运营收入	政府拨款	政府购买服务	会员捐赠
大陆	76.1	23.9	0	0	0
台湾	51.9	48.1	0	0	0

图3-31　经费来源占总经费比例最高的项目

6. 监督机制

（1）内部监督机制

①针对理事、常务理事、非专职秘书长的考核制度：根据样本统计，大陆79%的行业协会表示没有针对理事、常务理事、非专职秘书长的考

核制度，台湾只有 25.9% 的行业协会表示没有针对理事、常务理事、非专职秘书长的考核制度。据调查，对理事、常务理事、非专职秘书长的考核主要表现在出席会议的要求上。

②针对专职工作人员的考核制度：根据样本统计，大陆 26.9% 的行业协会有制定针对工作人员的考核制度，台湾制定针对工作人员的考核制度的行业协会占样本总数的 60.5%。

③对违反章程会员的惩罚制度：根据样本统计（图 3-32），大陆 63.5% 的协会表示会员违规行为较为严重时才处理，一般有进行内部通报，21.5% 的协会表示一般不处理，只在内部进行通报，14.4% 的协会表示严格按照章程规定处理，并进行内部通报，还有一家协会表示既未处理，也未通报；台湾被调查协会中有 69.1% 表示严格按照章程规定处理，并进行内部通报，31.9% 的协会表示会员违规行为较为严重时才处理，一般有进行内部通报。调查评估结果显示台湾行业协会对会员的惩罚力度更大，自律功能的发挥更突出。必须注意的是，随着台湾对业必归会执行的放宽，而大陆行业协会入会一贯实行自愿原则甚至现今允许一业多会，会员可以"用脚投票"，协会行业由于代表性有限，对会员的惩罚显得力不从心。研究显示现今自律职能无论在大陆还是台湾的行业协会中都不是最主要职能了，尤其大陆协会行业代表性的有限，对会员的惩罚显得力不从心，协会更多地是想通过服务职能和代表职能争取更多的会员入会。

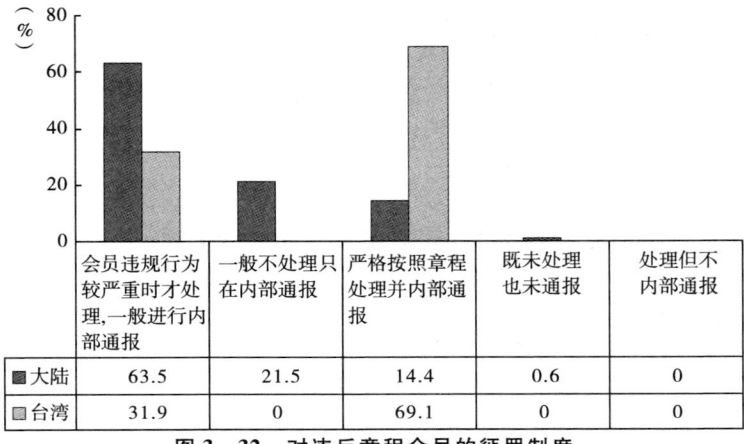

(%)	会员违规行为较严重时才处理,一般进行内部通报	一般不处理只在内部通报	严格按照章程处理并内部通报	既未处理也未通报	处理但不内部通报
大陆	63.5	21.5	14.4	0.6	0
台湾	31.9	0	69.1	0	0

图 3-32　对违反章程会员的惩罚制度

(2) 外部信息公开制度

①财务审计及公开情况：根据样本统计（图 3-33），大陆 58.1% 的行业协会每年年终由会计做年度财务报告，有外部审计，但不正式公布或出版，27.5% 的协会每年年终由会计做年度财务报告，有外部审计并正式公布或出版，11.4% 的协会每年年终由会计做年度财务报告，只有内部审计无外部审计，3% 的协会表示每年年终由会计做年度财务报告，但无严格审计；台湾被调查协会中有 43.2% 每年年终由会计做年度财务报告，只有内部审计无外部审计，32.1% 的协会每年年终由会计做年度财务报告，有外部审计，但不正式公布或出版，24.7% 的协会每年年终由会计做年度财务报告，有外部审计并正式公布或出版。调查评估结果显示，大陆行业协会在财务审计和公开执行得比台湾行业协会严格，原因可能在于，台湾《工商团体法》只要求财务预决算、资产负债表、收支对照表及财产目录应按规定程序提经理事会通过，监事会审核，主管机关核备，会员大会追认，只有年度决算金额在新台币 1500 万元以上者才需要委托会计师签证。而大陆被调查的广东福建省大多地区民政部门年检时对财务审计的要求比较高，要求行业协会每年年检时必须提交外部会计师事务所做出的审计报告。笔者认为行业协会不同于公益性社会组织，财务状况只要经过内部审计、会员同意即可，不存在需经外部审计及向社会公众公开的必要。行业协会可以自我严格要求进行外部审计甚至公开财务状况，但主管部门不应该以此作为行业协会通过年检的条件。但不少官员和学者认为目

	每年年终由会计做年度财务报告，有外部审计，但不正式公布或出版	会计做年度财务报告有外部审计并正式公布或出版	会计做年度财务报告只有内部审计无外部审计	会计做年度财务报告无严格审计	不做年度财务报告
大陆	58.1	27.5	11.4	3.0	0
台湾	32.1	24.7	43.2	0	0

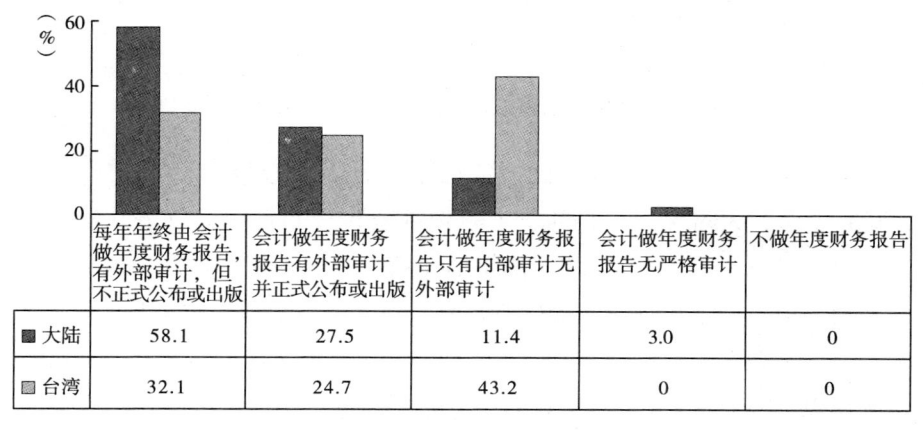

图 3-33　财务审计及公开情况

前我国大陆的行业协会民主化意识不强,会员无法真正起到对协会的监督作用,如果缺乏政府的监管,行业协会可能由于内部人控制问题导致大多数会员利益无法保障。

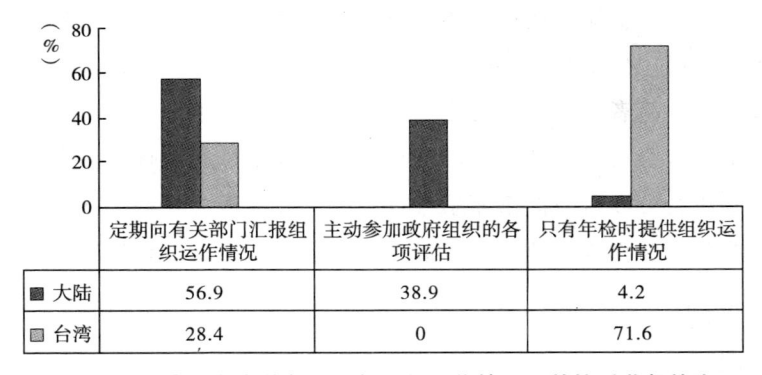

②是否向有关部门汇报组织运作情况,并接受监督检查:根据样本统计(图3-34),大陆56.9%的行业协会定期向当局有关部门汇报组织运作情况,38.9%的协会主动参加当局的各项评估,只有4.2%的协会只有年检时提供组织运作情况;台湾71.6%的协会只有年检时提供组织运作情况,28.4%的协会定期向当局有关部门汇报组织运作情况。调查评估结果显示,台湾行业协会相比大陆行业协会与当局的关联较小。由于长期以来体制与环境的原因,大陆行业协会重视与上级主管部门的关系,希望以此获得政策和资金的扶持,例如,福建省泉州市经贸委联合多个部门对辖区内的行业协会进行自愿评估,对年度工作绩效考评结果为优秀、达标的行业协会分别给予5万元人民币和3万元人民币的资金补助,吸引了不少行业协会前来参评。

	定期向有关部门汇报组织运作情况	主动参加政府组织的各项评估	只有年检时提供组织运作情况
大陆	56.9	38.9	4.2
台湾	28.4	0	71.6

图3-34 是否向有关部门汇报组织运作情况,并接受监督检查

③向会员公开信息的途径:问卷设计为多项选择,根据统计分析(图3-35),大陆53.3%的协会通过内部资料或刊物向会员公开组织活动信息;52.1%的协会通过手机简讯向会员公开组织活动信息,现在不少行业协会通过微信朋友圈、微信公众号、QQ群、微博等新媒体向会员发布信息,统归入手机简讯中;46.7%的行业协会通过网站向会员公开组织活动信息;只有6.6%的协会用将信息张贴在办公场所的公告栏的方式向会员公开,据调查大多行业协会的普通会员除了开会很少前来协会的办公

场所，年度会员大会一般在酒店召开。台湾被调查协会中有79%通过内部资料或刊物向会员公开组织活动信息，77.8%的协会采用手机简讯的方式向会员公开活动信息，66.7%的协会使用网站作为向会员公开组织活动信息的平台，58%的协会将活动信息张贴在办公场所的公告栏。根据数据统计，台湾行业协会向会员公开信息的方式和途径比大陆行业协会相对多元些。

	内部资料或刊物	发送手机简讯	网站	张贴在办公场所的公告栏里
大陆	53.3	52.1	46.7	6.6
台湾	79.0	77.8	66.7	58

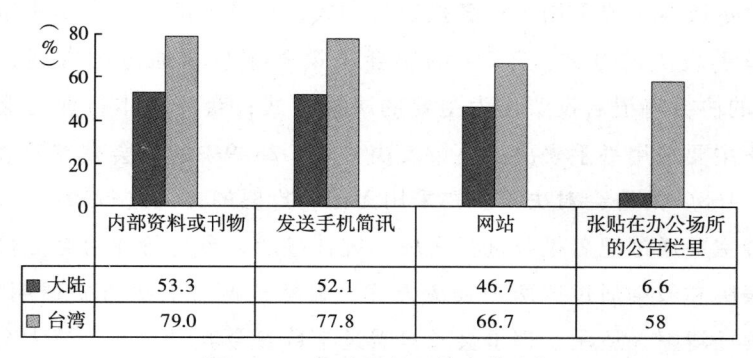

图 3-35　向会员公开信息的途径

7. 决策机制

（1）决策规则

①重大决策（除选举之外）制定方式：根据样本统计（图3-36），大陆71.9%的行业协会重大决策由理事会或常务理事会决定，13.2%的行业协会表示重大决策由会员（代表）大会决定，12.6%的协会表示重大决策由部分主要会员协商决定（如召开会长办公会），还有2.4%的协会表示由会长个人决定。台湾被调查协会中有64.2%表示

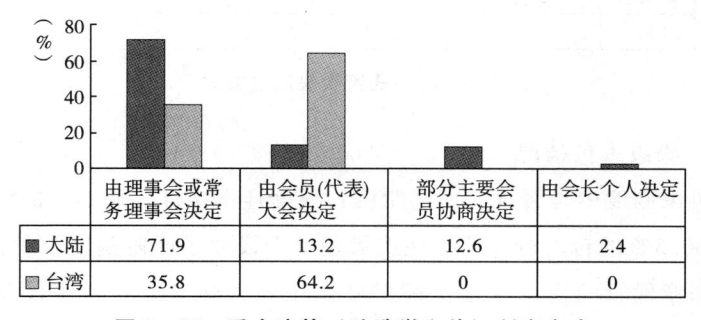

	由理事会或常务理事会决定	由会员(代表)大会决定	部分主要会员协商决定	由会长个人决定
大陆	71.9	13.2	12.6	2.4
台湾	35.8	64.2	0	0

图 3-36　重大决策（除选举之外）制定方式

重大决策由会员（代表）大会决定，35.8%的协会表示重大决策由理事会或常务理事会决定。调查评估结论显示台湾行业协会在重大决策制定方式上比大陆行业协会更严谨更规范，源于台湾《工商团体法》对行业协会章程中应由会员大会及理事会决定的事项分别做出明确规定。

②决策表决通过方式：根据样本统计（图3-37），大陆行业协会48%表示决策主要采用无记名投票的方式，42.5%的协会表示决策主要采用举手表决的方式，7.2%的协会决策采用鼓掌通过的方式，还有3.3%的协会将记名投票作为主要的决策方式；台湾样本行业协会中有66.7%主要采用举手表决的决策表决方式，25.9%的协会鼓掌通过主要决策，4.8%的协会对决策主要采用无记名投票的方式进行表决，2.6%的协会主要通过记名投票进行表决。统计显示，台湾行业协会更倾向于举手表决和鼓掌通过这两种表决方式，显然这两种表决方式透明度高，决策责任清晰，适用于理事会及只需过半数参会者同意的会员大会决策事项，而章程规定需到会者2/3通过的会员大会决策事项在统计上容易出错。

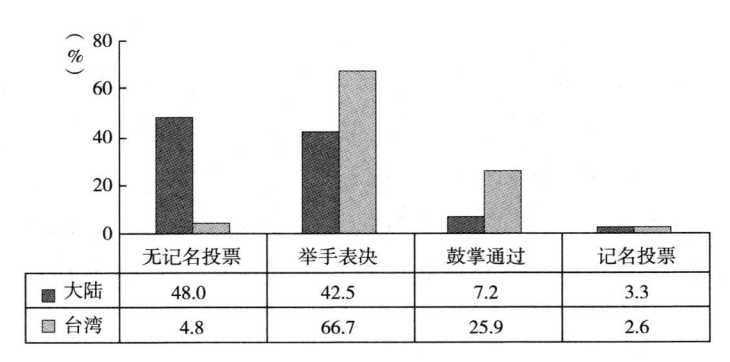

	无记名投票	举手表决	鼓掌通过	记名投票
大陆	48.0	42.5	7.2	3.3
台湾	4.8	66.7	25.9	2.6

图3-37　决策表决通过方式

（2）决策人员情况

①决策制度中是否设立回避制度：根据样本统计，50.3%的大陆行业协会和60.5%的台湾行业协会在决策制度中设立了回避制度。

②印章保管的使用制度：根据样本统计，86.8%的大陆行业协会和98.8%的台湾行业协会表示建立及有效执行印章专人保管及使用的制度。

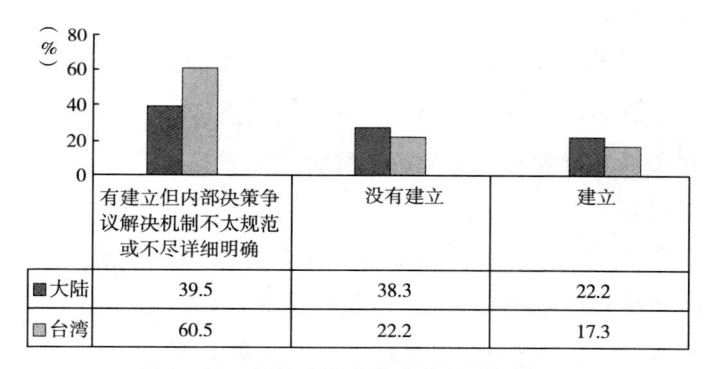

(3) 决策救济

①组织内部决策争议解决机制：根据样本统计（图 3-38），大陆 39.5% 的行业协会表示虽然有建立内部决策争议解决机制，但该机制不太规范或不尽具体明确，38.3% 的协会表示没有建立内部决策争议解决机制，22.2% 的协会表示有建立内部决策争议解决机制。台湾样本协会中有 60.5% 表示建立的内部决策争议解决机制不太规范或不尽详细明确，22.2% 的协会表示没有建立内部决策争议解决机制，17.3% 的协会表示有建立内部决策争议解决机制。统计表明无论大陆还是台湾，组织内部决策争议解决机制尚需进一步完善。

	有建立但内部决策争议解决机制不太规范或不尽详细明确	没有建立	建立
大陆	39.5	38.3	22.2
台湾	60.5	22.2	17.3

图 3-38　组织内部决策争议解决机制

②决策异议申诉制度：根据样本统计，40.7% 的大陆行业协会和 64.2% 的台湾行业协会表示建立了会员不服组织决策做出决定的申诉制度，但根据访谈，建立该制度的协会大多表示很少有会员会申请启动该申诉程序。

第六节　行业协会治理的评估结论与建议

一　本研究评估结论的局限性

本书虽然在行业协会治理问题上进行了较为系统并有独创性的研究，但对行业协会理论体系研究和科学管理实践的难点问题的梳理仍不够深入，对如何进一步区别性地运用公司治理的理论及方法来深入研究行业协会还缺乏系统性，仍有许多问题需要以后更加深入、更加系统、更加科学地探讨和研究，比如：

（1）本书对行业协会治理评估体系研究时，目的不在于对评估本身进行研究，对评估方法、程序和结果的分析也不在于研究如何完善行业协会治理评估机制，而是通过对行业协会治理评估体系的研究以及通过对两岸行业协会评估结果的分析，研究比较大陆和台湾行业协会治理能力的具体状况，从而对完善两岸行业协会治理能力提出建议和对策。由于治理评估不同于绩效评估，治理评估指标较难以量化，而是以描述性、阐述性为主，因此，本评估目的不像传统绩效评估那样，运用指标和权重对各个行业协会进行计分甚至划分等级，而是采用描述性统计的方式对大陆和台湾行业协会的各项治理指标评估结论进行比较分析。因此，下一步有必要对行业协会治理评估机制进行深入研究，进一步运用数据的相关性分析和鉴别率分析，验证指标设置的合理性，并探索其指标权重的设置。

（2）问卷中有些题目的选择与填表人的主观感悟有关，某些数据可能缺乏客观性。完善调查问卷，使与各项评估指标相对应的问题设计更具合理性和客观性，克服被调查人的主观感受对选择的干扰，从而提高数据的信度和效度，是下一步研究的重点。

（3）大陆选择的样本为福建省和广东省发展较为成熟健康的行业协会，不能代表整个中国大陆行业协会的整体状况；台湾选择的样本中"全国性"行业协会占75.3%，台湾有279个"全国性"工商业团体，2289个"地方性"工商业团体，工业团体以"全国性"组织为主，商业团体大量分散在"地方"，此外，本章评估对象仅为工商业团体，而没有纳入评估的具有行业协会性质的职业团体、国际团体、经济业务团体总数高达10632个[①]，样本的评估数据可能不能代表台湾行业协会的整体治理能力。下一步的研究将进一步扩大样本数量及来源，使评估结论更具真实性和有效性。

---

① 笔者根据台湾"内政部统计处"发布的2014年上半年"各级工商自由职业及社会团体数"计算得出。——笔者注

二 结论与建议

1. 正确定位行业协会所扮演的角色

一方面,行业协会在法律上是一个完全独立的社会团体,在市场经济条件下,当局不宜过多地干涉行业协会的活动,当局与行业协会的关系是政策扶持与引导,行业协会要培养自己的竞争意识和独立自主的能力,提高服务质量、扩大服务层面,有效地承接政府转移的职能。而大陆多数行业协会把获得政府的政策支持和资金扶助作为协会可持续发展的必要条件,许多从"官办型"协会脱钩而来并带有政府职能授权委托项目的协会,在吸引会员入会上更具优势。而相当数量缺乏政府"关怀"的行业协会,处于一个维持的状态,每年的工作就是年检和应付政府各项检查和评估。

另一方面,行业协会是以同行业企业为主体,依据国家有关法规和政策自愿组成的、自律性的非营利行业管理组织,行业协会成立的目的是服务、代表、引导并规范同行业企业,不应被个别企业所操纵成为其利益的代言人。大陆相当数量的行业协会都存在"会长控制"或"秘书长控制"的情况,广大会员对协会事务无能为力,时间长了便漠然不关心了。因此,在构建行业协会治理结构时,要以保持行业协会的独立与自主作为基本原则。

2. 通过立法明确行业协会的治理结构

行业协会的治理结构,是对协会内部权力进行合理分配,同时向协会会员、政府、该行业消费者等利益相关者负责并接受监督,从而使各方利益得到平衡和保护。总体而言台湾行业协会在治理结构上比大陆行业协会发展得更完善,这与台湾《工业团体法》《商业团体法》及其相关实施细则的严密规定有关。大陆选择的评估样本为民营经济和社会组织发展较为成熟的福建和广东省的行业协会,所在地区大多制定了关于行业协会发展的相关政策,而大陆广大中西部地区的行业协会治理结构更是不尽如人意,建议大陆加快推进统一的《行业协会法》的制定。明确行业协会的会员大会、理事会、秘书处和监事会的职责以及相互关系,形成职责明确、相互制约、有效激励、科学决策和监督有力的一整套制度，尤其要通过立法强化监事会的功能和地位。目前我国《社会团体登记管理条例》对社会团体内部监督机构的设置基本没有强制性规定，在行业协会的实际运作中，普遍缺乏一个对行业协会理事会或秘书长进行制约和监督的内部常设机构，有些设有监事和监事会的行业协会也没有真正发挥监事会的功能。台湾工商团体法及实施细则对监事会议、监事列席理事会议、监事理事联席会议等都做出详细规定，这种制度安排是值得大陆借鉴的，有必要通过立法明确监事会在行业协会治理结构中的地位，对监事会的组成、监事的产生、任职资格和任期、监事会职责等条款做出具体的规定。

3. 通过章程规范设计提高行业协会自身治理能力

行业协会应在立法对治理结构作出原则性规定的基础上，根据自身的宗旨、使命、特征和形式对法律所确立的一般规则或原则加以细化，以章程的形式制定出符合本组织的具体规则。大陆行业协会要改变制定章程的目的是单纯为了应付登记注册的错误观念，无论在章程的起草制定，还是章程的表决通过上，都要严格把握，广泛听取会员的意见，用科学合理的章程来规范行业协会的行为，从而提升行业协会的治理水平，并通过章程寻求利益主体权利冲突的平衡点，以维护各利益相关者的合法权益。在行业协会章程中应明确具体地规定具有可操作性的各组织机构的职责和运行规则，尤其是细化各项激励机制、监督机制和决策机制所涉及的条款。

4. 通过制度创新实现有效治理

学界对非营利组织治理的论述一般而言是以理事会的角色及运作为探讨核心，[①] 因此通过制度创新提升理事会的工作质量，有助于实现行业协会的有效治理。张晓玉认为行业协会实行高度民主化的组织体制，应普遍实行协会领导人的直接选举，向社会公开选聘独立理事。[②] 行业协会还可以创造性地在理事会下设立各种专门委员会，其名称及数目视组织规模及服务性质而定，如执行委员会、提名委员会、审计委员会等，通过分工与协作提高理事会的运作效率。调查发现台湾行业协会在治理结构上普遍严

[①] Dennis R. Young., "The First Three years of NML: Central Issues in the Management of Nonprofit Organizations" *Nonprofit Management & Leadership* 4 (1993): 3–22.

[②] 张晓玉：《行业协会的自治与转型》，《瞭望新闻周刊》2005 年第 41 期。

密规范，但不少行业协会治理机制的优势并不明显，这与台湾行业协会的章程较为呆板地参照《工业同业公会章程范例》和《商业同业公会章程范例》有关，在治理机制的构建上缺乏创新性。因此，可以通过创造性地规定行业协会的人才选任机制、考评机制、奖惩规则、培训计划、决策机制等各项制度，科学合理地规范行业协会的运行，实现行业协会的有效治理。

第四章 两岸行业协会组织能力比较

——两组案例的对比

第一节 行业协会组织能力的概念

从管理学角度分析，组织能力是指开展组织工作的能力，是组织在与竞争对手成本投入相同的情况下，具有以更高的生产效率或更高质量，将其各种要素投入转化为产品或服务的能力。组织能力一方面是基于组织职能的界定，将组织活动的各个要素从时间和空间上科学地组织起来，使组织成员接受领导和协调行动的能力，从而实现提高组织投入产出比的能力；另一方面是以组织实体为载体，是组织作为一个集合体进行管理运作，实现组织既定目标所具备的能力，王思斌指出"任何能力都是与目标相联系的，我们只能用达到目标的可能性来评价一个组织的能力。"[1]组织能力反映为组织活动的效率和效果，可以成为组织竞争优势的一个来源。张冉等认为组织能力可以从基础过程与目标三个角度理解：从能力形成基础看，组织能力是构建组织结构与流程的能力；从能力实现途径看，组织能力是组织实施动态有效活动与运作的能力以及营造适应与改善所处的系统环境的能力；从组织目的看，组织能力是实现组织目标的能力，这种综合能力是判别组织好坏的标志[2]。

---

[1] 王思斌：《社团的管理与能力建设》，中国社会出版社，2003，第135页。
[2] 张冉、任浩：《行业协会组织能力的界定和相关范畴的比较研究》，《改革与战略》2007年第12期。

同企业等其他组织一样，行业协会需要具备自己的核心专长，这是一种能决定组织长期的发展战略和竞争优势，以及实现组织宗旨和目标的综合能力。可见，行业协会组织能力是行业协会进行组织运作、实现组织宗旨、使命和目标所具有的特定能力的有机组合。国内学术界从各个角度论证行业协会应当具备的组织能力。于蜀认为"行业协会的组织能力是行业协会实现其宗旨、使命或特定目标所具有的结构、知识和文化要素的有机集合"[1]，行业协会与政府关系维度下的行业协会能力包括行业规制能力、公共协商能力和行业代表能力，行业协会与社会维度下的行业协会能力包括行业形象的塑造能力、社会责任的履行能力、行业风险的应对能力。张冉通过借鉴企业研究领域中组织边界理论，将行业协会组织边界分为实体、行业和关系边界三类，并从价值网络的角度分析了三类组织边界形成机理，在此基础上进行行业协会组织能力模块化，构建行业协会组织能力的 S－O－R 模型，即结构能力、运作能力与关系能力，三者共同构筑了行业协会的组织能力。在这三个能力模块中，运作能力是核心，是行业协会价值实现和增值的基础，并决定组织生命力的强盛，具体表现为信息供给、规范协调、拓展服务、学习创新和组织发展能力；结构能力主要是为运作能力和关系能力提供环境支持，是维持组织状态而具备的基础能力，包括人力、物力和金融资源支配能力，以及能够有效管理和使用资源的内部管理能力；关系能力则是通过与外界进行价值交换，保证结构能力、运作能力与外界有效互动并与之匹配，实现其价值，可以细分为政会互动、社会影响和国际交流能力[2]。

行业协会作为不同于政府和企业的会员制互益型非营利组织，其产生是由于一群参与市场的理性经济人在经营活动中出于自身利益最大化动机而自由结社的结果。单个企业出于消减市场风险、节约信息搜寻成本、保障市场竞争权益、获得及时有效服务的目的加入行业协会，当行业的整体利益与会员企业的个体利益达成一致时，行业协会的存在价值就产生了。可见，行业协会的能力本质上是一种生存和发展的能力，而其生存和发展取决于它是否

---

[1] 于蜀：《多维度下的行业协会能力建设研究——基于政府、社会与行业协会互动发展的视角》，《社团管理研究》2012 年第 10 期。
[2] 张冉：《行业协会组织边界与组织能力模型的构建研究——基于价值网络的分析》，《财经论丛》2007 年第 5 期。

能够满足会员和行业的需要。为了满足会员企业和行业的整体需要，行业协会通过设计组织职能来明确组织运作范围，从而获得组织生存和发展的社会合法性基础。因此，培育行业协会的组织能力应满足于行业协会的职能和行业发展的需要，可以将行业协会组织能力界定为：以职能为基础，根据其特定的组织属性，实现组织既定宗旨和目标所具有的特定能力，包括自律能力、服务能力、资源能力和代表能力。行业协会自律能力的实现需要服务能力和代表能力的满足，服务能力和代表能力的满足需要资源能力作为后盾。

第二节 两岸行业协会组织能力案例选取

一 案例选取依据

两岸行业协会组织能力的案例比较与分析选择大陆的福建省纺织服装出口基地商会和台湾的台北市进出口商业同业公会。福建省行业协会发展水平代表海西地区的平均水平，福建省纺织服装出口基地商会属于福建省内较具影响力、发挥作用较大的行业协会。台北市进出口商业同业公会是台湾最具规模、最有影响力的商业同业公会之一。选择这两个组织进行比较和分析，基本能代表两岸行业协会的组织现状和发展趋势①。行业协会组织能力是以职能为基础，根据其特定的组织属性，实现组织既定宗旨和目标所具有的特定能力，本书将分别从自律能力、服务能力、资源能力和代表能力四个方面，分析福建省纺织服装出口基地商会和台北市进出口商业同业公会的组织能力状况以及比较两岸总体情况。

二 福建省纺织服装出口基地商会

福建省纺织服装出口基地商会（以下简称"福建纺织商会"）是经福

---

① 目前大陆发展运作较好的行业协会多数呈现两种情况，一种是具有"官办色彩"的体制内生成的行业协会，享有较多行政授权的职能；另一种虽然是"民办型"市场内生的行业协会，但发展运作过程中过于企业化经营，具有很强的市场盈利能力，但在收益分配上的"趋企业化"做法值得商榷。福建省纺织服装出口基地商会相比某些行业协会组织能力一般，但不属于以上两种类型，选择其作为案例研究对象更能体现大陆行业协会未来的发展趋势和应然性要求。——笔者注

建省民政厅批复,由福建省对外贸易经济合作厅主管,于2010年11月8日成立的非营利性社会团体,会员包括福建宏远集团、匹克(中国)、厦门建宇实业、福建浔兴拉链科技等知名企业。福建纺织商会近年来参加福建省、泉州市民政部门的社会组织评估以及经贸部门的行业协会评估,为5A级别或者优秀档次,福建纺织商会定期编辑的"内部简讯"在各级党委、政府以及人大、政协的影响较大,既能及时准确提供行业信息和动态,又充分地反映行业的诉求。福建纺织商会的组织结构比较简单(图4-1),拥有一个精干得力的秘书处,秘书处下设办公室、会员部和财务部。纺织商会招收集体会员(相关社团组织)和单位会员(企业),会长、常务副会长单位年会费3000元,副会长单位年会费2000元,理事单位年会费1500元,会员单位年会费1000元。

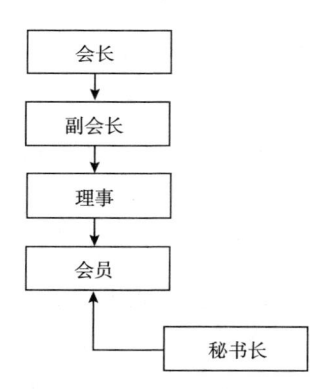

```
会长
 ↓
副会长
 ↓
理事
 ↓
会员 ← 秘书长
```

图4-1 福建省纺织服装出口基地商会组织机构

资料来源:福建省纺织服装出口基地商会官方网站 http://www.fj-ta.com/shgk2.html。

福建纺织商会主要开展的工作即履行的职能[①]包括:(1)根据福建省外经贸厅相关文件要求,参加广交会的企业必须根据所在行业选择对应出口基地商会[②],由商会做会员企业参展资格初审以及给出建议意见报省外经贸厅;(2)建设公共信息服务平台,编写商会会刊、简讯,建设商会网站,收集、分析、发布纺织服装行业最新信息,积极为会员企业提供行

---

① 根据对福建省纺织服装出口基地商会的调研访谈及官网资料归纳分析,非商会章程中规定的职能内容。——笔者注
② 福建省根据业态划分成立了15个出口基地商会。——笔者注

业资讯、人才招聘、教育培训和科技咨询等服务；（3）协助福建省外经贸厅进行国际知名品牌企业申报、初审工作并提供初审意见和建议；（4）凡是参加福建省外经贸厅组织的重要境外、境内展会的会员企业，商会协助企业申请参展补贴，在较为成熟的展会上进行公共形象布展推介并向国际买家派发推介专刊，以加深国际买家对福建纺织服装产品的认识；（5）根据会员企业要求，组织开展沙龙座谈研讨活动；（6）服务会员企业应对贸易壁垒，建立行业信息共享与预警机制；（7）积极开展行业公共质量检测、研发、信息、培训等服务平台建设；（8）组织企业到国外、境外进行商务考察，捕捉新的商业机会，抱团拓展国际市场；（9）积极向政府反映行业和会员企业的合理诉求，充分发挥商会在政府与企业之间的桥梁和纽带作用。

三 台北市进出口商业同业公会

台北市进出口商业同业公会（以下简称"台北进出口公会"）成立于1947年，是由台北市进出口业者共同组成的民间商业团体。拥有会员5000多家，2002年起通过ISO质量认证，是台湾最具规模、最有影响力的民间商业团体之一。根据2012年的调研情况，进出口同业公会在组织架构上（图4-2），设有会员代表大会、理事会、监事会以及会务工作单位四个组织系统，会员代表大会由全体会员选举产生，现有会员代表86人，理事会27人，监事会9人。理事会下设国际事务委员会、会员联谊委员会、贸易刊物编辑委员会、大陆贸易研究委员会、奖学金审查委员会、业务研究发展委员会及贸易政策委员会七个委员会。会务工作由秘书长总理，两名副秘书长襄佐，下设国际业务组、大陆业务组、台湾业务组、咨询服务组、贸易证照组、行政财务组和总务组，现有专职会务人员45人，下设的贸易教育基金会有工作人员5名。会员入会费3000元，年会费只分两个档，企业产值在1000万元新台币以上的会员年会费7200元，可以派两名代表参加会员大会，企业产值在1000万元新台币以下的会员缴纳年费4800元，可以派一名代表参加会员大会。台北进出口公会年收入约3亿元，会费收入约2400万元，所占比例较低，公会的其他收入来源主要是银行存款利息。

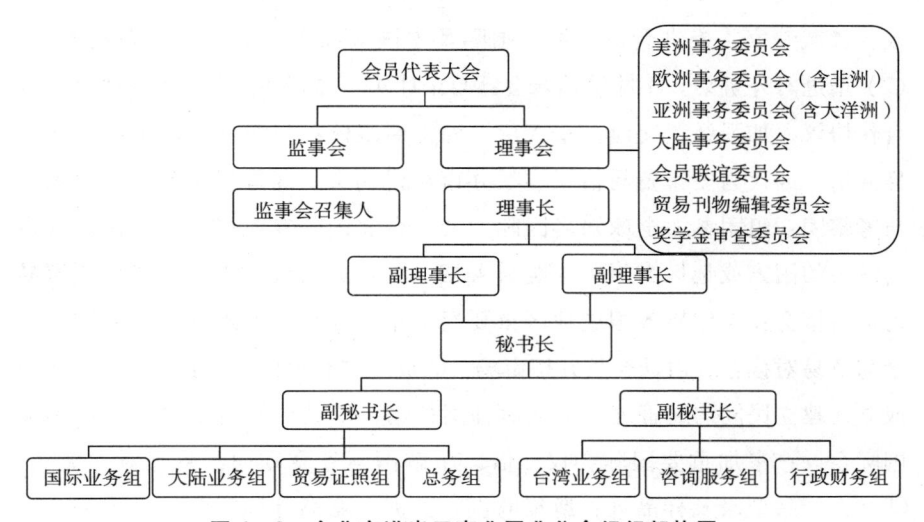

```
                    ┌──────────────┐       美洲事务委员会
                    │  会员代表大会  │       欧洲事务委员会（含非洲）
                    └──────┬───────┘       亚洲事务委员会(含大洋洲)
              ┌────────────┼──────────┐    大陆事务委员会
         ┌────┴───┐    ┌───┴────┐     │    会员联谊委员会
         │ 监事会 │    │ 理事会 │     │    贸易刊物编辑委员会
         └────┬───┘    └───┬────┘     │    奖学金审查委员会
        ┌────┴─────┐   ┌───┴────┐
        │监事会召集人│  │ 理事长 │
        └──────────┘   └───┬────┘
                 ┌─────────┴────────┐
            ┌────┴─────┐      ┌─────┴────┐
            │ 副理事长 │      │ 副理事长 │
            └────┬─────┘      └─────┬────┘
                 └────────┬─────────┘
                      ┌───┴────┐
                      │ 秘书长 │
                      └───┬────┘
                 ┌────────┴─────────┐
            ┌────┴─────┐      ┌─────┴────┐
            │ 副秘书长 │      │ 副秘书长 │
            └────┬─────┘      └─────┬────┘
        ┌───┬───┼───┬───┐      ┌───┼───┬───┐
     国际 大陆 贸易 总务       台湾 咨询 行政
     业务 业务 证照 组         业务 服务 财务
     组   组   组              组   组   组
```

图 4－2　台北市进出口商业同业公会组织架构图

资料来源：台北市进出口商业同业公会宣传图册。

台北进出口公会的任务即职能①体现在五大方面：（1）提升贸易厂商权益。①反映问题并提出兴革建言：针对会员关切的税务、通关、检验等问题，主动搜集资料或依会员反映，适时向有关主管机关提出具体建议。②协助制定重要贸易法规：参与当局研拟或修订重要贸易法规，并广征会员及学者专家意见，提出建言。③设立行业及项目研究小组：由会员组成 21 个行业小组及 9 个项目研究小组，适时召开小组会议，协助会员拓展商机、了解当局相关的法令规定。④举办参观活动：安排会员参观海关、工厂、科学园区、研究机构等单位，以利于会员了解进出口通关作业、掌握产业趋势、增进观摩交流机会。⑤提供产业咨询服务：为协助会员解决营运上遭遇的问题，于 1998 年底成立"出进口厂商联合服务中心"，由"经济部国际贸易局""工业局""中小企业处""财政部关税总局"台北市"国税局""外贸协会"与本会等 18 个经贸相关单位担任中心咨询顾问。并以此为基础，进一步于 2006 年成立"中国市场咨询服务窗口"以及"会员咨询服务中心"，结合海内外财税、金融、法律、市场、营销管理及工商行

---

① 根据对台北市进出口商业同业公会的调研访谈及宣传资料内容归纳分析，非公会章程中规定的职能内容。台湾工商团体章程中的"任务"即职能几乎"照搬"《工业团体法》和《商业团体法》的规定。——笔者注

政等领域专家,提供会员台湾、国际及中国大陆市场的全方位咨询服务。(2) 增进对外贸易。①缔结姊妹会:与全球42个国家的72个工商团体签订合作协议,加强经贸交流。②接待海外工商团体:与海外来访工商团体互换商情,或代为安排贸易洽谈、举办市场说明会。③筹组贸易参展、采购与考察团:组团参加全球知名国际大展及台北国际专业展,并前往具有市场潜力的国家或地区参展、采购与考察,以创造商机。④举办展会或贸易洽谈对接会:与世界各国或地区重要经贸单位合作,办理展会、采购洽谈会与贸易对接会,协助会员开拓市场。⑤成立"台韩经贸联谊会":于2004成立,建立民间沟通管道,加强对韩国拓销,促进台韩经贸往来。6. 参加国际会议:参加重要国际会议,借以了解国际经贸动向,建立对外关系。⑦举办产品型录及样品展:邀集欧洲、美洲、亚洲等地区驻台办事处,举办各国产品型录及样品展,另征集会员厂商型录赴海外新兴市场举办型录展,增进贸易商机。⑧核计贸易商实绩、签发原产地等证明文件:核发出口信用状转让、代理出进口佣金、三角贸易实绩证明,以及签发原产地证明书、投标比价资格证明、会员资格证明等,以利厂商业务进行。(3) 策略合作与交流联谊。①于2000年成立"中华民国输出入相关同业公会联谊会"(不是正式组织,非依法登记在案),由174个输出入相关同业公会组成,加强互动交流,争取共同权益。②策略合作:加强与其他进出口公会、外贸协会、台湾地区电机电子工业同业公会、中国生产力中心、台湾电子检验中心等策略合作,延伸触角,推广会务。③召开小组召集人联谊座谈会:定期邀请经贸首长与理监事、小组正副召集人联谊座谈,适时反映本业问题。④提供会员优惠服务:与贸易周边服务单位签订合作协议,提供会员在检测、验证、法务、征信、商情、饭店旅运等优惠,降低会员营运成本。⑤举办会员联谊活动:定期举办会员登山健行、高尔夫球叙等活动,加强会员联谊。(4) 全方位提供信息。①发行《贸易杂志》:报道与分析海内外经贸动态、产业市场动向及重要会务活动,寄送全体会员及海内外相关商务机构。②出版经贸丛书:出版各类国际贸易实务及中国市场专书,提供会员经营参考。③进行项目研究:就全球贸易环境变化,选择重要国际市场等主题,进行调查、研究,协助会员掌握国际市场商机与风险。④设立资料室与公会书廊:搜集贸易商情、产业年鉴及经贸期刊,提供数据库检索查询，另附设公会书廊贩卖公会出版的经贸丛书，并代售相关单位出版品。⑤发行会员名录光盘：为增进外商与本会会员的业务联系，根据税则号列分类，发行会员名录光盘，增加会员互动商机。⑥推介贸易机会：将公会自行搜集或海外厂商、相关单位来函的贸易机会，刊介于本会网站，并定期发送《贸易机会快讯电子报》，提供会员实时商机。⑦提供 e 化服务：不仅建置主网站（www.ieatpe.org.tw），并建立多个子网站：《国际经贸网》《贸易中国信息网》《法规广告牌》《公会书廊》等，提供会员数据库、会务活动、政府经贸法规公告、实时市场商情、公会出版品及贸易机会等信息；另定期发行《贸易杂志》电子报、《贸易机会快讯》《国际经贸电子报》《中国经贸信息电子报》《法规广告牌》及《书廊抢鲜报》六份电子报，以协助会员实时因应政策变化、争取海内外商机。（5）培训贸易人才。①创立贸易教育基金会：于1979年设立"财团法人中华民国贸易教育基金会"，开办贸易实务、贸易英文、日文、韩文、会计税务、进出口通关、保税等多种讲习班，以培训贸易人才，每年上课学员超过千名。②设置国际贸易奖学金：定期颁发奖学金，奖励本地区附近大专院校国贸相关科系所成绩优良学生。③办理"国际贸易大会考"及"贸易经营师"证照考试：为贸易相关系所学子及贸易从业人员检定基本贸易技能与高阶人才，每年均吸引数千人报考，合格者发给证书并建置"国际贸易人才库"，为业者推举人才[①]。④举办经贸研讨会：邀请海内外经贸专家、学者及业者举办贸易实务、税务金融、经营管理、海外市场商机、两岸经贸等研讨会，为会员拓展业务提供参考，并在中国大陆重要城市举办在地研讨会，服务当地台商。

第三节　案例分析与两岸比较

一　自律能力

行业协会作为由同行业会员自发组成的基层自治组织，具有自主从无

[①] 为全台性的贸易认证考试，每门考试的报名费仅收450元新台币，接受政府补助，为了保证考试公信度，进出口公会不能举办考试培训。——笔者注

序走向有序过程的能力。首先是行业规范，行业协会可以通过章程和制定行规行约和行业道德准则，规范企业和行业的行为，促进会员企业公平竞争，消除行业内恶性竞争，从而提高行业总体素质，维护行业总体利益。行业协会对会员企业的自律职能是建立在协会与会员契约基础上的一种自我约束机制，其行业规范对会员企业具有典型的法律约束力。其次是行业惩戒，对违反行业协会章程或者行规行约、损害行业利益的会员应当采取相应的行业惩戒措施，包括警告、业内批评、通告批评、开除会员资格、建议行政机关依法对非会员单位的违法活动进行处理，从而达到规范市场秩序、维护公平竞争的市场环境的目的。最后是行业协调，通过出台行业服务规范和产品技术标准，协调行业内各会员企业的行为和利益，协调处理会员间的矛盾；在一些以出口为主的行业中建立反倾销预警机制，对出口企业的出口市场分布和产品数量进行宏观调控，防止同类产品大量集中在少数国家和地区，造成低价竞争的状况，有效避免进口国家和地区提起反倾销投诉。行业协会对会员企业的自律职能，是建立在协会与会员契约基础上的一种自我约束机制，行业协会的行业规范对会员企业具有典型的规范约束力。

然而通过调查研究发现行业协会的自律能力很有限，行业规范、行业惩戒和行业协调功能很难真正起作用。福建纺织商会和台北进出口公会均表示组织几乎没有发挥自律功能，近几年几乎没有启动对违规会员企业的惩处，只有对不缴纳会费的会员企业，根据章程规定给予清退。由于"入会自愿、退会自由"，会员在面对协会的约束和制裁时往往可以选择"用脚投票"，而行业协会为了吸引会员入会，往往淡化自律功能而突出其服务能力[1]。此外，大陆行业协会的会员覆盖率比较低，虽然台湾行业协会的会员覆盖率高于大陆行业协会，但从比例上看高覆盖率的协会数量并不多[2]。这种十分有限的覆盖程度，加之对非会员企业没有直接的约束力和强制力，从而行业协会对行业内的非会员企业或者其他经济组织的行业规范缺乏社会合法性。此外，对会员的自律能力不等同于对行业的自律

---

[1] 根据本书第三章"对违反章程会员的惩罚制度"的评估结论。——笔者注
[2] 根据本书第三章对"会员数量"的评估结论。——笔者注

能力，因此会员覆盖率过低会影响行业协会在协调行业纠纷和应对国际贸易争端时的话语权以及对政府和公众的影响力。理论上，只有当行业协会的会员覆盖全行业时，行业协会对会员的自律行为才有可能等同于行业自律的行为，行业协会的自律能力才有可能发挥效力。

  培育并发挥行业协会的自律能力，在会员自律的基础上有效实现行业整体自律，通常的路径有三条：（1）提高行业覆盖率，通过吸引更多企业加入行业协会，增加会员数量和行业覆盖率，从而增强行业代表性和行业影响力。（2）扩大社会影响力，通过多渠道的宣传推广，让社会和公众知悉并认同行业协会制定的行业规范，了解并信任行业协会做出的行业惩戒及行业协调等自律行为；通过集体商标①和行业诚信建设等方式促进行业自律，一方面规范行业市场秩序，另一方面提升生产企业市场影响力和企业知名度，起到消费引导和激励规制的作用。（3）促进政社合作，积极参与本行业相关法律法规、产业政策、行业标准和行业发展规划的研究和制定，通过当局采购或者行业倡导的方式，将行业协会的某些行业规范上升为具有普遍行业约束力的主管机构制订规范性文件；主动承接当局转移的职能，尤其是准入认证、行业认证等行政审批职能。② 然而，首先，提高行业覆盖率无论对于大陆还是台湾，其面临的挑战都越来越严峻。随着我国大陆各地行业协会登记注册门槛的放宽，打破了行业协会商会的地域限制，甚至同一地区同一行业允许多个行业协会存在，协会间的竞争成为必然；而在台湾，政治解严之后加之与国际接轨，人民团体自主

---

① 上海市豆制品行业协会制定《集体商标使用管理规则》，申请注册集体商标，与许可企业签订"使用许可协议"，让消费者和超市以集体商标为依据来购买放心豆制品，该商标于2009年、2012年连续两次被认定为"上海市著名商标"。——笔者注《上海市豆制品行业协会打造行业品牌促进产业发展》，中国上海网站 http://www.shanghai.gov.cn/shanghai/node2314/node2315/node18454/u21ai625827.html, 2012年6月13日, 最后下载日期2014年12月1日。

② 由于历史原因，一些从政府机构改革分离而来的软件行业协会，承担着原来为政府所行使的行政审批及政策制定职能，来自政社合作的"权力"促使其具有较强的行业覆盖率和行业影响力，从而具有较强的行业自律能力。例如广东省软件行业协会作为"双软认证"单位，有权开展软件企业的认证、年审以及软件产品的登记、延续；负责广东省软件产业统计工作、产业发展研究工作，提供政策咨询、软件产品规划和发展建议。江苏省软件行业协会的业务范围覆盖双软认证、著作权登记、技术合同登记等。该事例充分说明承担政府行政审批职能是行业协会提升行业自律能力的有效途径。——笔者注

性提高，随着民主化深入，《人民团体法》和《商业团体法》《工业团体法》几经修订，并于2009年完成最新修订，法律对工商同业公会等社会组织在政治上的种种规制逐渐取消，同时，主管机关在实际管理中的职能也不断弱化，形成法律规定相对严格与实际管理宽松低度的矛盾现状，台湾当局对行业协会实行"从宽低度"的管理原则，《工业团体法》和《商业团体法》中"一地一会""业必归会"等规定在实际监管中并未真正履行。其次，扩大社会影响力在操作层面上困难重重，并且影响力的广度和深度难以测量。目前大陆较常见的做法是通过行业诚信建设促行业规范提升行业影响力，行业协会内部设立"企业诚信创新办公室"，搭建行业诚信建设网络管理平台，但目前一些地方政府已经叫停行业协会内部的企业诚信等级评定，理由是避免某些行业协会借诚信建设和等级评定从事商业盈利行为。最后，行业协会通过政社合作获得影响行业的"权力"也有诟病之处，这使大陆行业协会有回归"二政府"以及"狐假虎威"的嫌疑，也可能使台湾行业协会失去民主的基础及民众的信任，与当局关系处理不慎容易偏离社会组织的民间性和独立性要求。并且，能够承接当局职能转移，行使当局审批权的行业协会毕竟少数，此提升行业自律能力的路径让大多数行业协会望尘莫及。

以上分析的结论为：无论大陆还是台湾，法律的缺失或者法律履行的特殊性，行业协会最基本的功能，也是行业协会最初产生的原始动能——自律功能，在现代商业社会发挥的作用极其有限，两岸行业协会越来越不重视协会自律能力的培育。

二 服务能力

一般而言，行业协会的服务范围包括外部服务和内部服务，既包括对政府和社会的服务，又包括对行业内部企业的服务，即所谓"双向服务"①，主要体现在：商情调查，即行业协会根据法律法规的授权和政府委托，开展行业统计、行业调查、发布行业信息、企业公信证明和行业准

---

① 有不少学者质疑行业协会的"双向服务"宗旨，指责其目前存在角色定位问题，即服务对象错位，行业协会与当局之间应该是合作关系而非服务与被服务的关系。——笔者注

入资格资质审核等活动,这些活动既是行业立法和行业政策制定的依据,又是行业协会进行具体生产经营活动的信息条件;行业培训和技术咨询;制定行业技术标准;帮助企业开拓海内外市场;组织本行业所需技术的研究开发及开展海内外经济技术交流与合作;树立本行业企业形象和进行品牌培育及推广;等等。提升行业协会服务能力可以从五个方面入手:(1)明确服务对象,识别需求不同的顾客;(2)建立责任机制,强化责任意识;(3)健全服务功能,创新服务方式;(4)拓展服务范围,扩大服务覆盖面;(5)加强服务质量管理,定期进行满意度调查,注重对顾客意见的反馈与回应。

通过调查,福建纺织商会和台北进出口公会均重视通过提升服务质量吸引会员入会,这两个行业协会通过履行组织职能所展现的组织能力大部分为服务能力。台北进出口公会尤其提到台北市进出口业者7000多家,但加入公会的仅有5000家,根据台湾法律"业必归会"的规定,公会有权力向当局举报拒绝加入公会的业者,但公会没有这么做,而是不断追求"完美服务"吸引业者加入同业公会。

定期编写会刊、简讯是福建纺织商会的服务能力最为突出的表现,商会通过这类公共信息服务平台收集、分析、发布纺织服装行业最新信息,积极为会员企业提供行业资讯、人才招聘、教育培训和科技咨询等服务。然而,福建纺织商会的服务功能似乎过多地表现在外部服务方面,即对政府和社会的服务,例如:(1)对会员企业参加广交会进行资格初审,根据名额报送参展会员名单并向省外经贸厅提出建议意见。(2)协助省外经贸厅进行国际知名品牌企业申报、初审工作并提供初审意见和建议。(3)协助参加省外经贸厅组织的重要境外、境内展会的会员企业申请参展补贴。(4)即使是向会员提供行业信息的"内部简讯"也定期向各级部门呈送,向政府反映最新行业动态及行业诉求。福建纺织商会注重发挥商会在政府与企业之间的桥梁和纽带作用,良好的政社关系使商会能够为会员争取到更多的政策和财政支持。

台北进出口公会对会员所提供的服务涵盖了传统行业协会开展行业统计、行业调查、提供行业信息、行业准入资格资质审核、行业培训、技术咨询、制定行业技术标准、帮助企业开拓海内外市场等服务职能。为了更好地为会员提供服务，提升服务品质，台北进出口公会从 2002 年开始通过 ISO 9000 质量认证，并通过一系列具体管理措施和经营策略提升服务能力，具体体现为四个方面：（1）为了更好地落实行业技术咨询服务，台北进出口公会在 1998 年成立的"出进口厂商联合服务中心"基础上于 2006 年成立"中国市场咨询服务窗口"以及"会员咨询服务中心"，结合海内外财税、金融、法律、市场、营销管理及工商行政等领域专家，提供会员台湾、国际及中国大陆市场的全方位咨询服务。同时还由会员组成 21 个行业小组及 9 个项目研究小组，协助会员拓展商机、了解当局相关的法令规定。此外，定期安排会员参观海关、工厂、科学园区、研究机构等单位，让会员了解进出口通关作业、掌握产业趋势、增进对外贸易。（2）为了提升帮助会员开拓市场的服务能力，台北进出口公会组织了一系列交流考察与展会活动，包括与全球 42 国、72 个工商团体签订合作协议缔结姊妹会；组团参加全球知名国际大展及台北国际专业展，并前往具有市场潜力的国家或地区参展、采购与考察；与世界各国或地区重要经贸单位合作，办理展会、采购洽谈会与贸易对接会；成立"台韩经贸联谊会"；举办产品型录及样品展；核发出口信用状转让、代理出进口佣金、三角贸易实绩证明，以及签发原产地证明书、投标比价资格证明、会员资格证明等，帮助厂商业务开展国际业务。（3）发布行业信息是行业协会最基本的服务功能，台北进出口公会通过多渠道全方位向会员提供信息，力图将这一服务能力打造至极致，例如发行《贸易杂志》；出版经贸丛书；发布项目调查研究结果；设立"资料室"与"公会书廊"；发行会员名录光盘；定期发送《贸易机会快讯电子报》推介贸易机会；建立主网站和"国际经贸网""贸易中国信息网""法规广告牌""公会书廊"等多个子网站提供 e 化服务；定期发行《贸易杂志》电子报、《贸易机会快讯》《国际经贸电子报》《中国经贸信息电子报》《法规广告牌》及《书廊抢鲜报》六份电子报。（4）培训贸易人才是台北进出口公会独具特色的服务内容，也是公会创新服务能力的重要体现，除了邀请专家开设讲座或举办经贸研讨会等传统方式，台北进出口公会还设立"财团法人中华民国贸易教育基金会"以及设置国际贸易奖学金，开办贸易实务、贸易英文、日文、韩文、会计税务、进出口通关、保税等多种讲习班，定期颁发奖学金，奖励本地区附近大专院校国贸相关科系所成绩优良学生。

近年大陆行业协会的服务能力不断强化，积极建立网站、博客、微信公众号及编写刊物为会员提供各种资讯；定期举办各类展会或组织会员外出交流考察；一些有实力的行业协会发挥出行业统计职能，通过实际调查研究明确行业发展方向或解决行业危机。新形势下，随着大陆行业协会登记准入门槛放宽以及允许同一地域同一行业存在多个行业协会的制度变迁，"服务能力的强弱直接影响行业协会的合法性基础"[①]，行业协会的服务能力俨然已经成为组织核心竞争力，是行业协会吸引会员入会，提高行业覆盖率进而提升自律能力，以及充分实现代表能力和资源能力的重要前提和手段，这对大陆行业协会提升服务能力提出新的挑战和要求。

在新的社会形势下，台湾法律关于"业必归会"的限制已不符合时代要求，当局采取宽松低度的管理方式，工商团体更是必须通过提高服务质量来吸引厂商入会。除法律规定对会员提供常规服务外，一些行业协会还积极创新对会员提供增值服务和特色服务，并引入 ISO 质量管理体系进行更有效的自我管理。（1）提供信息资讯。通过定期出版杂志刊物、建立网站和 B2B 电子商务、发行电子杂志等传统媒介与新兴媒体的有机结合，全方位向会员企业提供政策法规、行业趋势、市场动态等最新信息。例如台湾商业总会的《工商会务季刊》、台工业总会的《工商杂志》等。（2）提供咨询服务。如前文所分析，台北进出口公会通过成立"中国市场咨询服务窗口"以及"会员咨询服务中心"等一系列活动，为会员提供全方位咨询服务。（3）举办专业展览。定期举办专业展览和组团参展来促进内外销，拓展市场，抢占商机。如台湾电机电子工业同业公会定期举办台北国际电子展、台湾国际 RFID 应用展。（4）实施人才培训。为继续提升本行业的产品优势、创新能力与竞争力，长期持续对会员厂商和会务人员进行培训。如台园区公会定期举办劳工安全、游离辐射及经营管理三大核心系列课程。（5）举办人才招募。行业协会是会员基于自身利益的联合体，相对单个厂商具有明显的信息优势，此优势能够使协会有机会扮演企业、学校、社会之间人才交流媒介的角色，从而为本行业厂商提供

---

① 蔺丰奇、杨欢：《论我国行业协会的服务能力建设》，《社团管理研究》2008 年第 7 期。

人才信息和招募平台。例如台湾制鞋工业同业会在其制鞋产业资讯服务网特别开辟厂商征才区。（6）行业统计、调查及预测。台湾电机电子工业同业公会自 2002 年起每年聘请中原大学企管研究所起草《投资风险评估报告》，对会员厂商集中的大陆重要城市进行评估，协助会员掌握市场商机与风险。（7）增进会员交流及提供优惠服务。台北进出口公会与周边贸易服务单位签订合作协议，提供会员在检测、验证、法务、商情、饭店等优惠，降低会员的经营成本。（8）帮助会员在大陆开展商务活动。台湾工业总会《对政策的建言》白皮书中有大量涉及两岸政策的内容，如"解除 40% 大陆投资上限""开放大陆人民来台观光""开放陆资来台"等议题。台湾电机电子工业同业公会成立大陆联络处，协助会员及大陆台商增进经营管理、拓销市场。

以上分析的结论为：由于发展时间更长，发展的民间化市场化程度更加充分，台湾行业协会的服务能力整体高于大陆行业协会，服务范围更广、服务效果更佳，除了法律规定的常规服务外，一些行业协会还独具匠心地为会员提供增值服务和特色服务。大陆行业协会要结合自身的实际情况，在法律法规允许的条件下，借鉴台湾经验，一方面以服务会员企业为导向，对自身的服务功能进行科学定位，通过章程确定下来认真实施；另一方面积极创新服务手段提升服务水平。

三　代表能力

行业协会的代表能力包括沟通能力和维权能力。沟通能力是指行业协会代表本行业的企业处理与政府、工会、新闻媒体及其他行业的相互关系所具备的知识、经验和技能；维权能力则表现为行业协会是本行业内所有企业的根本利益和整体利益的代言者，能否通过各种方式向立法机构及政府反映本行业的愿望和诉求，参与国家有关法律及政策的讨论和制定，代表本行业企业进行反倾销、反垄断、反补贴调查及诉讼。如果说自律能力是行业协会通过内部规范进行内部治理，那么代表能力就是通过与外部利益相关者进行沟通协调达到外部治理与维权的目的。行业协会分别通过代表能力的外部沟通和自律能力的内部协调，实现行业群体利益与国家整体利益的整合以及行业内部力量的自我协调和平衡。同时，行业协会的代表能力也是传统服务能力的延伸，是从一般性的内部会员服务延伸到通过发挥社团组织的社会倡导功能以及法律维权功能形成与外部利益相关者的权利制衡。

大陆行业协会真正展露出对外沟通和维权的能力，可以追溯到2003年温州烟具行业协会应对欧盟反倾销诉讼的胜利。全球金融危机期间，大陆行业协会为行业生存和发展谋求政策扶持的代表能力被进一步激发和强化，例如中国有色金属工业协会2008年11月向国务院呈报《世界金融危机对我国有色金属工业的影响及应对措施的建议》，获得多项新政策。大陆市场内生的"民办型"行业协会的产生相当程度上是基于对组织代表能力的需要。福建纺织商会面对国内棉花收储政策造成的国内棉价与国际棉价差价过大导致棉纺企业出口竞争力下降的形势，从2012年开始连续发布调研报告进行市场分析，该系列调研报告发布在商会"简讯"中呈报各级部门，最终引起了相关部门的重视并做出一些政策调整。

台湾行业协会向来注重与"政府"的沟通和协调，通过政策倡导以及影响立法的方式实现行业发展并为企业谋权，在与"政府"的关系中强调平等和独立，而非单纯地依附和讨好。无论是1996年台湾区电信工程工业同业公会推动将电信工程纳入电信法规范，还是2010年台湾工业总会促成《产业创新条例》立法；无论是每年台湾工业总会《对政策的建言》，台湾商业总会《两岸经贸政策的建言》，还是台湾科学工业园区科学工业同业公会与台北市电脑商业同业公会联合组织的"2012台湾经济向前行——给'总统'候选人建言"，都表现出这些行业协会具备通过处理与政府的关系赢得行业生存与发展的技能和艺术。本案例主体台北进出口公会自我标榜的"五大优质服务"之首就是"反映问题，贸易业最佳代言人"：（1）针对会员关切的经营相关议题，积极收集资料及会员意见，向有关主管部门提出具体建议。（2）参与"政府"重要经贸法规研商，广泛征集会员及专家学者的意见，提出客观建言。（3）设立行业及专案研究小组，定期召开小组会议，帮助会员了解"政府"相关法令规定。（4）1998年成立"出进口厂商联合服务中心"，由"经济部国际贸易局""工业局""中小企业处""行政院卫生署""台北市国税局""外贸协会"等18个经贸相关部门担任中心咨询顾问，将"政府"部门的政策咨询与会员厂商利益联系在一起。

以上分析的结论为：不可否认，大陆一些行业协会在为行业生存和发展谋求政策扶持过程中，尤其是在2008年应对全球金融危机期间表现出不俗的代表能力；但相比台湾行业协会与"政府"关系的平等和独立而言，大陆不少代表能力较强的行业协会花费不少时间精力甚至金钱"打点"与当局部门及官员的关系而令人诟病。路漫漫其修远兮，随着大陆行业协会民间化改革的深化，行业协会作为社会中观治理层面的社会功能终将独立地发挥其作用。

四 资源能力

行业协会资源能力是行业协会对社会资源的汲取和动员能力。广义的社会资源包括有形和无形两类，包括国内外一切社会、经济、政治和人力资源。广义资源能力包括：资金、实物等自然资源的筹措，与政府及其他组织的关系资源的筹措，公信度和品牌等形象资源的筹措，信息资源筹措，以及人力资源筹措等。狭义资源能力仅指行业协会的筹集和整合资金和物质的能力，即自然资源能力，也俗称为筹资能力。[①]资源能力是行业协会等非营利组织极其重要的能力组成部分，王名教授甚至指出"社团能力是指社团动员多种社会资源，例如社会资源、政治资源、国际资源、志愿者资源等实现自己的宗旨的能力。"在行业协会的各项资源能力中，自然资源能力是核心和目的，人力资源是关键，其他资源能力在筹集整合各自社会资源的同时也为筹集资金提供了执行力，通过运作都可以转变为自然资源。五种资源能力不是单独起作用，而是有机结合达到筹集资金和整合各项社会资源的目的。

1. 自然资源能力

行业协会"非营利"并非"不营利"，必须通过对政府部门、会员企业、社会大众进行资源筹集和资源整合，达到组织维持长期性活动的目的。行业协会服务职能的履行和代表能力的实现，需要充裕资金和物质为保障，合法有度、多渠道拓展资金来源，提升协会"造血"功能，方可

[①] 广义的资源能力涵盖了行业协会其他职能，包含在自律、服务和代表能力的某些部分中。——笔者注

避免协会陷入内部人控制或沦为政府部门的附庸。通常行业协会通过三种方式筹集资金：（1）通过提高社会公信度和会员满意度来扩大会费和捐赠。（2）通过有偿服务、商业投资、经营收益来扩大自创收入。①（3）通过奖励扶持和政府购买服务争取财政支持。

台湾行业协会的资金来源主要包括入会费、常年会费、事业费、委托收益、基金及孳息。（1）入会费是会员入会时一次缴纳，《工业团体法》和《商业团体法》规定入会费的具体数额由章程规定。工业总会在其章程中规定会员入会时，应一次缴纳新台币1000元。台湾科学园区工业同业公会在章程中规定会员厂商会费为新台币1万元整，会员入会时一次性缴纳。（2）常年会费数额依据会员资本额并参照其营业额划分等级，其级数计算标准及会费缴纳办法，由章程制定。实务中，工商团体根据会员单位规模即资本额、生产工具、员工数额或产品数量的不同确定会员等级以及应缴纳的常年会费。遇有购置会所、增加设备或举办展览等工作时，经主管机关核准，由会员按其等级或其他方式缴纳。工业总会在其章程中将常年会费分为七个等级，规定由各会员按照常年会费收入预算1/10缴纳。台湾食品暨药品机械同业公会的会员分为特、甲、乙、丙四级，每年会费分别从4800元台币到14400元台币不等。（3）事业费的筹集需要通过会员（代表）大会决议，报请主管机关核准后施行。台湾科学园区工业同业公会在章程中规定，公会兴办事业需经会员大会的决议，每一会员至少分担一份事业费，最多不多超过50份，必要时，须经会员（代表）大会决议才能增加；事业费总额及每份金额，应由会员（代表）大会决议，报请主管机关核准后施行。（4）委托收益是接受有关"政府"、企业、其他NGO等组织委托提供服务获得报酬。台湾当局与社会组织就采购方面的公共服务已进入跨部门协力治理和平等对话的阶段，2002年《采购法》修正，就公司、合伙或独资的工商行号及自然人、法人、机构

---

① 通常认为行业协会不能在本行业领域开办企业或进行商业投资，因为可能形成与会员的竞争关系，并利用自身的社会资源侵占会员的商业空间，从而降低行业协会的社会合法性，除此之外的经营收益和商业投资是允许并鼓励的。例如，温州童鞋商会牵头21家会员企业建立温州市童鞋包装印刷厂，这项投资和会员企业的市场经营没有竞争，通过为会员企业的产品提供包装印刷获得经营收入，将经营收入的10%作为商会会费。——笔者注

或团体向各机关提供工程、财物、劳务事项作出规定，但笼统的立法没能有效将非营利组织提供公共服务与公司、自然人区别开来，对非营利组织的优先支持力度不够，因此，江明修教授等专家学者呼吁政府对非营利组织的采购应该制定单独的立法，从而真正落实公益优先原则和弱势群体照顾最大化原则。（5）基金及孳息则需设置专门账户存储，未经理事会通过并报请主管机关核准，不允许动用。

除上述资金来源外，台湾行业协会还通过其他途径筹措资金：（1）申请当局项目资助。台湾包装设计协会通过向当局申请项目，指导企业进行专业的包装辅导，通过专业服务协助当局从事相关的产业辅导和品牌提升，所获报酬用于协会的经营和发展。（2）提供场地出租。台湾科学园区工业同业公会通过出租公会的 5 间大小不同的会议室来收取租金，增加公会收入。（3）刊登广告。台北市进出口商业同业公会网站的每一版面各有一个横幅广告和四个按钮广告可供刊登，并且针对会员和非会员有不同的收费标准。（4）组织培训。行业协会针对会员的培训基本是非营利，甚至要用其他经费弥补，但针对会员外的培训收费可成为行业协会创收来源，例如，台湾电机电子工业同业公会针对大陆招商单位和政府官员赴台考察学习设计培训课程：大约 1/3 时间安排有实务经验的讲师授课，1/3 时间安排参访，1/3 时间组织旅游，收取作业费，作为公会经费来源的补充。

2. 关系资源能力

行业协会作为政府和企业的桥梁和纽带，需要处理好行业协会包括会员企业与政府、新闻媒体、社会公众、其他公司和非营利组织之间的关系。关系资源可以促使行业协会具备在政策、项目、土地使用权等方面的优势；可以通过获得政府采购的机会行使某些行政审批权，并将行业协会内部规范上升为具有普遍行业约束力的政府规制；主动承接政府转移的职能，尤其是准入认证、行业认证等行政审批职能可以吸引更多企业加入行业协会提高行业覆盖率；可以扩大社会影响力让社会和公众知悉并认同行业协会制定的行业规范。行业协会发挥关系资源能力并不是指行业协会单纯通过请客送礼的方式找资源拉关系，而是完善行业协会内部和外部治理结构，健全治理机制，获得政府、公众和其他组织的信任，从而能够获取和整合各项社会关系资源。

3. 形象资源能力

行业协会作为非营利组织需要塑造在社会公众中的品牌形象和社会公信度，从而强化其社会合法性。社会公信度强、品牌形象深入人心，可以得到行业认可吸引更多企业加入行业协会，增加会费收取基数和收取力度。行业协会的社会公信度和品牌形象在扩大社会影响力的同时，能够得到政府和其他组织的认可和支持，通过政府职能转移、行政采购以及其他组织的商业委托增加自创收入。在大陆，行业协会登记准入门槛逐渐放松；在台湾，实践中当局实行从宽低度的管理原则，"一地一会"限制的打破将使行业协会之间的竞争成为必然，行业协会更需要提高服务质量，建立健全组织管理机构，树立品牌形象，增加社会声誉。

4. 信息资源能力

信息资源能力是当今信息社会新形势下对行业协会提出的新挑战。信息资源能力体现在两个方面：一方面是对各种行业、商业信息的筹集和整合；另一方面是发挥信息技术在筹资中的作用，运用筹资信息管理系统进行筹资决策和优化管理，降低筹资成本。台湾《工业团体法》和《商业团体法》规定行业协会有职责就本行业进行海内外调查、统计、研究；对原料来源、会员生产运销、会员业务进行调查、统计；对会员和会员代表的基本资料进行建立、动态调查、登记。

5. 人力资源能力

行业协会作为组织体是为了达到某些特定的目标经由分工与合作及不同的权力和责任制度，而构成的人的集合。因此人的知识、技能和技术是保证前述四种资源能力实现的智力保障。

我国大陆有相当数量的行业协会的秘书长由企业家兼任，专职人员年龄结构整体呈两极化，一方面老龄化现象严重，另一方面以刚毕业的大学生居多，年龄较小，流动频繁。行业协会专职人员学历层次偏低，对高素质人才的吸引力有限，缺少专业化、职业化的人才加入。当然也不排除台湾也存在大量秘书处只有1~2名专职工作人员的小规模行业协会，甚至有的经济业务团体（非工商团体）只有一名秘书，并且是由会长所经营的公司的员工兼任。近年来，大陆发展起一批较大规模的行业协会，如广东省物流行业协会、深圳市家具行业协会等，不仅有着强大的专业服务人才队伍,并且成立了物联网研究院、家具产业教育学院等机构,聘请了大批专业化、研究型人才。在台湾,不少行业协会的管理人员专业化程度极高,包括管理专家、竞争性情报研究专家、技术质量专家、国际法律专家和公共关系专家等;行业协会秘书长也大多是协会聘任的专业技术人才、职业管理人才,甚至根据专业分工设置了若干秘书长职位;会员企业的股东及法定代表人只担任会长、副会长、理事等职务,不负责协会具体事务的管理及日常经营运作。

6. 案例分析

案例中,福建纺织商会收入来源比较单一,主要是会费收入和政府补助。会长、常务副会长单位年会费3000元,副会长单位年会费2000元,理事单位年会费1500元,会员单位年会费1000元。由于近年参加经贸部门组织的行业协会评估获得优秀,福建纺织商会每年获得人民币5万元奖励。福建纺织商会负责人对商会未来发展的资金压力表示担心,目前商会处于黄金地段的办公场所为外经贸部门无偿提供,商会的会费收入基本能够维持组织日常运作,但如果将来需要支付办公场所租金对商会而言将压力巨大。台北进出口公会的会员入会费3000元新台币,年会费只分两个档,企业规模在1000万元以上的会员年会费7200元新台币,可以派两名会员代表,规模在1000万元以下的会员缴纳年费4800元新台币,可以派一名会员代表。公会年收入约3亿元,会费收入约2400万元新台币,所占比例较低。公会的其他收入来源主要是银行存款利息、大楼租金收入(这部分收入依照法律规定与公会的目的事业无关,要交缴营利事业所得税20%)以及广告费用。委托收益也是台北进出口公会的一项稳定收入来源,例如公会长期服务中小进出口业者,在展会组织和策划方面具有丰富的经验,以每年新台币1.8亿元的展会补助款标得"经济部专案办公室"就厂商海外参展的组织和策划工作的委托项目,从而每年获得业务收入1000万元新台币。台北进出口同业公会提供此项服务超出互益性组织仅向会员提供服务的业务范围,服务对象是台湾所有行业欲报名海外参展并符合条件的厂商。

福建纺织商会非常重视信息资源的价值,会刊、简讯和博客中的行业信息量巨大,商情调研和动态分析相对准确到位,受到会员企业和政府部门的肯定和赞扬，从而提升了商会的行业权威和品牌形象。台北进出口公会更是力求全方位收集行业信息：（1）发行《贸易杂志》，收集、报道与分析国内外经贸动态、产业市场动向及重要会务活动。（2）出版经贸丛书，出版各类国际贸易实务及中国市场专书，提供会员经营参考。（3）进行项目研究，就全球贸易环境变化，选择重要国际市场等主题，进行调查、研究，协助会员掌握国际市场商机与风险。（4）设立"资料室"与"公会书廊"，搜集贸易商情、产业年鉴及经贸期刊，提供数据库检索查询。（5）发行会员名录光盘，分类发行会员名录光盘，增加会员互动商机。（6）推介贸易机会，将公会自行搜集或国外厂商、相关单位来函的贸易机会，刊介于本会网站，并定期发送《贸易机会快讯电子报》，提供会员实时商机。（7）提供e化服务：不仅建置主网站（www.ieatpe.org.tw），并建立多个子网站如"国际经贸网""贸易中国信息网""法规广告牌""公会书廊"等，提供会员数据库、会务活动、当局经贸法规公告、实时市场商情、公会出版品及贸易机会等信息；另定期发行《贸易杂志》电子报、《贸易机会快讯》《国际经贸电子报》《中国经贸信息电子报》《法规广告牌》及《书廊抢鲜报》6份电子报，以协助会员实时因应政策变化、争取海内外商机。

　　福建纺织商会重大决策采用会长办公会议形式决定，日常事务由秘书处负责。秘书处有工作人员5名，主要工作为安排会务、管理会员、编辑会刊简讯网站博客、应付政府检查及评估等事务。福建纺织商会的平稳运作并屡获佳绩得益于有1名熟悉业务并勤勉能干的副会长长年热心操持商会日常事务，该副会长由会员企业高管兼任，曾为商会秘书长，出于组织科学治理的需要，近年另外聘请了专职秘书长负责商会日常事务，但副会长依旧花费大量心力在商会的日常运作上。这是中国大陆行业协会的普遍情况，协会的运作成功与否往往取决于负责人的能力和责任心，是典型"精英治理"的表现。台北进出口公会现有理事27人，监事9人。理事会下设国际事务委员会、会员联谊委员会、贸易刊物编辑委员会、大陆贸易研究委员会、奖学金审查委员会、业务研究发展委员会及贸易政策委员会7个委员会。会务工作由秘书长负责，两名副秘书长襄佐，下设国际业务组、大陆业务组、国内业务组、咨询服务组、贸易证照组、行政财务组和总务组，有专职会务人员45人，公会下设的贸易教育基金会有工作人员五名。

7. 两岸比较结论

以上分析的结论为：与台湾相比，大陆大多数行业协会除了有限的会费收入外，经费来源很大程度上依赖政府，希望从政府转移到市场规制的权力或希望通过政府购买服务或财政补贴获得经费支持，直接或间接的经济利益使某些行业协会过度依附政府，甚至成为政府"干预经济"的具体执行者[①]。台湾大多发展较好的行业协会往往常年会费在组织年收入中所占比例较低，而来源于有偿服务、商业投资和经营活动的自创收入所占比例较大。为了保持组织的民间性和独立性，台湾行业协会往往控制通过奖励扶持和当局采购所得经费的比例，这点也值得大陆行业协会引以为鉴。本书认为台湾行业协会所具备的"造血"功能，只要合理合法，都值得大陆行业协会尝试。行业协会只有提高了自身的资源能力，实现了筹资渠道与筹资方式的多元化，才能更好地实现自治，才能有效降低筹资成本，分散筹资风险，提高资金的使用效率，从而保证组织目标的实现和自身的可持续发展。信息资源能力和形象资源能力是两岸行业协会进行能力建设极为重视的内容，无论大陆还是台湾的行业协会均重视创新各种手段获取信息资源和塑造行业形象，尽管在能力水平上大陆与台湾尚存在一些差距。通过对两岸人力资源能力的比较，相对台湾，缺乏专职工作人员及高素质人才是中国大陆多数行业协会普遍存在的问题，人力资源的专业化和市场化程度也有待提高[②]。

---

① 从2010年下半年开始，受国际政治、经济、金融形势等多重因素影响，中国部分重要消费品价格持续上涨，2011年4月，全国工商联收到国家发改委关于"保证重要消费品物价平稳，供应充足"的文件，倡议下属各商会保证做好"保供稳价"（保供应、稳物价）工作，要求"理性对待价格上涨带来的成本上升，不跟风搭车涨价"。全国工商联下属共有28个行业商会，除了少数几个不涉及消费品的行业商会，总计有24家商会，包括农业产业商会、烘焙业公会、水产业商会、医药业商会、纺织服装业商会等，参与了此次活动。同时国家发改委价格司又会同国家发改委经贸司、商务部市场运行司约请17家行业协会负责人，召开重要消费品行业协会座谈会。被约谈的协会包括全国工商联合会（水产、农业产业、烘焙业、医药业）、中国食品工业协会、百货商业协会、饮料工业协会、奶业协会、家用电器协会、粮食行业协会、肉类协会、蔬菜协会等。根据《反垄断法》的精神，这显然属于价格干预事件，是对价格形成机制的破坏。——笔者注

② 人力资源是行业协会诸多资源中的重要环节，提升人力资源能力是行业协会能力建设的重点，人力资源管理和激励机制将在本书第五章第三节具体分析。——笔者注

第五章 两岸行业协会经营管理比较

——若干访谈的总结

第一节 战略协同与策略合作

一 合法性依据与资源依赖理论

合法性（legality）是个复杂的问题，包含着"正当性"（justified）特征，当某种行为或事件"由于被判断或被相信符合某种规则而被承认或被接受"①，即具有合法性。合法性的基础是包括法律制度（Law）在内的各种规则，包括社会价值和社会共同体所遵循的各种习惯（custom）和惯例（convention）。由于当前社会秩序的合法性是依赖地域的，非营利组织存在的合法性基础必然是复合的，即多样性和多元性并存，而非营利组织的这种复合的"合法性可以分解为社会（文化）合法性、法律合法性、政治合法性和行政合法性"②。行业协会作为一种典型的非营利互益性社团，其社会合法性应至少具备三种基础之一——"一是地方传统，二是当地的共同利益，三是有共同的规则和道理"③。行业协会的政治合法性"是一种实质合法性"④，表明行业协会的宗旨和活动目的要符合某种规范，即

---

① 高丙中：《社会团体的合法性问题》，《中国社会科学》2000 年第 2 期。
② 高丙中：《社会团体的合法性问题》，《中国社会科学》2000 年第 2 期。
③ 高丙中：《社会团体的合法性问题》，《中国社会科学》2000 年第 2 期。
④ 高丙中：《社会团体的合法性问题》，《中国社会科学》2000 年第 2 期。

"政治上正确"①。行业协会的存在和发展也应具备具有"形式合法性"特征的行政合法性,其基础是官僚体制的程序和惯例。行业协会的行政合法性在于得到某一级行政部门的承认,这种承认有时延伸为参与。如果行业协会负责人按照"逐级汇报请示的行政程序和打招呼的惯例"②使活动安排经过了有关行政部门的批准,协会就能在该部门有效影响范围构成的社会空间开展活动。而法律合法性则在制度上被设计为"整合前述三种合法性的核心",现有的《社会团体登记管理条例》,要求行业协会获得法律合法性的同时,具有政治合法性、行政合法性和社会合法性,即政治上达标、行政上接受指导③、符合法律规定、得到社会支持。

正因为行业协会的存在和发展需要获得行政合法性和社会合法性,而与政府、企业及其他非营利组织开展策略合作是获得行政部门和社会公众承认和接受的有效途径。除了业务上主动接受行政主管部门的指导,行业协会往往通过一系列正式和非正式关系与政府相关部门建立合作,在实现双赢的基础上获得行政合法性。社会合法性与行业协会的社会责任和社会参与的效果有关,例如,某食品行业协会与食品健康研究机构合作对会员企业的产品市场准入做出科学严格的规范,或者某电子行业协会与某高校合作帮助该专业大学生在会员企业中就业。当行业协会开展卓有成效的工作获得较高社会合法性后,往往能巩固其行政合法性。行业协会作为连接政府和企业的中间组织,帮助政府行使经济、行业管理的职能,为政府制定产业政策提供科学有效的行业发展论证及行业技术标准,获得社会合法性的同时也获得行政部门的承认和接受。

资源依赖理论是组织理论的重要流派,是研究组织变迁活动的重要理论,萌芽于20世纪40年代,在70年代以后被广泛应用到组织关系的研究。资源依赖理论的假设前提是组织不能产生自身所需要的所有资源,组

---

① 高丙中:《社会团体的合法性问题》,《中国社会科学》2000年第2期。
② 高丙中:《社会团体的合法性问题》,《中国社会科学》2000年第2期。
③ 大陆行业协会长期以来管理体制最突出的特征是实行登记管理机关和业务主管单位的"双重管理"体制,登记注册的前提是行政上挂靠业务主管单位。2013年3月《国务院办公厅关于实施〈国务院机构改革和职能转变方案〉任务分工的通知》颁布后,各省市陆续推进行业协会的直接登记制度改革,广东省等地方明确将原先的业主主管部门变更为业务指导部门。——笔者注

织体的生存需要从周围环境中吸取资源，需要与周围环境相互依存、相互作用才能达到目的；此外组织与周围环境处于相互依存之中，除了服从环境之外，组织可以通过其他选择调整对环境的依赖程度。因为环境的不确定性和缺乏足够的资源，组织可能会追求更多的资源，以保障自己的利益，减少和避免环境变化带来的冲击。因为环境的资源有限，不足以供所有人和组织消耗，所以那些能够获得较多关键性资源的组织便可以有较大的自主性，并能够影响其他缺乏资源的组织。因此组织在争取关键性资源的过程中，"为了扩张其资源利基（niche），往往会采取各种策略，与其他组织进行合纵盟约的关系构建，形成各类型的组织网络结构，而居于网络结构的集中性位置者，其权力和影响力也越大"①。对某些有价值的、稀缺的、难以复制的不可替代的资源是否能够理性识别和有效利用，导致行业协会相互之间的效率差异。行业协会的目标应集中在充分把握资源的特性以及在战略要素市场上拥有关键性资源，其有效途径是与政府、企业和其他非营利组织通过策略合作的方式构建战略联盟，形成协同效应。

二 行业协会的协同效应与策略合作

协同是指组织的整体价值大于各独立组成部分价值的总和。战略协同就是通过构建合作机制促使合作各方获得超过个体原有的资源和能力，通过各种合作模式，从松散的联系到高度的整合，达成不同程度的集合和联盟。著名战略管理学家伊戈尔·安索夫在20世纪60年代最早提出了"协同"的经济学含义，阐述了基于协同理念的战略如何可以像一条纽带一样将公司多元化的业务联结起来，并认为协同模式的有效性部分地源于规模经济带来的好处。伊丹广之进而把安索夫的协同概念分解成"互补效应"和"协同效应"两部分②。通过提高实体资产使用效率来节约成本或是增加销售的方式被称为互补效应。虽然互补效应极具价值，但它非常容易被仿效，不能为公司提供持久的优势，只有当公司开始使用它独特的资

---

① 萧新煌、官有垣、陆宛平等：《非营利部门：组织与运作》，台湾高雄巨流图书公司，2011，第26页。
② 〔美〕安德鲁·坎贝尔、〔美〕凯瑟琳·萨姆斯·卢克斯：《战略协同》，任通海、任大伟译，北京机械工业出版社，2000，第17~19页。

源——隐形资产时,才有可能产生真正的协同效应。因此,战略协同概念成为企业整合重组和实行多元化发展战略的重要理论基础之一。随着企业集群理论和实践的发展,传统的战略协同效应分析突破了单个企业或者企业集团层面,从而推广到整个企业集群的层面。企业集群是某一特定产业的中小企业和机构大量聚集于一定地域范围内而形成的稳定的、具有持续竞争优势的集合体[1]。地域性的中小企业集群,能够释放出一种集群效应。王旺兴从战略协同的一般概念入手,论述企业集群协同效应的含义及其表现,并提出了对发展我国企业集群的相关建议[2]。区域经济研究中也引入战略协同的概念,即区域共同体在生态环境的改善和可持续发展的基础上,在区域合理规划的保障下,在连续性的政府政策的支持下,实现经济合作、产业对接、协调发展、互惠共赢的目标,从而在整个共同体中产生协同效应。李宏宇等对京津冀经济圈的可持续协同发展战略进行分析,提出建立"环境同治、区域合作、政策互利、信息共享"的可持续协同发展战略构想[3]。张潜通过对海峡西岸经济区发展港口物流的环境分析,阐述了海峡西岸港口协同发展和资源整合的必要性和可能性,并提出整合港口资源,建立区域港口物流协同发展的效应,从而提高市场支配力,促进区域经济的发展和繁荣[4]。

合作的趋势在非营利组织的发展,其源头可以追溯到 20 世纪 80 年代[5],当面对全球化竞争以及来自其他营利机构的竞争压力,非营利组织不得不通过重塑组织的核心能力,与供应链上合作伙伴结成战略联盟,获取并保持市场优势,通过分摊成本、利益和风险,实现共同目标并完成各自的任务。美国"Nonprofit Finance Fund"于 2009 年 3 月对超过 1100 名非营利组织负责人的一次调查指出,为了克服经济环境的挑战,有 42%

---

[1] 〔美〕迈克尔·波特:《国家竞争优势》,陈小悦译,华夏出版社,2002,第 2~3 页。
[2] 王旺兴:《企业集群中的战略协同研究》,《科技与管理》2003 年第 5 期。
[3] 李宏宇、张梦洁、吴遐:《京津冀经济圈可持续协同发展战略探索》,《区域经济》2010 年第 12 期。
[4] 张潜:《海峡西岸港口物流的协同效应研究》,http://www.chinawuliu.com.cn/oth/content/200704/200722544.html,最后访问日期:2010 年 8 月 15 日。
[5] John A. Yankey, Carol K. Willen., "Collaboration and Strategic Alliances," in David O. Renz & Associates, *The Jassey - Bass Handbook of Nonprofit Leadership and Management* (3rd edition) (Wiley: Jossey - Bass, 2010), p. 376.

左右的非营利组织在过去的 12 个月里与其他组织合作提供项目或者在未来的一年预计会这么做，除此之外 13% 的非营利组织已经达成合作或者计划通过协同合作的方式降低行政开销。① 除了对顾客和市场的竞争，非营利组织更期待通过战略联盟消减"提供更好的服务"与"经费资源不足"这一对固有矛盾。

　　行业协会作为以相同或近似行业企业为主体、依据国家有关法规和政策自愿组成的、自律性的民间非营利组织②，集生产指导、市场调研、行业管理、中介服务四位一体，是在政府与企业之间起协调和沟通作用的桥梁③。行业协会与单个企业相比，更能从全局把握行业发展脉搏，在更加广泛的范围内实现各种资源的优化配置，从而实现行业整体利益最大化。行业协会释放出的协同效应，既是行业协会存在的合理基础，也是行业协会不断发展和完善的推动力。行业协会发挥出的协同效应主要表现在以下方面：（1）联合行动。联合行动是指同行企业间为了某些共同的目标而进行有意识的合作。联合行动能提高同行业企业的技术能力、生产能力、创新能力与市场能力，能够有效地促进行业成长与竞争力的提高。企业的联合行动通常是通过行业协会的代表功能表现出来的。行业协会代表本行业的企业处理与政府、工会、新闻媒体及其他行业的相互关系，通过各种方式向立法机构及政府反映本行业的愿望和要求，参与国家有关法律及政策的讨论和制定，代表本行业企业进行反倾销、反垄断、反补贴调查及诉讼。在行业协会的国际维权（反倾销）过程中，战略联盟的形成可以使行业协会拥有动员政府、企业、社会多方力量实施国际维权行为的能力，不仅维护国家和行业利益，也保障了行业内企业的利益。此外，行业协会还可组织会员企业进行本行业所需共性技术的研究开发，开展国内外经济技术交流与合作，进行品牌培育及推广，而这些工作是企业单枪匹马所难以

---

① John A. Yankey, Carol K. Willen., "Collaboration and Strategic Alliances," in David O. Renz & Associates, *The Jassey – Bass Handbook of Nonprofit Leadership and Management*（3rd edition）（Wiley: Jossey – Bass, 2010），p. 376.
② 徐晞、叶民强：《我国非营利组织负责人的激励与约束机制研究——以行业协会为例》，《经济问题探索》2007 年第 1 期。
③ 徐晞：《全球金融危机下我国民营企业的突困路径：强化行业协会作用》，《经济问题探索》2009 年第 12 期。

实现的。(2) 成本节约。相同或相近行业的企业通过行业协会的纽带作用能够使企业间联系加强、区域资源利用率提高、权利维护功能增强、社会应对能力提升等所产生的成本节约。同一国家范围内，不同区域的同行业进行必要的协同，将增强本国行业与国外行业的正当竞争和抗衡能力。以反倾销为例，同一地区内的行业协会代表应诉相比企业单独应诉，无论在证据收集、差旅支出、律师费用等方面都大大节约成本支出，同时也更易获得地方政府的重视和支持。如果同一国家范围内的不同地区同时涉及国外同一个反倾销案件，行业协会的协同合作也必将增强应诉能力，有利于降低应诉成本。(3) 制度效应。作为一种组织形态，行业协会处在一定的制度背景之中。行业协会可以通过制度协同实现行业自律，从而协同维护全行业的共同利益。行业协会制定行业道德准则和行规行约，规范企业和行业的行为，维护行业公平竞争秩序，消除内部与外部恶性竞争；协同建立行业权利和控制体系，进行行业管理的监督和检查，通过警告、业内批评、通告批评、开除会员资格、建议行政机关依法对非会员单位的违法活动进行处理等各种方式消除行业内的"害群之马"；协同制定行业技术标准和行业准入制度，参与行业立法和行业政策制定。

行业协会作为连接政府和企业的桥梁，欲发挥与政府、企业、基金会、其他地区行业协会等组织"1+1>2"的协同效应，有赖于与这些组织开展有效合作，通过策略合作实现组织间的战略协同目标。

三 两岸行业协会战略协同与策略合作的调查与比较

行业协会之间的双赢合作，在中国大陆并非没有，但仍处于探索阶段，原因在于多数行业协会只注重服务本行业，而忽略了与其他行业协会以及其他领域非营利组织的有益合作。与台湾相比，大陆无论何种生成途径类型的行业协会，更重视通过与政府的合作获得行政合法性。政府也乐于将一些社会事务委托给一家或者数家社会组织合作完成，充分挖掘各个行业协会的社会资源整合能力，建立社会公共平台或者通过产业联合推动经济发展。例如，广东省公安厅委托广东省物流行业协会和广东省南方物联网信息中心策划投资建设"基于智慧物流的广东省物流寄递实名制信息安全监管平台项目"；此外，广东省推行"两业融合"战略，即物流协会和制造业产家合作，现如今已举办了5年的物流装备展。

由于两岸长期复杂多变的政治关系和时紧时松的政治背景，大陆政府需要借助行业协会的平台作用实现两岸产业对接和经贸合作。为了避免两岸政府间直接联系的尴尬和紧张，以及大陆政府赴台直接与台湾企业及行业协会对接与合作的敏感和非对等性，大陆地方的经贸、发改、农业等各部门政府官员大多以行业协会会员或顾问的名义赴台参访。同时，大陆政府往往通过行业协会为主体召开两岸高峰论坛，促进合作项目落地。福建省泉州市工业设计协会在地方政府扶持下，对推动和促进两岸工业设计产业合作发挥极大作用，2012年海峡两岸设计创新与产业升级高峰论坛期间，泉州市工业设计协会与由台湾工业设计协会28家成员单位合作成立的"闽台工业设计技术创新战略联盟"项目，整合闽台两地从事工业设计的研发机构、院校、服务供应商等优势资源，实现优势互补，体现了行业协会与政府通过策略合作在整合两岸创意资源和创意人才方面的协同效用。

台湾行业协会更加积极地与当局、企业、科研院所等各类社团组织和财团法人在共同利益基础上开展各种交流与合作，力图实现"1+1>2"的协同效应，开展的合作主要表现在以下四个方面：

1. 进行行业合作

行业合作可以完成仅凭单个行业协会的力量无法开展的工作，台湾包装设计协会（TPDA）、台湾广告主协会（TAA）、国际广告协会台北分会（4A）、台北市公共业经营人协会（PRA）、高雄市广告代理商业同业公会（KAAA）、中华平面设计协会（TGDA）与台湾《动脑杂志》共同组织TMCA台湾行销传播专业论证协会，将举办"初阶行销传播"和"初阶公关专业"认证考试，并举办企业选秀会，共同着手培育产业界所需人才。台北市进出口商业同业公会于2000年联合174个输出入相关同业公会组成"中华民国输出入相关同业公会联谊会"，并加强与其他进出口公会、外贸协会、台湾区电机电子工业同业公会、中国生产力中心、台湾电子检验中心等社会组织的合作来扩大公会的影响力和推广公务工作。台湾地域狭小，产业发展空间有限，行业协会极其重视与国外行业协会及国际经济组织的战略协同和策略合作促进台湾产业发展。台北市进出口商业同业公会成立"台韩经贸联谊会",促进台韩经贸往来;同时与全球42个国家的72个行业协会签订合作协议,加强经贸交流。台湾区照明灯具输出业同业公会(TLFEA)拥有800家制造商会员,覆盖了台湾整个照明行业供应链,TLFEA的目标是"推广国际贸易""促进经济发展""协调同业关系"和"增进共同利益"。TLFEA积极参加国际照明组织〔如全球照明协会(GLA、CIE)〕,以求提高其全球效率,与世界各地的照明行业协会结盟,务求使其会员在全球市场上更具竞争力,2013年8月TLFEA与Zhaga国际联盟签署了合作协议。

2. 通过公益合作扩大社会影响力

工业总会通过搭建公益互联网平台与其他团体如台湾世界展望会、财团法人慈怀社会福利基金会、社团法人中华社会福利联合劝募协会等17家公益性社会组织建立合作关系,共同推进社会公益事业的发展[①],扩大组织的社会影响力。

3. 协作人才培训

台湾工业总会开办智慧财产专业人员培训班,由工业总会作为培训单位,台湾大学法律学院科法所作为执行单位,两者共同合作实施行业人才培训[②]。

4. 合作促进就业

嘉义县工业会与大同技术学院共同举办就业博览会活动,协助毕业生经由就业博览会找到合适工作,同时也帮助在校学生了解产业变化、社会需求及各企业经营状况,并促使求职者及求才企业能彼此有机会找到合适的工作伙伴,节省双方的时间与成本[③]。

与大陆地方政府的合作,是台湾行业协会帮助会员企业扩展大陆市场的重要手段,也是台湾行业协会履行服务职能的重要部分。台北市进出口商业同业公会与《旺报》联合举办"掌握大陆个体户商机免费讲座",介

---

① 促进企业共同参与社会公益·公益互联网,http://www.cnfi.org.tw/public-service/link.php,最后访问日期:2012年8月12日。
② 台湾工业总会·智慧财产专业人才培训班,http://www.cnfi.org.tw/cnfi/ipr/101training/index.htm,最后访问日期:2012年9月10日。
③ 嘉义县工业会·讯息快递,2012"龙来'嘉'找头路"就业征才博览会,http://www.cihia.org.tw/show_news.asp?p_id=141,最后访问日期:2012年9月12日。

绍大陆个体户申请设立的规定及商机和个体户税务规定及注意事项，帮助台商维护自己的权益①。台湾电机电子工业同业公会自 2008 年开始与中原大学企管研究所合作，每年出版《投资风险评估报告》，对大陆会员厂商集中的重要城市进行评估，帮助会员企业瞄准投资风向。2012 年 7 月，台湾制药工业同业公会与四川省资阳市政府签订战略合作协议，双方建立长期合作关系，发挥各自优势帮助对方开展有益于经济发展的各项活动，同时借助对方的区域影响力推动各自企业及会员促进研发成果产业化。四川的医药工业在"十二五"规划中被列入重点发展的优势产业，正处在发展西部医药工业高地的关键时期，医药产业是资阳市重点扶持发展的支柱产业，资阳市的医药产业园区正逐步发展成为四川省的一颗明珠。台湾医药工业发达，中华传统中医药实现了与国际市场接轨，生物医药领先亚太地区，而台湾制药工业同业公会是台湾最大的医药行业协会，覆盖台湾主要的 250 多家制药企业和 20 多家科研单位，会员超过万名。台湾制药工业同业公会通过与资阳市政府的合作，搭建双方医药企业合作的桥梁，在资阳市政府有效影响范围构成的社会空间为会员企业争取优惠的投资条件、营造优质的投资环境。资阳市政府通过与台湾医药工业同业公会的合作，有利于推进行业重组、提高行业的竞争力，发展医药产业园区，促进企业升级换代、创新产品。

第二节　市场营销与质量管理

一　市场营销与品牌运营在行业协会中的运用

美国市场营销协会（American Marketing Association，AMA）于 2013 年 7 月董事会一致审核确定，市场营销是在创造、沟通、传播和交换产品中，为顾客、客户、合作伙伴以及整个社会带来价值的一系列活动、过程和体系。市场营销的概念发展于私人组织，直接关注来源于顾客的营利能力，近年来，关于市场营销边界以及市场营销的概念和工具能否运用于非

---

① 台北市进出口商业同业公会·最新消息，近期活动，掌握大陆个体户商机免费讲座，http://www.ieatpe.org.tw/eboard/view.asp? ID = 1735，最后访问日期：2012 年 9 月 12 日。

营利组织的争论此起彼伏。不少杰出的市场营销专家，例如安德里森（Andreasen）和科特勒（Kotler）、萨金特（Sargeant）和 Wymer 等认为市场营销的研究范式可以运用于非营利组织与其利益相关者的关系中。营利组织的市场营销管理原则在于发展并保持与顾客的交易关系，而非营利组织的市场营销不仅仅关注顾客或客户，而是重视包括捐赠者、支持者、用户、供应商、合作伙伴、信徒，甚至是纳税人和公众媒体在内的广大利益相关者，尽管这些组织往往使用筹资活动、志愿招聘、项目开发、公共关系等字眼代替市场营销的概念。① 非营利组织的市场营销目标是复合的，超越了营利组织以利润为主的单一目标，研究表明现代非营利组织的市场定位不只是成功地吸引到财政资源，而是要与其他重要的价值目标相关联，诸如更高程度的顾客满意度。② 因此，在非营利组织中，广大利益相关者都可以成为广义上的"顾客"，追求顾客满意是非营利组织的营销目标。非营利组织基于长远目标对维系组织关系所做的投入相对营利组织更为困难，因为组织收入难以预见，完成项目和提供服务的花费已经令组织压力巨大，更何况针对筹资、招募等营销活动的花销。品牌运营是市场营销的重要环节，非营利组织可以利用品牌这一最重要的无形资本，在营造优势品牌的基础上，更好地发挥品牌扩张功能，使产品和服务可识别化并与竞争对手区别开来，使品牌资产有形化，实现组织长期成长和价值增值。许多非营利组织，如宣明会、世界自然基金会、台湾慈济等，在发展和运作过程中积累了丰富的品牌价值并以此获得巨大收益并推动组织可持续发展。

  行业协会是以会员为成立基础的互益性非营利组织，是由一个个具有相同或近似业务的营利组织所构成，比起其他非营利组织，行业协会负责人往往是营利公司的经营者，对公司管理模式和市场营销手段更为熟悉，尽管营销策略在行业协会中的执行更加复杂。通过宗旨和使命的描述和宣传进行市场营销和品牌推广，从而扩大行业协会的知名度和影响力，是行

---

① Brenda Gainer. Willen, "Marketing for Nonprofit Organizations," in David O. Renz & Associates, *The Jassey - Bass Handbook of Nonprofit Leadership and Management* (3rd edition) (Wiley: Jossey - Bass, 2010), pp. 309 - 333.

② Gainer, B., and Padanyi, P., "Applying the Marketing Concept to Cultural Organizations: An Empirical Study" *International Journal of Nonprofit and Voluntary SectorMarketing* 7 (2002): 182 - 193.

业协会最常使用的策略和手段。行业协会的"顾客"中最重要的是会员，也包括政府、媒体、公众等，营销的目标除了争取经费来源外，更重要的是通过扩大行业占有率和建立公众认可的行业权威获得社会合法性，通过与政府建立良好的互动关系获得行政合法性。

　　行业协会的营销策略和品牌运营往往与区域品牌推广相结合，行业协会的品牌影响力与该产业的区域品牌优势是重合或叠加的，例如，台湾电机电子工业同业公会的品牌影响离不开台湾具有世界一流的光电产业。区域品牌是指某个区域内形成的具有相当规模和较强制造生产能力、较高市场占有率和影响力的企业和企业所属品牌的商誉总和，如法国香水、瑞士手表等。区域品牌的创建模式有资源技术依赖型和产业集群发展型两种。资源技术依赖型模式是依托自然资源和特殊的工艺技术发展起来的，以地方农产品和基于特色技术的深加工产品居多，具有浓郁的地方特色，如福建的安溪铁观音茶和台湾的阿里山高山茶。产业集群发展型模式是指企业自发或当局主导的在区域范围内出现同一产业的集聚或相关产业的集聚，从而形成产业集群和明显的区域产业特色，进而形成特有的区域品牌，如广东的顺德家电、福建的晋江鞋业、台湾的光电产业等。区域品牌是产业集群发展到较高阶段的产物，是建立在产业集群基础之上，产业发展即使依赖资源和技术，最终都将形成产业集群。区域品牌将集群企业之间的关系系统化，强调企业间的协同合作，通过建立规则和秩序来规范行业竞争行为，引导企业从恶性竞争进入良性竞争，激励企业不断创新，从而获取市场认同。区域品牌属于公共资源，单个企业不愿意也无能力推广，只能通过当局或行业协会的组织或协调共同营销区域品牌（如集体商标、地理标志和原产地证明等的申办、使用）。行业协会是区域品牌形成与发展的助推器，对区域品牌的营销是行业协会提升会员服务的重要职能。行业协会在区域品牌运营中的首要职责是宣传和推广：行业协会可以通过研究分析行业或区域品牌的发展状况，制订塑造和推广品牌的管理与营销计划，发挥行业协会的自律、服务、代表和资源能力，积极组织、引导、协调和管理企业的营销行为，通过举办或参与各种展会、洽谈会等，组织企业联合开展市场营销和公关活动，行业协会还可建立自己的网站开展网络营销，充分利用多媒体、图片、视频洽谈等手段，宣传、展示和推介区域品牌。规范区域品牌的使用是行业协会的另一项重要职责：行业协会应制定区域品牌的使用章程或规定，监督企业在经营过程中遵守区域品牌的管理规定，制定一整套行业标准和技术规范，为生产者提供产品质量控制的参照体系，并通过建立质量反馈追踪系统，坚决杜绝假冒伪劣产品的出现，同时要进一步规范区域品牌的商标、印制、广告、宣传等，树立统一的区域品牌形象。

二 质量管理和 ISO 系列标准应用于行业协会的可行性和必要性

行业协会需要通过市场营销确立市场地位，赢得市场竞争的成功从而保障组织的可持续发展。然而，消费者往往以上乘质量的产品和服务为选择对象，在产品质量竞争成为现代市场竞争的主要手段的今天，质量是取得成功的关键，质量管理是行业协会市场营销成功的前提，同时产品和服务质量也是行业协会品牌运营的生命。

质量管理就是用最经济的成本和方式生产出最具有使用价值与交换价值的商品，并在生产的各个阶段应用统计学的原理与方法，包括制定质量方针和质量目标，以及质量策划、质量控制、质量保证和质量改进。从依靠操作者技艺水平和经验来保证质量的"操作者质量管理"和工厂专门设立检验部门的"检验员质量管理"的"事后质量检验"方式，到以数理统计为基础的"统计质量控制"，再到综合协调各部门活动构成保证和改善质量的有效体系的"全面质量管理"，经营者们越来越重视质量管理在企业中的应用，越来越关注如何在最经济的水平上生产出充分满足顾客质量要求的产品，越来越考虑到现代化大生产对质量管理整体性、综合性和系统性的客观要求。质量管理从生产企业延伸到服务业，并随着戴维·奥斯本和特德·盖布勒所推动的"企业家政府理论"，在政府部门也发挥出积极作用，现今甚至在医院、学校等非营利组织中被广泛应用。行业协会是同业企业的联合，以行业自律和服务企业为主要职能，提供优质的服务以及开发出满足会员需求的产品，是行业协会吸引会员提高行业覆盖率的必要手段。同时，随着政府职能转移以及政府购买服务的推行，行业协会所承担的职能越来越多，面临的问题越来越复杂，尤其中国大陆行业协会现今正经历着从"双重管理体制"向"一元登记模式"过渡所面临的自我约束和自我管理的要求，这些都需要在行业协会内部推行更加行之有效的质量管理模式。

国际标准化组织（International Organization for Standardization，简称ISO）在1987年发布ISO 9000系列认证标准，是世界上第一个质量管理和质量保证系列国际标准。该标准的诞生标志着世界范围质量管理和质量保证工作的新纪元，对推动世界各国企业的质量管理和国际贸易供需双方的质量保证起了无可估量的作用，不仅为各类组织建立了一个质量管理的通用框架和语言，也为组织提供了生产合格产品的基本信心。ISO 9000系列标准是由ISO/TC176（国际标准化组织质量管理和质量保证技术委员会）制定的所有国际标准的统称，并分别于1994年、2000年、2008年进行了三次改版，现在最新提出2015年执行标准草案。ISO 9000系列标准可帮助组织实施并有效运行质量管理体系，是国际质量管理体系通用的要求和指南，我国大陆在20世纪90年代将ISO 9000系列标准转化为国家标准，随后各行业也将ISO 9000系列标准转化为行业标准。行业协会作为各行业标准最具专业权威的推行者甚至参与制定者，在鼓励会员企业通过ISO 9000质量体系认证的过程中，逐渐认识到对协会本身的质量管理与对会员企业质量控制的要求同等重要，随着产业国际合作的加强，行业协会更需要一个具有全球普适性的管理模式，将ISO 9000系列标准运用到行业协会的质量管理中具有良好的适用性和迫切的必要性。首先，以"顾客"为导向的服务理念，是将ISO 9000系列标准运用在行业协会质量管理中的理论基础。行业协会与企业、政府一样，必须以自己的产品需求主体——会员为导向才能稳定而持续地发展。面对全球化、技术变革、会员需求的多样性等一系列外部环境的挑战，行业协会有必要将过程控制管理作为有效产品生产和提供的重要保证。行业协会引入ISO 9000系列标准的核心就是持续不断地改进从而满足会员的需求，保证组织的每一项资源投入、人员活动、产品和服务的提供，都能有效符合会员的需求，真正实现"会员利益最大化"的目标。其次，行业协会实现规范化运作需要引入ISO 9000质量管理体系。行业协会虽然是非营利性的自愿组织，但也应设定统一的行为标准实行规范化的管理。行业协会的负责人往往没有任何报酬，不存在显性利益驱动机制，影响对最优化组织决策的作出；另外行业协会本身缺乏利润指标来评价自身的经营状况,造成对负责人和工作人员监督的困难,因此行业协会可以根据 ISO 9000 系列标准中"管理职责"的要求,在协会管理中明确权责关系,对负责人的职责及管理和评审作出明确规定。同时,效率和效益是任何类型组织的目标和价值体现,只有优化行业协会组织运行流程,才能实现行业协会组织目标的明晰化,组织机构设置和人员配备的合理化,以及组织运行体制的科学化。ISO 9000 质量管理体系要求行业协会将相关的资源和活动作为过程来进行系统的管理,确保质量管理运行流程的规范化和可操作性。最后,ISO 9000 系列标准在行业协会的实际运用显现出良好成效。台湾和大陆一些规模较大的行业协会,陆续引入 ISO 9000 质量管理系统,并将 ISO 9000 管理模式应用于行业协会的日常运作,从而进一步强化内部管理,完善会员服务。

三 两岸行业协会市场营销与质量管理的调查与比较

大陆行业协会近年来开始意识到市场营销和品牌运营的重要性,一些具有产业集群优势的行业协会开始探索以产业集群为核心进行区域品牌构建。泉州鞋业是一个整体品牌,发展了以运动休闲鞋为核心的体育特色产业,建立了一大批鞋业品牌,通过政府和行业协会的影响已在国际市场上打响知名度。泉州鞋业是全国同行业品牌最集中的地区,也是福建省泉州市品牌数量最多的产业之一,涌现出了一批竞争力强,带动力大的行业龙头企业和知名品牌,全行业有 12 个中国名牌产品,40 多个中国驰名商标(其中国家工商管理总局认定的有 8 个),有 55 个企业获得国家免检产品资格,"特步""环球"两个企业获得出口免检资格,上市公司 21 个。在行业协会和政府的支持下,泉州鞋业作为一个独立的名词也逐渐从产品供应源地名向区域性品牌过渡,泉州市辖下的晋江市被评为"中国鞋都"、陈埭镇被评为"运动鞋之都"。在 2007 年底被国家体育总局确立为国家体育产业基地之后,泉州提出了打造首个"中国体育城市"的口号,并策划在泉州南部沿海地区建设滨海运动休闲产业带,以工业带动服务业共同发展,优化产业结构,提高泉州城市竞争力,进而实现以城市品牌促经济发展的差异化策略。伴随着产业集群应运而生的鞋业行业协会在泉州城市品牌的建设道路上发挥了巨大的作用。成立于 1998 年的泉州市鞋业商会是发展较成熟较具规模的行业协会，多年来为会员提供信息、技术培训服务，组织参加国内外各种展销贸易洽谈会，协调同业关系，帮助企业解决用工用地问题，为政府制定行业政策提供意见，推动在泉州师院和华光学院设置了制鞋本科和专科专业，筹建泉州鞋业研发和培训中心，开展对外交流与国内外的制鞋行业组织建立友好联系，由此推动了泉州市鞋业区域品牌的发展。然而，泉州鞋业区域品牌建设仍处于初级阶段，品牌运作仍局限在传统产业范围内，第三产业的协同发展还存在较大差距。目前泉州鞋业区域品牌的建设主要依靠政府的投资和主导运作，企业和行业协会等中介机构的参与程度还远远不够。

大陆目前引入 ISO 质量管理认证的行业协会只有广东省物流行业协会、上海市人才服务行业协会等少量 5A 级龙头行业协会。大多数行业协会积极推动会员企业的质量管理和 ISO 9000 系列标准在会员企业中的应用，但行业协会内部管理却鲜有质量管理的意识。泉州鞋业商会积极为提升会员企业的管理水平服务，组织开展培训工作，聘请国信企业管理顾问公司及厦门卓尔智管理顾问公司先后举办了关于"市场营销与品牌经营"及"ISO 9000 的品质管理"等课题的培训班。然而泉州鞋业商会本身秘书处规模有限，基本尚未形成科学高效的质量管理模式，更没有引进 ISO 9000 质量管理体系运用于组织的内部管理中。泉州鞋业商会在市场营销和质量管理中的发展情况，基本可以代表大陆行业协会的普遍状况。

与大陆相似，台湾行业协会近年来对履行服务职能的重视远远超过自律职能，[①] 通过市场营销扩大知名度，通过质量管理提升会员服务，是台湾行业协会吸引会员并获得社会合法性的重要手段。台湾企业的"行销企划"世界一流，作为企业联合的行业协会也善于运用市场营销策略对组织进行宣传和推介。

1. 积极推动会员企业提升市场营销水平及建立品牌经营意识

在服务会员以及通过展会、刊物和网站推介企业和产品的过程中，行业协会的商誉和品牌在当地产业界，甚至在其他国家和地区不断得到宣传和强化。依托台湾优势的创意设计产业，台湾包装设计协会积极宣传其

---

① 根据本书第三章的评估结论和第四章的分析。——笔者注

"团结互助、专业创新、国际交流"的业务宗旨，致力于维持台湾设计师与亚洲各国的友好关系，在国际舞台上参与活动和交流，突破台湾地域的狭小和市场的局限，寻求台湾包装设计专业的成长空间。

2. 通过创新和创意塑造行业协会品牌形象并扩大组织知名度

台湾电机电子工业同业公会创造性地通过在线展览馆网站（http://www.TEEMAONLINE.com.tw），配合公会在台北举办的"台北国际车用电子展""台北国际电子展""台湾国际 RFID 应用展""台湾宽带通讯展"等实体展所建置的在线展览馆网站，增加参展厂商及参观买家的参展、观展效益，并提供创新的展览导览系统，可供参观者以产品关键词来搜寻目标产品的摊位位置，以及在展览现场最有效的路径规划参访地图。

3. 善于利用媒体作为宣传和推介的平台，通过与媒体的合作提升行业协会的知名度和影响力

台湾包装设计协会、台湾广告主协会、国际广告协会台北分会、台北市公共业经营人协会、高雄市广告代理商业同业公会、中华平面设计协会与台湾《动脑杂志》共同组织 TMCA 台湾行销传播专业论证协会，举办"初阶行销传播"和"初阶公关专业"认证考试，以及企业选秀会，共同着手培育产业界所需人才，替找人才的公司找会员，帮助求职的人才找工作，从而扩大了这些行业协会在台湾文化创意产业界的影响力。

4. 通过与高校及科研院所的合作成果加强对会员的市场引导

台湾电机电子工业同业公会与台湾中原大学合作，每年出版《投资风险评估报告》，对大陆会员厂商集中的重要城市进行评估，该项工作成果不但在本行业内获得会员企业的认同和好评，其他行业的台商企业也将其作为投资参考的风向标，甚至大陆一些城市也参考该评估报告完善城市的投资环境。一系列营销策划使"电电公会"[①] 在中国大陆具有其他台湾行业协会无法比拟的知名度和影响力。

台湾行业协会尤其是工团体近年来为了更有效地进行自我管理，提升服务会员的品质，纷纷引入了 ISO 9000 质量管理体系。台湾电机电子工业同业公会是台湾第一个获得 ISO 质量认证的行业协会，于 1997 年 1 月

---

① 台湾电机电子工业同业公会的简称。——笔者注

引进 ISO 9000 质量管理系统,又分别于 2000 年和 2008 年通过 ISO 9001：2000 和 ISO 9001：2008 改版认证。台湾区机器工业同业公会,将"不断提升服务品质,积极争取会员权益"作为服务会员的品质政策,1999 年通过台湾"经济部标准检验局"ISO 9000 品质保证认证,2009 年通过国际品质管理 ISO 9001：2008 管理系统认证。台北市进出口商业同业公会也于 2002 年引入 ISO 管理系统,从而更好地提升会员服务质量。接受访谈时,多数行业协会表示引入 ISO 9000 质量管理系统后管理效率和服务质量均得以提升。

第三节 人事管理与激励机制

一 行业协会负责人的管理和激励

1. 行业协会负责人的特征

行业协会的产生属于典型的产业界精英结社的形式,产业精英在行业协会内部以会长、副会长、(常务)理事甚至秘书长的身份组成行业协会的负责人群体。行业协会成立之初,对会员数量和会费数额是否稳定和持续具有不可预知性,于是负责人根据职位的不同缴纳不同于一般会员会费的特别会费或赞助费,从而保证了行业协会组建所需的资金来源,甚至负责人及其所属企业为行业协会的成立提供了办公场所等重要资源。行业协会运作过程中,负责人的个人威望和广泛的人脉资源能够集聚并转化为行业协会的社会资本,增强了行业协会动员社会资源的能力。行业协会负责人作为组织的核心和灵魂引导着组织的发展和运作,对广大中小会员企业产生强大的影响力和示范性,在与政府的合作和博弈中为行业协会争取到更多的资金资源和政策支持,从而增强行业协会生存和发展的社会合法性及行政合法性。

2. 双重博弈下行业协会负责人的隐性激励机制选择

对激励问题的研究通常从两个不同的角度展开,一是在经验总结和科学归纳的基础上形成的管理学激励理论,二是在"理性人"假设的基础上,通过严密的逻辑推理和数学模型获得的经济学激励理论。行业协会负责人与会员（代表）大会所代表的全体会员之间是一种委托—代理关系，经济学激励理论的委托—代理激励与约束机制的相关理论可以运用在行业协会负责人的隐性激励机制研究上[①]。

20世纪80年代，经济学家将动态重复博弈理论引入委托—代理理论研究中，并且论证在重复代理关系情况下，竞争、声誉等隐性激励机制能够发挥激励代理人的作用。但是，由于代理人受生命周期和职业生涯的限制，声誉机制的隐性激励作用会伴随职业生涯的发展而不断弱化。声誉机制如何跨越生命周期或职业生涯的时间因素限制，对处于职业生涯晚期的代理人也同样能够提供有效激励呢？Kreps 提出的声誉模型，解释了静态博弈中难以解释的"囚徒困境"问题[②]。当参与人之间只进行一次性交易时，理性的参与人往往会采取机会主义行为，通过欺骗等手段追求自身效用最大化目标，其结果只能是非合作均衡。但当参与人之间重复多次交易时，为了获取长期利益，参与人通常需要建立自己的声誉，一定时期内的合作均衡能够实现，由此证明，当声誉被作为可交易的资产时，声誉机制同样能够对处于职业生涯晚期的代理人提供激励，因为当代理人只有从其前任继承到好的声誉时，他才能获得声誉租金；同时，代理人只有继续维持良好的声誉，才能再"出卖"自己的声誉。显然 Kreps 所指的声誉实际上是可交易的企业声誉，企业声誉市场可以通过企业声誉交易（即企业所有权转移），对代理人提供跨越职业生涯的长期激励：年轻的代理人因关心未来收入而会主动约束机会主义行为，维护自己的职业声誉；年长的代理人则因看重"出售"企业声誉的未来价值而会尽力维持好企业声誉。可见，代理人声誉作为隐性激励机制的作用在于，代理人工作的质量是其努力和能力的一种信号，表现差的代理人难以得到人们对他的良好预期，不仅内部提升的可能性下降，而且被其他企业重用的概率也很低。

当行业协会负责人是会员企业的董事长、总经理、高管人员等产业精

[①] 徐晞、叶民强：《我国非营利组织负责人的激励与约束机制研究——以行业协会为例》，《经济问题探索》2007 年第 1 期。

[②] Kreps. D & Wilson, "Reputation and Imperfect Information" *Journal of Economic Theory* 27 (1982): pp. 253 – 279.

英时,在代理(管理)行业协会的过程中会不会出现道德风险问题,进行的是一次性博弈还是多重博弈,能将其控制权与管理绩效相联系的是显性激励机制还是隐性激励机制,是值得深入探讨的问题。

(1)行业协会负责人的道德风险问题

产业精英担任行业协会负责人后,由于会员组成的委托人与作为代理人的负责人存在信息不对称,在代理过程中可能产生的道德风险问题有以下几种行为。

①违规行为。行业协会负责人可能出于协会发展的需要,违规操作,弄虚作假,超标收费,甚至擅自修改协会章程,超范围经营,使整个行业的声誉遭到损坏。

②不作为。产业精英成为行业协会负责人后,由于时间和精力有限,难以兼顾企业和行业协会的事务,工作效率往往不高。有些企业家加入行业协会只是为了抬高身价,通过在行业协会中担任会长、理事等身份争取在人大、政协中的政治地位。还有的企业家投身行业协会的管理是为了摆脱"经济动物"的形象,以慈善家、社会活动家的形象从事经济活动,使自己所经营的企业通过承担社会责任提升其社会影响力。因此,行业协会负责人可能扮演不执法的警察角色,不关心行业协会的事务,在为行业协会服务的过程中投入的时间和精力非常有限。

③谋利行为。由于交易双方信息不对称,在任何一种交易中,交易双方中具有信息优势的一方会损害信息匮乏一方的利益。同样,会长、秘书长等协会负责人可能利用信息优势和决策权力,为所经营的企业谋利,而损害其他会员企业的利益。最典型的就是行业协会负责人所经营的企业"瓜分"政府组织的参展展位机会、政府给予技术创新企业的补贴等。

④大企业控制。据调查,行业协会会长往往为行业内龙头企业的所有者或经营者,其他负责人也大多是大中型企业的企业家。根据暨南大学的项目调查,受调研的会员企业样本中,大企业中有40%为行业协会发起人,并有76.67%的会员担任行业协会的领导层职位;中型企业也有20.93%作为发起人,并有62.79%的会员担任领导职位;对于小企业而

言,这一比例分别仅有15%和37.5%①。这样的人事结构分布意味着行业协会容易被大中型企业把持并服务于其利益。本书第三章调查除选举之外的重大决策制定方式,中国大陆71.9%的行业协会"由理事会或常务理事会决定",12.6%的行业协会"由部分主要会员协商决定(如召开会长办公会)",2.4%的行业协会"由会长个人决定",仅有13.2%的行业协会"由会员(代表)大会决定";即使在台湾地区,根据调查也有35.8%的行业协会重大决策"由理事会或常务理事会决定"。由此可见,如果行业协会负责人存有"私心",容易形成大企业控制的局面,造成行业协会民主机制的缺失,进而导致普通小企业会员的离心倾向。

(2)行业协会负责人与行业协会的双重博弈关系

行业协会负责人的行为是基于双重博弈的假设,负责人与行业协会是第一层次的博弈,这层博弈关系是一次性博弈;而负责人所在的企业与行业协会的关系则是第二层次的博弈,这层博弈关系是重复博弈。与企业代理人与企业的关系不同,行业协会负责人放弃协会职位的成本相对较低,负责人不但为协会服务所获的薪酬基本为零,甚至要为协会的运作捐助资金,当退出协会职位后,他还保有在企业中的职位,而他的主要事业也在于企业,他所获得的薪酬与股利取决于他在企业中的行为。其结果是,负责人容易产生一次性博弈的动机,失去对协会长期发展的打算,而利用在协会中的地位为自己或自己所在的企业谋取私利。负责人所在的会员企业与行业协会之间的博弈是个体与机构之间的博弈关系,机构的退出成本往往高于个体的退出成本,因此,当负责人个人发生背叛行为时,机构不可能简单地采用退出策略,只能选择报复性策略来惩罚对方,剔除会员或在行业内予以披露就是行业协会采用的一个成本较低但十分严厉的报复性策略。会员企业在市场竞争中的生存是长期的,与行业协会的博弈是重复的,需要得到同行业其他成员的肯定,需要市场对其的认可,因为企业的声誉与信用决定着企业的存亡。其结果是,作为协会负责人的企业领导将慎重选择在协会中的管理行为,避免背叛、徇私行为导致所在企业的信誉

---

① 石碧涛、张捷:《行业协会的精英治理利弊问题分析》,《西南农业大学学报》2011年第3期。

危机。

(3) 隐性激励机制对行业协会负责人行为的约束作用

激励机制可分为显性与隐性两种,所谓显性激励就是委托人根据代理人可观测行为结果,用有明确奖惩规定的合同来诱使代理人选择委托人所希望行为的激励方式。显性激励通常以正负强化的方式直接表现出来,一般通过制度加以保障。而隐性激励则是委托人根据代理人以前的可观测行为结果,用是否与代理人签订有利于代理人的合同,驱使代理人选择委托人所希望行为的激励方式。隐性激励最大的特点在于这些措施表面上似乎与激励关系不大,代理人是在不设防的心理下无意识受到激励的。西方经济效用理论告诉我们,金钱的边际效用随着收入的增加而下降。而劳动与工资产生的替代效应和收入效应表明,对于较高的工资率来说,收入效应可能超过替代效应,从而工资的增加反而会使劳动供给下降。这些理论表明,物质激励的作用是有限的,尤其对于在企业中已经赚取很高收入的行业协会代理人来说更是如此。对代理人能够产生很大作用的一类激励被认为是权力、地位和声誉等隐性激励,而权力是核心,因为权力的失去不仅意味着收入的迅速减少(尤其是职位消费的减少),同时还导致社会地位和个人声誉的下降;声誉是基础,具备良好的声誉能够获得一定的权力和较高的社会地位,进而获得更多的财富。

根据我国现状,无论大陆还是台湾的行业协会负责人所经营的企业往往是在本行业中较具影响力和权威性的龙头企业,并且在资金筹措和服务配送方面对行业协会具有贡献,他们从事行业公益性活动的目的之一是提高自身作为企业家的声望,进而提升所在企业的社会形象。身为产业精英的行业协会负责人,一方面在会费捐助和服务提供上远远高于普通会员,另一方面从事的服务是无偿的。试图通过报酬等显性激励机制对其进行约束显然不符合理性人假设。既然"获取声誉、树立声望"是协会负责人的工作动机,通过声誉等隐性激励机制约束其行为显然是最有效的激励与约束方式。

3. 行业协会负责人隐性激励机制设计原则

通过上述分析可以得出两点结论:一是行业协会负责人能够轻松地放弃在协会中的职位,与协会可能产生一次性博弈,但负责人所在的企业却与行业协会存在长期的重复的博弈关系。二是简单地对行业协会负责人实施报酬等显性激励机制既不可能也不起作用，而获得在行业中的声誉和信用决定着其所在企业的生存与发展。

基于这两点结论，在设计行业协会负责人的激励规则时，要发挥声誉等隐性激励机制对协会负责人的约束作用。在行业协会运行过程中，任何人不得对组织的盈余经费进行分配，代理人不享有剩余索取权，委托人是协会的所有会员，并不是严格意义上的组织所有人，因此行业协会没有清晰的所有制（ownership）和责任制（accountability），对行业协会负责人激励与约束机制的设计不同一般的企业组织。

第一，通过立法对行业协会的性质、地位、作用、机构、职能、与政府关系、监管等进行全面定位，在总体上将行业协会负责人的地位、待遇、奖惩等规范纳入法制的轨道，尤其是任职免除的规定，对于不能胜任职务、有损害行业协会名誉或违背行业协会宗旨行为的行业协会负责人免除其职务，并且通过立法的形式确立相应的通报及惩罚机制。台湾的《工业团体法》《商业团体法》和实施细则，以及配套规定，对此有比较系统详细的规定，大陆应加快制定统一的《行业协会法》，完善这方面规则。

第二，建立有效的行业协会负责人人力资本的隐性激励机制。一方面，将管理权限激励、社会地位激励与声誉激励相结合，赋予行业协会负责人相应的管理自主权，排除行政力量的干预和会员企业的自由散漫，树立他们在行业内的权威性及社会声望，满足参与约束和激励相容约束，使企业家热心投入行业协会的管理中。另一方面，注重协会负责人职业声誉机制的培育。行业协会负责人能力和努力程度的显示机制是基于他们长期在同行业中的示范带头作用和一贯的诚信表现。对于违规、不作为、谋私利的负责人行为应当进行惩罚并公开披露，当负责人的道德风险涉及其所在企业的利益时，对该会员企业也要进行相应的制裁和披露，该负责人与所在企业的声誉直接影响到他们在市场竞争中的发展甚至生存。

第三，建立健全民主选举程序和决策议事规则。通过严格的民主程序由全体会员（代表）选举行业内声誉良好、热心公益、具有全面管理能力的精英担任行业协会负责人，防止各种形式的变相终身制，杜绝行业协会过度依赖个别精英，否则随着负责人的辞职或退休，凝结在他们身上的人脉关系和社会资本随之转移，新任负责人很难复制或传承。避免行业协会内部形成克里斯玛型权威（charismatic authority），应强化行业协会内部的合法—合理型权威（legal‐rational authority）。① 规范行业协会的议事规则，通过章程的形式分别明确不同类型的重大决策的制定方式以及决策表决通过方式，并建立科学有效的协会内部决策争议解决机制和决策异议申诉制度。

第四，完善监督机制。发挥行业协会监事会的监督功能，并培养会员对行业协会的监督意识和监督责任感。行业协会缺乏企业治理那种强制性的责任机制，可以借鉴西方国家的经验，通过问责制等规则对其加以监督，以帮助它们高效益、高效率和诚实负责地完成社会使命；通过 DADS 法来解决行业协会诚信问题，即：加强行业协会透明度（disclosure）；分析（analysis）、发布（dissemination）行业协会工作业绩；对不遵守以上规定的组织进行惩罚（sanction）②。

二 行业协会专职工作人员的管理和激励

1. 行业协会专职工作人员的特征和发展方向

行业协会专职工作人员和兼职的负责人不同，是指接受行业协会聘用的专职从事行业协会日常运作和项目实施的秘书长（总干事）③、秘书、

---

① 马克斯·韦伯提出三种权威支配理论，分别为传统型权威（traditional au‐thority）、克里斯玛型权威（charismatic authority）及合法—合理型权威（legal‐rational authority）。其中，克里斯玛型权威，即人格魅力型，这种权威的基础是个体的人格力量，也就是人的超凡魅力。合法—合理型权威与界定清晰的一套法律规则联系起来，权力最终决定于正式的宪法规则，这些规则制约或限制着公共权力和公职人员的权力行为，是为大多数现代国家典型运用的权威运作形态。与前两种权威类型相比，合法—合理型权威的优点在于权威附属于职位而非个人，它被滥用或者造成不公正的可能性更小。——笔者注
② 哈佛商学院赫茨琳杰在借鉴美国证券交易委员会管理证券交易的成功经验上，通过论证提出对非营利性组织的监督方式，笔者将其应用于非营利性组织中的行业协会。——笔者注 参见尉俊东、赵文红、万迪昉《治理研究综述》，《经济学动态》2005 年第 11 期。
③ 行业协会的秘书长有的是企业家兼任，本书将其归入行业协会负责人的研究范围；有的行业协会秘书长是聘请职业从业人员担任，甚至少量行业协会的会长也是专职从业人员，本书将其纳入专职工作人员的研究范围。——笔者注

办公室文员、财务人员等组织员工，主要是秘书处工作人员。

从海内外行业协会发展的实践经验来看，秘书处是否功能健全、运作良好是行业协会发展、成熟的一个重要标志。秘书处自身的发展与成长大致需经历小型秘书处、专业秘书处和知识提供者三个阶段①（表5-1），但并非各个行业协会都需要经历这三个阶段，而是依据自身实际情况来逐步提高和完善。小型秘书处阶段：行业协会专职工作人员极其有限，通常为一至三名，即一个秘书长配备一至两名专职工作人员，专职人员往往一人要身兼多职，只能勉强维持协会的正常运转，难以有更多的精力为会员提供服务。专业秘书处阶段：行业协会专职工作人员数量在这一阶段有着较大的增长，一般能在五至十人左右，甚至更多；专职工作人员开始选用专业的人才，特别是既具有丰富的行业经验，又懂行业管理的人才，因此协会的整体服务能力大为提升，能够吸引到更多的会员，也能更加有效地与政府进行沟通。知识提供者阶段：行业协会专职人员的构成更加强大，不仅有专业人才还有专家团队，不仅能够提供全方位的咨询服务，并且富有管理、技术创新能力，能够更加有效地整合行业资源，引领行业发展。

表5-1 行业协会秘书处发展阶段及其特点

发展阶段	特　点
小型秘书处	会员较少、覆盖面很少；有少数员工但未受专业培训；努力发展会员却不能留住他们；缺少资源和经验
专业秘书处	会员多且多样化，覆盖面广；秘书处规模较大、能力较强；有一定的服务及与政府沟通的能力；可承担政府委托职能
知识提供者	活跃于所有重要领域；有专家团队；能提供全方位的咨询服务；富有管理、技术创新能力；信誉好并有强大影响力

资料来源：浦文昌：《商会行业协会能力建设初探》，2012中国（无锡）民间商会论坛，民间商会和民营经济发展研究会，论文资料集，《比较研究》2012年第1期（总第14期），第64~65页。

目前，中国大陆大多数行业协会尚处于小型秘书处阶段，少部分行业协会正从小型秘书处向专业秘书处过渡，只有个别协会已经成为知识提供型协会，如广东省物流行业协会、深圳市家具行业协会等，不仅有着强大

---

① 浦文昌：《商会行业协会能力建设初探》，《比较研究》2012年第1期。

的专业服务人才队伍，并且成立了物联网研究院、家具产业教育学院及会展公司等机构，以行业协会的知识服务来带动整个产业的转型升级，成为引领行业发展的最重要力量。台湾行业协会大多处于专业秘书处阶段，不排除部分行业协会仍处于小型秘书处阶段，除了工业总会、商业总会这类综合性工商团体，也发展起了如台湾电机电子工业同业公会、台北市进出口商业同业公会等一批知识提供型协会。

行业协会职能的发挥最终需要人来落实，职能发挥的好坏也取决于人的能力大小、素质高低，其中调查研究能力和人际交往能力是最能体现行业协会基本职能所必须具备的两种能力[①]。因此，行业协会的工作人员不仅要善于和会员企业、政府人员打交道，具有良好的口才和亲和力，还需要较为熟悉行业情况，具备一定的调查研究能力，能够收集、整理、分析会员企业的需求，提炼成共同的利益表达，也能够研究行业发展动态，为会员企业的生产、经营活动提供决策意见，为政府提供政策意见参考。此外，还需要各方面的专业人才，如管理、法律、经济、财务等各类人才，才能为会员企业提供专业高效的服务。

积极推动行业协会队伍职业化建设，是国外行业协会实现可持续发展的一条成熟经验[②]。民政部李立国部长在 2010 年全国行业协会改革发展经验交流会上曾明确提出要加强行业协会的人才建设，引导行业协会建立健全人才培养、吸引、使用、评价、激励机制，以事业吸引人才、用感情留住人才、依制度使用人才，促进行业协会人才队伍的专业化、职业化、知识化、年轻化[③]。因此，建设一支专业化、职业化、年轻化、知识化的行业协会人才队伍也是建立现代行业协会体系所必不可缺的重要环节。

2. 行业协会专职工作人员的激励与组织承诺

激励被认为是"最伟大的管理"，通过激励不仅可以充分发挥组织成员的技术才能，变被动为主动，从而保持工作的有效性和高效率，进一步

---

① 贾西津：《中关村园区协会职能定位、运行模式及行为规范研究》，中关村科技园区管委会软课题项目，2005，第 23~26 页。
② 胡辉华、黄淑贤：《行业协会的能力建设》，《学会》2011 年第 2 期。
③ 2010 年 10 月，全国行业协会改革发展经验交流会在广州召开，这是民政部首次召开的一次促进行业协会改革发展专题会议。——笔者注

激发员工的创造性和革新精神,极大地提高工作绩效[①]。于行业协会而言,加强对专职工作人员的激励有其更为特殊的意义:

(1) 行业协会从业人员队伍专业化、职业化发展的要求。随着中国大陆行业协会民间化、市场化改革的深入,国家机关工作人员将全部退出行业协会,行业协会必须实现自主化、社会化招聘,与政府、企业同台竞争优秀人才,而能否吸引和留住人才,有效的激励是关键。

(2) 会员企业对行业协会提供优质服务的要求。行业协会以立足行业,服务会员为宗旨,服务的最直接提供主体为行业协会的专职工作人员,他们的素质能力决定了服务品质的高低,是赢取会员信任和支持的最重要保障。

(3) 政府向社会组织转移职能和购买服务的前提条件。当前,政府行政管理体制改革要求明确与社会组织的边界,把应该交由社会组织承接的职能逐步放权,但前提是社会组织必须有能力、有资质。中国大陆各省市陆续开展社会组织评估工作,实施五级评分制,只有3A级及以上的社会组织才有资格承接相应的职能和参与政府服务的购买,其中,社会组织的人才素质能力是重要的评分依据。

通过与两岸行业协会专职工作人员的访谈和交流,行业协会专职工作人员选择在行业协会工作的动因概括起来大概有三方面。

(1) 自我实现的需要。能够主动选择在行业协会工作的人员,大多出于对所从事行业的热爱和深厚感情,对行业熟悉了解,热心于协会事务,把协会工作作为一项事业来做,希望能借助行业协会这个平台,更好地服务于行业发展,为更多的企业服务。

(2) 工作因素。行业协会工作富有挑战性,可以有历练不同工作的机会,并重视强调个人的能力;在行业协会工作能够接触到更为广泛的群体,并且有机会接触到政府、企业的高层,是积累人脉的平台;在行业协会工作有成就感,既能为企业解决问题,又能促进行业的发展。

(3) 工作环境和氛围。行业协会属于非营利组织,氛围更加宽松与自由,相较于政府和事业单位,在行业协会工作的压力相对较小,与上

---

① 余凯成:《组织行为学》(第三版),大连理工大学出版社,2006,第84页。

级关系处理相对简单；与企业相比，协会工作相对来说更加自由与稳定。

"长期以来，社会各界对行业协会的关注主要集中于行业协会自身职能发挥的好坏、服务水平的高低，但却甚少关注在行业协会背后默默工作的这一群体——行业协会专职工作人员，而他们正是推动行业协会健康发展的关键所在"[1]。行业协会专职工作人员选择在行业协会工作的动因，很大程度上来自其对所从事行业的热爱和行业协会工作本身具有的挑战性和成就感，而非过多考虑物质报酬因素，并且相比较于政府和企业组织，行业协会能提供的报酬也缺乏竞争力。因此，能否让这一群体"安于"行业协会工作，不仅要求从业人员自身必须要有对行业的热爱，高度的责任感和使命感，不计较个人报酬得失，更为重要的是，其所在的组织能否给予专职人员以有效的激励。对行业协会专职工作人员的激励问题，引起一些学者的关注。冯宇从行业协会人力资源配置问题为出发点，较系统地研究了国内外行业协会人力配置状况，指出目前我国行业协会员工极其缺乏相应的激励，提出需要通过国家政策支持、行业协会完善自身职能，提高竞争力等措施来实现对其员工的激励[2]。徐林清、张捷认为一个致力以提高行业协会运行质量的行业协会组织者必须设法解决专职管理层及雇员的激励问题，必须使其获得足够的激励来保持工作的积极性和主动性，增加行业协会的收入是可行的途径，但必须防止行业协会的营利倾向[3]。卫祥云（中国调味品协会经济研究中心主任）则通过分析目前行业协会人才结构的现状和特点，强调人才与心态转型的重要性，提出协会内部改革的重点在于员工收入分配制度的改革和建立使优秀人才脱颖而出的用人机制，并依此提出协会专职人员培养的多元化途径：专职人员的定位应着眼于提高协会的竞争力与影响力；专职人员应具备过硬的专业能力，成为"行业专家"；提高专职人员的归属感与成长感等[4]。唐国平、唐纯林通过

---

[1] 课题组在广州市调研期间，访谈广东省小商品协会秘书长。——笔者注
[2] 冯宇：《我国行业协会人力资源配置问题研究》，《中国地质大学》2006 年第 5 期。
[3] 徐林清、张捷：《我国行业协会的营利倾向与治理困境》，《南京社会科学》2009 年第 3 期。
[4] 卫祥云：《中国行业协会职业化队伍的建设及思路》，《中国调味品协会》，http://www.chinaassn.com/33774.html，最后访问日期：2011 年 12 月 5 日。

对广州市 60 家市级行业协会的人力资源管理状况的问卷调查发现，行业协会对从业人员激励不足，具体表现在薪酬水平整体偏低和职业发展路径有限，提出应增强行业协会自身的经济实力，优化从业人员的职业路径和拓展从业人员的职业前景[①]。

研究表明，行业协会专职工作人员往往随着对组织单方面投入（时间、精力、金钱、技能等）的增加而产生一种甘愿全身心参与组织各项工作的心理现象，即"组织承诺"。美国社会学家贝克尔（Becker）最早提出组织承诺的概念，他认为员工对组织更多是出于一种经济上的依赖性，即个人所付出的沉没成本高于离职后所带来的收益[②]。组织承诺起源并广泛运用于企业员工，专门针对公共部门组织承诺的实证研究较少，非营利组织从业人员的组织承诺研究也极少涉及，更未见于行业协会领域，可以应用组织承诺理论丰富行业协会人力资源管理实践，为行业协会有针对性地制定相关政策和措施提供参考依据。本书课题组成员庄小红在硕士论文中将组织承诺理论引入行业协会的研究，在理论分析的基础上，通过问卷调研和深入访谈开展实证研究，以广东省省级行业协会专职人员为研究对象，运用组织承诺量表和激励因素量表测量行业协会专职人员的组织承诺水平、特点及相关的影响因素，并对激励因素与组织承诺的关系进行分析。以八项激励因素为自变量，分为工作因素与组织因素两大类，其中组织因素包括薪资福利、培训教育、稳定发展、上级支持、同事间关系、组织文化和组织公平七项；以组织承诺为因变量，专职人员的人口统计学变量为控制变量，构建出激励因素对组织承诺的影响模型（图 5-1），探索影响行业协会专职工作人员组织承诺的有效激励因素，从而建立对行业协会专职工作人员的激励机制模型（图 5-2）[③]。

激励机制模型的建立以行业协会专职人员组织承诺为出发点，以提高

[①] 唐国平、唐纯林：《行业协会人力资源管理的困境与创新》，《社团管理研究》2012 年第 8 期。

[②] Becker H S, "Notes on the Concept of Commitment" *American Journal of Sociology* 66 (1960): 32-42.

[③] 课题组成员 2013 年硕士学位论文《行业协会专职人员激励机制研究——基于组织承诺视角》为本书研究成果组成部分。由于本章篇幅关系，大量实证分析过程省略，仅使用分析结论。

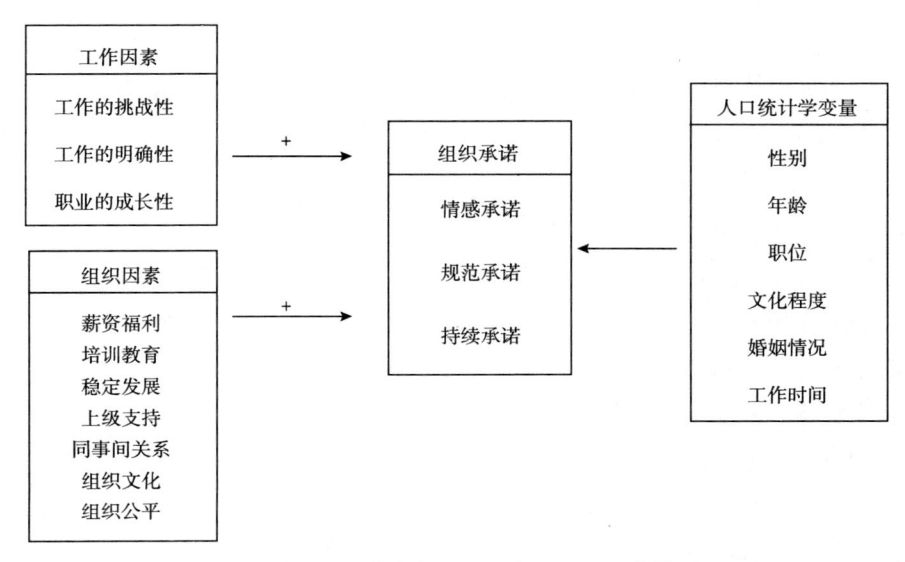

```
┌─────────────┐
│  工作因素    │
│ 工作的挑战性 │
│ 工作的明确性 │──+──┐      ┌──────────┐      ┌─────────────┐
│ 职业的成长性 │     │      │ 组织承诺 │      │ 人口统计学变量│
└─────────────┘     ├─────→│ 情感承诺 │←─────│    性别      │
┌─────────────┐     │      │ 规范承诺 │      │    年龄      │
│  组织因素    │     │      │ 持续承诺 │      │    职位      │
│  薪资福利   │     │      └──────────┘      │   文化程度    │
│  培训教育   │     │                        │   婚姻情况    │
│  稳定发展   │──+──┘                        │   工作时间    │
│  上级支持   │                              └─────────────┘
│  同事间关系  │
│  组织文化   │
│  组织公平   │
└─────────────┘
```

图 5-1 行业协会专职工作人员组织承诺模型

```
                ┌──以组织文化为纽带,提高认同感与归属感──┐
        ┌情感承诺┤                                    │基
        │       └──建立系统化培训教育体系──────────────┤于选
        │                                              │专择
组织承诺┤规范承诺┬──形成自由开放和谐的组织内部环境──────┤职显
        │       └──建立专职人员职业生涯发展规划────────┤人著
        │                                              │员性
        │       ┌──丰富工作内容,提高个人成就感和成长感─┤个激
        └持续承诺┤                                    │人励
                └──确立以组织公平为前提的各项组织制度──┘特因
                                                       征素
```

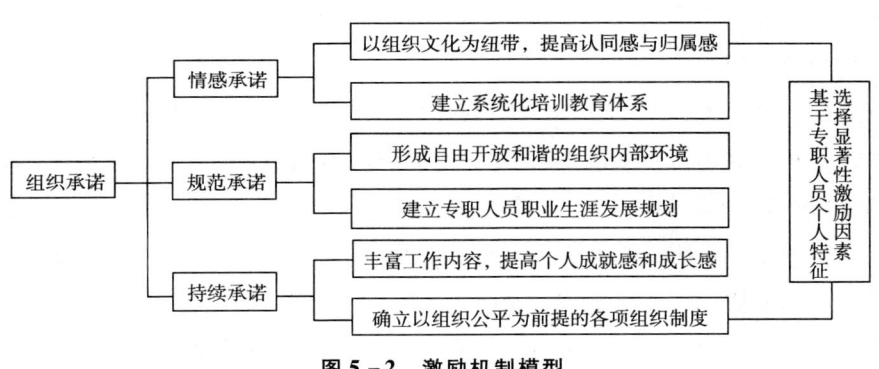

图 5-2 激励机制模型

专职人员组织承诺水平为直接目的,遵循针对性原则、综合性原则、公平性原则和及时性原则,分析组织承诺和激励因素之间的关系,制定相应的激励措施。

(1) 提高行业协会专职工作人员的情感承诺水平。基于研究结论可以得知,情感承诺是组织承诺三维度中得分最高的维度,远高于规范承诺和持续承诺,解释了行业协会专职人员有着较高的组织承诺水平,也是专职人员选择留在行业协会工作的主要原因;并且通过八项激励因素与情感承诺的 Pearson 相关分析发现,组织文化、培训教育与情感承诺存在显著的正相关关系。因此，组织文化和培训教育激励因素对提高行业协会专职工作人员的情感承诺水平具有重要的作用，应以组织文化为纽带，提高认同感与归属感，并建立系统化培训教育体系。

（2）提高行业协会专职工作人员的规范承诺水平。基于研究结论，规范承诺维度略高于组织承诺总得分，与情感承诺维度共同构成了较高的行业协会专职工作人员组织承诺水平；从八项激励因素与组织承诺各维度的相关分析来看，稳定发展、同事间关系和上级支持三项激励因素对专职工作人员规范承诺的影响作用明显高于其他两个维度，并且同事间关系和上级支持是专职工作人员满意度最高的两项激励因素。因此，一方面，行业协会应形成自由开放和谐的组织内部环境，创建和谐的上下级关系、同事间关系。另一方面，建立专职工作人员职业生涯发展规划，根据个人的兴趣爱好、能力特长，为他们提供不同岗位和职务的锻炼机会和职业生涯发展道路，给予他们正确的职业发展指引，使他们能够清楚地看到自己在协会中的发展，提高他们对组织的认同度、责任感，从而提高专职工作人员的规范承诺水平。

（3）提高行业协会专职人员的持续承诺水平。根据研究结论，持续承诺是组织承诺三个维度中得分最低的维度，这也是专职人员流动率较高的原因；并且通过八项激励因素与持续承诺的 Pearson 相关分析发现，仅有工作因素和组织公平与持续承诺存在显著的正相关关系。因此，要提高行业协会专职工作人员的持续承诺水平，工作因素和组织公平因素是关键。一方面，应丰富工作内容，提高个人成就感和成长感。"行业协会的工作是一项知识服务型工作，需要依靠专职工作人员提供专业的服务创造收益和价值，但目前多数行业协会由于资金紧张，政府职能和购买服务还未大范围地铺开，协会实际开展的活动也很有限，行业协会自身能否增强'造血功能'为会员企业提供更多更好的服务是决定其能否生存的关键"[①]，这就需要调动专职工作人员的积极性、主动性和创造性，充分发挥专职工作人员的个人能力特长，在明确其各项基础性工作的同时，提供更加富有挑战性的工作和能够独立承担一项完整工作的机会。通过丰富的

---

① 本书课题组在广东调研期间，访谈广东省低碳协会秘书长。——笔者注

工作内容设计，给予专职工作人员更多锻炼的机会，在工作中获得成长，收获成就感。另一方面，确立以组织公平为前提的各项组织制度。亚当斯的公平理论指出，只有公平的报酬，才能使员工感到满意和起到激励作用，如果报酬公平，当事人就会获得满足感，从而激励当事人的行为[①]。对于报酬是否公平，员工不仅是进行绝对值的比较，而且进行社会比较、和他人的比较或和自己的过去比较。若员工感受到不公平，则可能会采取消极怠工、离职等方式。组织公平不仅包括报酬公平，还包括工作量、工作安排、培训机会是否均等、职务升迁是否公平、上级管理者能否公平对待每个员工的付出等。因此，行业协会的各项组织制度设计，必须充分考虑组织公平因素，而其中最重要的制度是建立以绩效考核为基础的薪资福利制度。根据在广东、福建、浙江、上海和江苏的调查，薪资福利是行业协会专职人员满意度最低的因素。在进行社会横向比较时，若行业协会从业人员的薪酬待遇水平明显低于同期同地域公务员和企业管理人员，难免会产生不公平感，这也是造成行业协会专职工作人员流失的重要原因；在和他人进行比较时，有无参加培训的机会、职务升迁的机会等也都是重要的比较指标。因此，行业协会应根据自身实际情况，建立适用的绩效考核体系，综合考核专职工作人员的工作实绩、工作能力、专业技能、职业素养、出勤情况等，将绩效考核结果与专职工作人员的薪资福利、晋升、培训等相挂钩。此外，随着行业协会市场化、民间化改革的推进，行业协会专职工作人员的薪资福利也应该逐步实现市场化，可借鉴企业年薪制度，探索建立行业协会专职工作人员年薪激励机制，从而更好地激励专职人员。

（4）基于专职人员个人特征，有针对性地选择具有显著性的激励因素。根据研究结论，组织文化是最具有显著性的激励因素，对"25岁以下""36岁以上""本科、大专及以下学历"和工作时间越长的专职工作人员具有越显著的激励作用；培训教育则对"大专及以下"和年龄越大的专职工作人员具有显著的激励作用；工作因素对"26~35岁""三至五

---

① 《亚当斯公平理论》，《百度百科》，http://baike.baidu.com/view/3771941.htm，最后访问日期：2014年6月8日。

年"和"研究生及以上"的专职工作人员具有显著的激励作用;组织公平对"26~35岁"的专职工作人员具有显著的激励作用;"36岁以上"和工作时间越长的专职工作人员越看重上级的支持;"26~35岁"和学历越高的专职工作人员越看重组织的稳定发展;职位越高、学历越高的专职工作人员越看重组织所给予的薪资福利,针对高层次人才,应重视提高他们的薪资福利水平。

三 两岸行业协会人事管理与激励机制的调查与比较

1. 行业协会负责人

由于历史原因,中国大陆行业协会的产生和演变主要有两种途径:第一种是民间自行发起,经民政机构登记取得合法地位,这类行业协会希望通过行业的自我管理和自我服务寻求公平竞争环境,促进同行业企业发展,被称为"体制外协会";第二种是政府主管部门组建的官办行业协会,这类协会在政府授权和委托下承担部分行业管理职能,成立之初往往成为原行业主管部门转移行政权力和分流人员的载体,被称为"体制内协会"。大陆大多行业协会,尤其是全国性和全省性行业协会,主要是由体制内组建的,或由行政体制改革中撤销的工业生产和商业流通部门改制而成,其特点是行政依附性较强,自主性较弱,机构设置、人员配备、经费来源仍套用行政方式。部分政府职能部门欲将行业协会作为其行业管理的辅助工具并通过部分转移政府职能使自己对行业协会管理的权力或职能得到"合法"的延伸,而大多数行业协会也愿意成为"二政府"去管理其会员企业。受计划经济体制烙印的影响,经济主体的独立自主性难以充分发挥,市场环境也尚未达到发达国家所具备的那种有规则的市场竞争和合适的政府干预,因此体制外生成的行业协会的发展程度和人力资源结构尚处于不成熟的状态。基于以上原因,行业协会在用人机制上难以达到发达国家行业协会的管理专业化水平和知识能力广泛性要求,尽管经过多年民间化、市场化改革,国家机关公职人员逐步辞去所担任的行业协会职务,但行业协会会长、秘书长等协会负责人结构中,仍有相当部分是政府部门、事业单位、国有垄断企业的分流人员或离退休干部,他们同政府部门有着千丝万缕的联系,而另一部分是行业内会员企业的董事、经理等产业界精英。

　　台湾行业协会和大陆行业协会一样，普遍存在典型的"精英治理"现象，"精英治理"既能激活行业协会，又能导致其衰弱：一方面为行业协会的成立和运作提供了必不可少的资金和资源；另一方面部分行业精英对协会实行"家长制"统治，独断专行，站在本企业的立场管理行业协会，造成民主机制的缺失。关于秘书长，据调查，中国大陆只有57.5%的行业协会秘书长是向社会公开招聘的[1]，有相当数量的行业协会秘书长由企业家兼任，该职务所起的作用与常务副会长相似，协会另外再聘任专职的副秘书长来主持秘书处日常工作，也有热心的秘书长虽然是企业家兼任，但仍具体负责行业协会的日常经营事务。台湾有96.2%的秘书长为专职，3.8%的协会秘书长"在某会员企业中任高管或私人幕僚"[2]，有些规模较大的行业协会设有多名"副秘书长"，分别由各主要会员单位的高管或会长公司的私人幕僚担任，薪水不由协会支付。

　　根据调查，大陆和台湾行业协会均表示行业协会负责人以及负责人所在企业提升了在同行中的影响，可见行业协会给负责人带来的隐性激励不可小觑。大陆和台湾行业协会的负责人在名义上都是没有报酬的，声誉等隐性激励对他们发挥较大作用：大陆一些行业协会负责人通过行业协会平台步入统战队伍成为人大代表或政协委员；台湾某些中小型行业协会的负责人借助协会平台扩大其所在企业的行业影响力并与"政府"部门建立良好关系[3]。关于约束机制，根据调查，大陆79%的行业协会没有针对理事、常务理事、非专职秘书长等行业协会负责人的考核制度，台湾的比例虽低，但仍存在25.9%的行业协会没有针对负责人的考核制度[4]。据调查，对理事、常务理事、非专职秘书长的考核主要表现在出席会议的要求上。由于台湾《工业团体法实施细则》和《商业团体法实施细则》规定行业协会理事、监事均应亲自出席理事会议、监事会议，不得委托他人代

---

[1] 根据本书第三章的调查结果。——笔者注
[2] 根据本书第三章的调查结果。——笔者注
[3] 本书课题组在台湾期间访谈"内政部社会司"官员以及某些行业协会，得知作为一个普通企业家，在台湾这个相对民主和廉政的地区，很难结识"政府"官员，但代表行业协会与"政府"部门打交道过程中能够潜移默化与官员建立良好关系。——笔者注
[4] 根据本书第三章的调查结果。——笔者注

理,连续两次请假以一次缺席论,连续两个会次缺席,视同辞职,这为在行业协会内部建立对负责人的约束机制奠定了良好的制度保障。

2. 行业协会专职工作人员

根据对中国大陆行业协会的调查,专职工作人员构成主要来源于五大类(表5-2)。

表5-2 行业协会专职工作人员来源构成

来源	在协会中的角色	人事归属	工资待遇	对协会的依赖程度
行政、事业单位离退休人员	由于其资历深、业务熟练、人脉广泛,是协会专职人员的主力或核心骨干,担任会长、秘书长等重要职务	隶属于原单位,返聘到协会	拿返聘工资,费用少,对协会负担轻	有稳定的生活来源及社会保障,不依附于协会
行政机构未退休人员	有业务背景、年富力强,主动或被动选择协会,是协会骨干或专职人员,担任会长、秘书长等重要职务	未到退休年龄,保留部分公务员的待遇,但不属于公务员,退休以后按政策可以退到公务员序列	由协会支付工资	行政待遇很低,不足以维持生活基本需要,其生存主要靠协会
国有企业工作的未退休人员	随企业业务转型,被动选择协会,多为协会的兼职人员	编制在原单位	由原企业支付	靠企业生存,关心企业的发展,依附性小
事业单位工作的未退休人员	延伸在原单位的工作业务,被动选择协会,多为一般工作人员,尚不构成主力	编制在原单位	由原单位支付	工资和生活待遇有保证,生存不依靠协会
民营企业的在职员工	协会的会员企业单位派驻协会工作,被动选择协会,多为协会的兼职人员	编制在原单位	由原企业支付	靠企业生存,关心企业的发展,依附性小
社会招聘的专职工作人员	主动选择协会工作,将是协会重点培养的主力和骨干,但流动性也强	协会	由协会支付工资	个人的生存、发展、待遇、事业、前途与所在协会密切相关

资料来源:中国协业行业协会商会网,作者卫祥云:《中国行业协会职业化队伍建设的现状及思路》,http://www.chinaassn.com/33774.html。

通过对上述中国大陆行业协会专职工作人员来源构成的分析，其具有以下特点。

（1）行业协会人才结构具有多样性，不仅有来自行政机关、事业单位的离退休人员，还有未退休人员，这些人员有着较强的业务背景和人脉关系，能够帮助协会更好地维系政会关系，取得政府的支持，对于初创时期的行业协会发展有着重要的作用。

（2）行业协会人才结构具有多变性，正由于行业协会的人才与行政、事业单位有着千丝万缕的联系，这些人员或主动或被动选择到协会工作，其生存发展也并不完全取决于协会的发展，对协会的依附性较小，因此，这些人员的变动也较大。并且，随着行业协会改革的不断深入，上海、温州等地已出台相关文件明文要求"国家机关工作人员不得在行业协会中担任职务"[1]，广东省更是走在前列，已完全实现国家机关工作人员100%退出行业协会领导职务的要求[2]。由于各类行业协会发展程度各异，在较长时期内协会的人才结构也将呈现多变性。

（3）行业协会人才结构的流动性强，主要针对从社会招聘来的专职人员，将成为协会未来重点培养的主力和骨干力量。这一部分人员虽然主动选择协会，其个人的生存、发展、事业、前途和行业协会也密切相关，但由于行业协会的工资待遇、社会保障水平较低，职务晋升空间有限，难以满足个人的基本物质生活保障和职业的成长感，因此这部分人员的流动性也相对较强。

同时，中国大陆行业协会专职工作人员结构也明显存在问题：

（1）行业协会专职工作人员年龄结构不合理。目前行业协会的会长、秘书长、专职工作人员大多来自行政、事业单位的离退休人员，年龄老化现象严重，以杭州市、温州市两地行业协会的调查数据为例，秘书长的平

---

[1] 例如上海市第十三届人民代表大会常务委员会第二十次会议通过关于修改《上海市促进行业协会发展规定》的决定。——笔者注

[2] 广东省民政厅刘洪厅长在2010年全国行业协会改革发展经验交流会上的讲话指出：改革前，全省共有1547名国家机关工作人员在行业协会兼任领导职务，有国家机关工作人员兼职的行业协会占总数的80%，以上人员已于2008年底全面退出。——笔者注

均年龄普遍偏高,杭州市为55.4岁,温州市为57.1岁①。而从社会招聘来的专职工作人员也以刚毕业的大学生居多,年龄较小,流动频繁。因此,行业协会人才的整体年龄结构呈两极化,不利于行业协会的持续发展。

(2) 行业协会专职工作人员学历层次偏低。由于行业协会人才整体年龄老化现象严重,以离退休人员为主,而对于高学历人才的吸引力较小,因此行业协会人才的整体学历层次也偏低。例如,福建省泉州市行业协会专职人员队伍的学历普遍为大专水平,占到了抽样比例的56%,高中、中专及以下占到23%,本科占21%,没有硕士及以上学历人员②。即使是在民间组织发展较成熟、就业条件较苛刻的广州,硕士及以上学历仅占抽样比例的8.9%,大专及大专以下的合计占到43.3%③。

(3) 行业协会专职工作人员数量不足。行业协会秘书处工作人员的规模一方面体现了协会组织化建设的程度,另一方面反映了协会的业务活动开展所需要的人力资源供给④。然而,目前我国大陆行业协会专职人员缺乏是大多数协会普遍存在的问题。即使在我国行业协会发展最迅速的广东和浙江两省,其专职工作人员数量也不容乐观:广东省行业协会平均有专职人员5.84人,但其中32%协会的专职人员在3人以下,26%的协会有7名及以上专职人员⑤;浙江省省级行业协会的专职人员一般不超过5人,其中在3人以下(含3人)的占有很大比例,个别省级协会、绝大多数县市级协会没有专职人员,如温州市行业协会的平均专职人员为3.63人,最少的仅有1人,无法满足行业管理的发展需求⑥。

(4) 行业协会专职工作人员缺乏高素质人才。由于中国大陆行业协

---

① 周俊、宋晓清:《行业协会的公共治理功能及其再造——以杭州市和温州市行业协会为例》,《浙江大学学报》2011年第11期。
② 林丹丹、程刚:《泉州市行业协会人力资源现状调查研究》,《市场周刊》2011年第7期。
③ 唐国平、唐纯林:《行业协会人力资源管理的困境与创新——以广州市为例的研究》,《社团管理研究》2012年第8期。
④ 张沁洁、王建平:《行业协会的组织自主性研究——以广东省级行业协会为例》,《社会》2010年第5期。
⑤ 张沁洁、王建平:《行业协会的组织自主性研究——以广东省级行业协会为例》,《社会》2010年第5期。
⑥ 郁建兴、阳盛益:《民间商会的绩效与发展——基于浙江省温州市的研究》,《公共管理学报》2007年第4期。

会多半是由体制内生成的协会或混合型协会，在协会工作的人员也多为政府主管部门安插的离退休人员，或者是行政机关、事业单位的富余人员。这部分人员虽资历深，有业务背景，但基本年纪偏大、工作精力有限、开拓精神不足，而且往往是知识结构老化，信息化、办公自动化处理能力不足，难以胜任繁重的行业协会日常工作[①]。目前，在行业协会任职的专职工作人员也主要以秘书、行政、财务人员为主，缺乏管理、经济、法律、社会科学类的人才。此外，行业协会对高素质人才的吸引力有限，缺少专业化、职业化的人才加入，更凸显了行业协会高素质专职工作人员匮乏这一严峻事实。

目前中国大陆大多数行业协会存在以上分析的专职人员数量不足、学历层次偏低、人员流动频繁、工作效能低下等问题，究其原因，行业协会自身对其专职人员缺乏有效的激励机制，具体表现在以下方面。

（1）大多数行业协会已经基本建立起各项组织制度，但是整体的规范性欠佳、系统性不足。如人员培训制度，组织内部只有基本的岗前培训，极少有更高层次、系统的专业知识、技能提升培训；组织外部，只有个别地区的行业协会能享受到来自于政府相关部门组织的国家政策、法律条文的解读与宣传培训，如广东省民间组织管理局会定期分批次组织行业协会专职人员培训班，但主要是针对协会的负责人或高层管理人员，协会的一般专职工作人员则较少参加。但从总体上来说，由于缺乏更为深入、系统的行业协会专职工作人员培训制度，使得行业协会专职工作人员的素质与能力无法得到更好的提升，组织内部也缺乏活力与创新意识。

（2）激励方式单一，以隐性激励为主，缺乏有效的显性激励。伴随着行业协会民间化、市场化改革的不断推进，行业协会专职工作人员的职业化、专业化发展方向已成大势所趋，行业协会专职工作人员也将大量由社会招聘产生，但是目前行业协会对专职工作人员的激励仍然停留在传统的、单一的以精神激励为主的隐性激励方式上，无法提供较高的薪酬待遇、职位晋升空间等显性激励。而从行业协会所面临的"人才困境"来看，其无

---

① 吴锦良：《政府主导·社会参与·多方协作改革开放以来浙江民间社会组织参与社会建设的经验》，《中共宁波市委学校学报》2008 年第 6 期。

法吸引和留住人才的很大原因来自于协会的薪酬水平整体偏低。从课题组调研访谈情况来看，也验证了这一点，广东省一般专职工作人员薪酬待遇（含奖金）在3000元以下，中层管理人员在3000~4500元，高层管理人员在4.5万~6万元之间，明显低于广东省同期公务员和企业职工的平均水平。从北京的情况来看，北京市2012年共有社会组织专职人员12万人，他们的起薪额为1116元，平均工资水平为2000元左右①。

（3）绩效考核体系不健全，未能对行业协会专职工作人员的工作绩效实行差异化评价。由于各类行业协会的专职工作人员规模差异较大，小型行业协会的专职工作人员数量有限，一般为两至三人，往往一人身兼数职，秘书处人员结构大多为秘书长外加一至两名办事人员，俗称"二人转"，因此设立专门的绩效考核体系对其来说意义不大；大中型行业协会的秘书处则下设多个专业部门，如行政事务部、会员部、培训事务部、宣传部等，但由于各部门工作性质的不同，难以对其绩效进行有效的测量，如会员部将吸收新会员的数量作为绩效考核的重要指标，培训事务部以举办培训的讲座、班次、效果的好坏作为其工作业绩，而其他部门如宣传部、行政事务部等的工作绩效则较难进行量化，统一的绩效考核标准容易造成各部门间的不公平感。此外，由于绩效考核体系的不健全，行业协会的专职工作人员之间也缺乏相互的竞争，缺少危机感和学习提升意识。

（4）行业协会专职工作人员已逐渐走向职业化、市场化，但是整体薪酬水平却低于行业薪酬水平，未能实现同步的市场化；行业协会的专职工作人员大多属于聘用人员，签订劳动合同，但各项社会保障制度却不配套；行业协会专职人员也无法进行相关的职业资格鉴定和职称评定；多数行业协会无法提供良好的职业发展路径，特别是小型协会，往往只有二至三名专职人员，就可能存在长期无法晋升，或是一晋升就到底的情况②。由于长期以来行业协会内部对其专职人员激励不足，因此协会也很难吸引和留住优秀人才，甚至很多人才是报考应聘政府、事业单位、国有企业无

---

① 兰洁：《北京社会组织专职人员拟纳入编制薪资有望翻番》，《北京晚报》，http：//news.xinmin.cn/shehui/2012/01/31/13473139.html，最后访问日期：2012年12月24日。
② 唐国平、唐纯林：《行业协会人力资源管理的困境与创新》，《社团管理研究》2012年第8期。

果，才考虑到行业协会工作。

虽然在台湾，只聘请1~3名专职工作人员的行业协会数量不在少数，但不少行业协会管理人员专业化程度极高，包括管理专家、竞争性情报研究专家、技术质量专家、国际法律专家和公共关系专家等，行业协会秘书长也大多是协会聘任的专业技术人才、职业管理人才，并且根据专业分工设置了若干（副）秘书长职位。根据《工商团体财务处理办法》的规定对财务人员作出明确界定："财务人员指办理会计、出纳及财务管理之人员，应为专职，但由于团体编制不足时得由其他工作人员兼办之。财务人员之职位应该有两人以上之保证。"根据调查，和大陆多数行业协会一样，台湾规模较小的行业协会，一般由秘书处某位工作人员负责记录协会日常"流水账"，每年年检前外聘会计师事务记账及出具审计报告及办理报税事务。会员企业的股东及法定代表人一般只担任一些名誉性的职务，不负责协会具体事务的管理及协会的经营运作。为了激励和保障行业协会工作人员的工作，台湾制定了《工商团体会务工作人员①管理办法》，对行业协会工作人员的薪资、保险、医疗补助费、差勤报销、考核做出规定，并特别规定了资遣、退职、退休和抚恤的相关保障，并制作了《工商团体会务工作人员待遇薪点表》（表5-3）保障行业协会工作人员的收入水平。另外《劳动基准法》及实施细则、《劳工退休金条例》及实施细则、《性别工作平等法》《职业灾害劳工保护法实施细则》及施行细则，同样适用于行业协会的工作人员，充分保障其权益。

---

① 根据《工商团体会务工作人员管理办法》第二条的规定，会务工作人员是指由工商团体聘雇承办各该团体会务、业务、财务及人事等之工作人员。——笔者注

表 5-3 台湾工商团体会务工作人员待遇薪点

薪级及薪点（月给）

职 称	薪筹范围	薪筹	第1级	第2级	第3级	第4级	第5级	第6级	第7级	第8级	第9级	第10级	第11级	第12级	第13级	第14级	第15级
秘书长	13至15	15	2000	2062	2124	2186	2248	2310	2381	2452	2523	2594	2665	2747	2829	2911	2993
总干事	12至14	14	1730	1784	1838	1892	1946	2000	2062	2124	2186	2248	2310	2381	2452	2523	2594
副秘书长	13	13	15000	1546	1592	1638	1684	1730	1784	1838	1892	1946	2000	2062	2124	2186	2248
副总干事	11至13	12	1300	1340	1380	1420	1460	1500	1546	1692	1638	1684	1730	1784	1838	1892	1946
秘书组副组（处）长		11	1125	1160	1195	1230	1265	1300	1340	1380	1420	1460	1500	1546	1592	1638	1684
副主任	10至12	10	975	1005	1035	1065	1095	1125	1160	1195	1230	1265	1300	1340	1380	1420	1460
主任		9	845	871	897	923	949	975	1005	1035	1065	1095	1125	1160	1195	1230	1265
专员	8至10	8	730	753	776	799	822	845	871	897	923	949	975	1005	1035	1065	1095
干事	6至8	7	630	650	670	690	710	730	753	776	799	822	845	871	897	923	949
		6	545	562	579	596	613	630	650	670	690	710	730	753	776	799	822
助理干事	5至7	5	470	485	500	515	530	545	562	579	596	613	630	650	670	690	710
		4	405	418	431	444	457	470	485	500	515	530	545	562	579	596	613
办事员	3至5	3	350	361	372	382	394	405	418	431	444	457	470	485	500	515	530
		2	305	314	323	332	341	351	361	372	383	394	405	418	431	444	457
雇员	1至3	1	265	273	281	289	297	305	314	323	332	341	350	361	372	383	394

说明：1. 新进人员按其学资历根据各该团体会务工作人员编制员额，核给适当职称、薪等、薪级及薪点折算薪点待遇，不得低于之最低工资标准。2. 技术人员比照相当薪级计算薪点。3. 本办法修正前到职人员按原支待遇换算薪点未符，并不得超过本薪职称最高薪点，已超过部分，得保其差额，干薪等或薪级调整时，并入计算。4. 薪点值每一薪点最低不得少于新台币5元，由各该团体视本身财力自行拟订或调整，并就下列标准择一采用，报主管机关备查后实施：①采同一标准：第一段自1至710点，第二段自730至1460点，第三段自1500点起算。②采分段标准：第一段自1至710点，第二段自730至1460点，第三段目1500点起算。

资料来源：台湾内"政府"网站。

第六章　基于共生理论视角的两岸行业协会交流合作

第一节　两岸行业协会交流合作的初步成效和存在问题

一　两岸行业协会交流合作的初步成效

2013年我国政府工作报告以高度肯定的字眼概括五年来的两岸关系——"实现重大转折""形成两岸全方位交往格局""开创两岸关系和平发展新局面"。两岸经贸工作有序推进，自2005年起由中共中央台湾工作办公室海峡两岸关系研究中心和中国国民党国政研究基金会共同主办"海峡两岸经贸文化论坛"以来，该论坛相继在北京、博鳌、上海、长沙、广州、成都、哈尔滨、南宁举办，取得了良好的社会影响。随着两岸"大三通"的实现，中央不断加大海峡西岸经济区对台工作先行先试的政策支持力度，2009年5月14日国务院通过和发布了《关于支持福建省加快建设海峡西岸经济区的若干意见》，5月17日国务院台湾事务办公室在"海峡论坛"上宣布了八项惠台新政策，并于2011年6月12日、2012年6月17日继续宣布一系列惠台新政策。享受到"和平红利"的台湾产业界越来越深刻地感受到"和平发展"对两岸经济发展的推动作用。在国家政策的推动下，大陆各省市陆续专门出台支持台资企业发展的扶持措施，建立行业对接机构和联谊机制。两岸交流日益频繁，行业协会间的交流合作也不断深入，在促进两岸经贸交流、产业对接、平台建设等方面发挥着越来越重要的作用，初步建立起了联络、沟通和协调机制，取得了较为显著的成效：

1. 签署一系列合作协议和备忘录

2008年2月，福建省闽台促进会与台湾电机电子工业同业公会签订了《交流与合作备忘录》，福建省石油化工行业协会与台湾地区石油化学工业同业公会签订了《闽台石化产业交流与合作协议》；2008年9月，福建省信息产业商会分别与台湾中华软体资讯协会、亚太信息产业组织签订《战略合作协议》；2009年8月，福建省船舶工业行业协会与台湾区造船工业同业公会签订了《友好合作框架协议》；2012年12月福建省物业管理协会、广东省物业管理行业协会、香港物业管理公司协会、澳门物业管理业商会、台湾物业管理经理人协会共同签署《闽粤港澳台物业管理行业交流合作协议》。一系列合作协议和合作备忘录的签署，就两岸产业合作和技术交流相关问题达成共识，为两岸行业相互参观、考察、学习、交流创造了一个良好的平台，为推动两岸产业和相关配套项目的招商引资，联合开展行业发展课题研究、产业分析、技术研讨、项目研发和推广起到了积极的促进作用，有力地推动了两岸产业的对接和技术合作的拓展。

2. 举办行业协会对接洽谈会

2009年5月18日，福州召开以"携手合作，共创双赢"为主题的海峡两岸经贸行业协会首次对接洽谈会，来自台湾的16家同业公会（行业协会）与福建相应机构签订协议，重点就应对金融危机、推动产业升级、提升行业发展、促进经贸合作等问题展开深入对接洽谈，内容涵盖纺织服装、石油化工、电子信息、机械装备、轻工食品、交通物流六大行业。通过对接洽谈会两岸行业协会建立起经常性的对接交流机制，就加强项目（市场）推介与合作，完善企业投资环境，促进人才交流与合作，强化信息交流等方面开展深入合作，对促进海峡两岸行业交流合作、产业转型升级都起到了一定的带动作用。

3. 合办项目合作对接会

两岸行业协会合作主办项目合作对接会，可以有效帮助会员企业签约达成合作项目。2014年5月两岸交流基金会、中国水产流通与加工协会、台湾渔会在浙江省宁波市象山县主办"2014年两岸渔业产业项目合作对接会"，两岸代表协商提出八项共同倡议。

4. 设立台湾行业协会驻大陆工作联络处、允许台湾行业协会在大陆设立办事处或代表处

2009年11月福建漳州为台湾同业公会设立了驻海西的首个工作联络处，联络处设立第一年即取得了显著的成效——直接帮助洽谈促成了8个项目，注册资金6000万元人民币，项目涉及石化业、钟表业、照明业、电子科技业、农业园艺、机械等；2013年国家旅游局同意台湾海峡两岸观光旅游协会在上海设立办事分处；2014年1月台湾文化创意产业联盟协会大陆代表处在天津北宁文化创意中心揭牌，主要开展三方面的工作：一是作为台湾方面的代表参加天津国际设计周活动，组织相关展览、设计竞赛、论坛等活动，二是整合台湾设计类高校教育资源，与大陆高校及教育类企业开展合作，共同培养设计类专业人才，三是引进台湾文创企业、园区、人才，与大陆文创企业对接，开展经贸交流与项目合作。

5. 成立两岸行业交流协会或产业联盟

2009年8月"海峡两岸通信交流协会"在北京成立；2010年7月"广东省海峡两岸农业交流协会"成立，旨在推动粤台农业合作园区建设，构建粤台农业交流与合作的平台，承办粤台农业经贸洽谈活动等项目；2012年福建泉州市工业设计协会组织11家企业和科研机构，与台湾工业设计协会组织的17家成员单位合作成立"闽台工业设计技术创新战略联盟"项目。

二 两岸行业协会交流合作的存在问题

1. 两岸政治关系不确定因素造成的影响

受政治大环境的影响，两岸政治关系的不确定因素仍然存在，一定程度上阻碍了行业协会交流合作活动的顺利开展。例如，泉州市安全防范行业协会几次受到台湾方面的热情邀请，但由于安防行业属于比较特殊的行业，业务主管部门为市公安局，而公安身份的人员赴台审查非常严格，程序复杂，历时较长，因而屡屡错过台湾方面的重要活动。此外，台湾行业协会虽然民间自发作用强大，民主化和自治程度较高，但可能由于负责人的政治倾向性问题导致行业协会难免受各个政党势力的干预，这势必对两岸行业协会间的交流合作产生不良的影响。

2. 两岸行业协会发展演变进程不同所造成的阻碍

与台湾趋于成熟的行业协会相比，中国大陆行业协会仍处于起步阶段，法律规范和立法的可操作性有待完善。由于两岸行业协会发展嬗变进程不同，无论在政治多元性及民主化进程上都有较大差距。因此，大陆行业协会在深入民间公共利益空间、反映行业实际需求上的表现较弱，进而在推动政治环境变化、参与政府制定和执行公共政策上几乎无独立作用。民间自发作用强大的台湾行业协会和主要靠政府力量引导发展方向并容易受政府行政指令左右的大陆行业协会，民主化和自治性上的程度差异使其在交流合作上自然容易产生矛盾和摩擦。

3. 两岸行业协会不同的组织治理水平所造成的阻碍

中国大陆行业协会处于起步阶段，发展尚未规范，治理能力有限，缺乏有效的治理机制：决策机构形同虚设，管理层缺乏职业化，缺乏有效的监督机制，甚至某些不道德的操纵者利用行业协会非营利的外衣谋取私人暴利，因此行业协会的社会合法性常常受到质疑，影响台湾行业协会与其交流合作的信任感。同时，由于组织治理能力有限，大陆多数行业协会运营效率低下，不能集中、综合、表达、捍卫本行业企业的利益，阻碍其与台湾地区行业协会交流合作时各项功能的发挥。

4. 缺乏明确的法律规范

两岸行业协会的交流合作尚处于起步摸索阶段，多数源于自发性的市场行为，国家和各省市虽出台了一系列政策、指导意见支持两岸行业协会开展交流合作活动，但目前尚未有明确的法律规范双方的行为。两岸行业协会在交流合作的过程中，双方所应承担的权利和义务有待进一步明确，双方交流合作的机制和监督规范体系有待建立健全。

5. 大陆政府干预过多可能引起台湾方面的猜忌

多数两岸项目合作对接会是由大陆地方政府和台湾行业协会联合举办，即使有大陆行业协会作为名义主办方参与其中，但实际的主办力量却为大陆政府部门。两岸行业交流协会也往往是在大陆政府的引导和推动下成立，协会负责人多为政府官员，例如，广东省海峡两岸农业交流协会，第一届会长为广东省农业厅党组成员兼巡视员，副会长为广东省人民政府台湾事务办公室副主任，秘书长为广东省农业厅交流合作处处长，副秘书长为广东省农业厅经营管理处调研员;海峡两岸通信交流协会第一届副理事长兼秘书长为工业和信息化部国际合作司(港澳台办公室)司长。大陆政府干预过多,一方面让行业协会失去民间性阻碍其成长及发挥功能,另一方面也可能引起台湾某些政治团体的猜忌并以此妄做文章。

6. 大陆对台湾提供的投资服务工作不到位

目前大陆一些省市对外来投资的服务水平较低,具体表现在:对知识产权保护不力;相关法律法规不健全;管理体制存在重审批轻管理的现象;税费安排不合理;政府管理部门职能不清,办事效率低下;某些地方政府政策模糊不清,朝令夕改缺乏稳定性;一些官员官僚作风严重,吃拿卡要现象时有发生;高素质的劳动力供给不足;园区综合配套能力较为落后等。

7. 合作没有实质进展

两岸行业协会虽然签署了一系列合作协议和备忘录,但真正推行并取得实质成效的不多。笔者台湾调研期间,很多行业协会反映两岸行业协会在项目对接会上签署了合作协议或备忘录,但往往没有进一步履行协议或备忘录的内容。台湾行业协会表示希望能够按照合同约定切实开展合作,而不是仅将合作停留在参观互访、开会研讨和签署协议上。甚至有些台湾行业协会毫不留情地指责大陆行业协会屡屡出现不守承诺的现象,经常开"空头支票"的行为令人大失所望。台湾行业协会认为大陆行业协会由于长期受大陆某些官僚风气等因素的影响,在交流活动过程中表现为表面十分积极,排场较大,而在走完形式、考察旅游结束之后,竟然没有实质性的具体对接举措。台湾行业协会吃惊并且无奈于双方开展的交流活动只流于表面形式,甚至有些参与者的主要目的是到台湾旅游,这种现象完全不符合行业协会应有的特征和精神。

第二节 共生理论的概念和内涵

"共生"概念源于种群生态学,由德国真菌学家德贝里于1879年提出,指的是不同生物种群按某种物质联系共同生活,进行物质交换与能量传递。一般认为,共生由共生单元、共生模式和共生环境三个要素构成。

从袁纯清教授的描述和分析可以看出①，共生单元是指构成共生体和共生关系的基本能量生产和交换单元，是形成生物共生的基本物质条件；共生模式又称共生关系，是指共生单元相互作用的方式或相互结合的形式，反映共生单元间的物质信息交流和能量互换关系，体现共生单元之间作用的方式和强度；共生环境是指共生关系即共生模式存在和发展的外生条件，是共生单元以外的所有因素的总和。从行为方式来看，共生存在寄生、偏利共生、非对称互惠共生、对称互惠共生四种关系模式②，这四种模式的特征如表6-1所示。

表6-1 共生行为模式的特征

共生的行为模式	特 征
寄生	物质、信息、能量从寄主向寄生者单向流动，有利于寄生者但不利于寄主进化，但并不一定会对寄主有害
偏利共生	存在物质、信息、能量的双边双向交流，有利于获利方进行创新，对非获利方进行无补偿机制时不利，一般对一方有利而对另一方无害
非对称互惠共生	不仅存在双边双向交流而且存在多边多向交流，但共生单元进化具有非同步性
对称互惠共生	不仅存在双边双向交流而且存在多边多向交流，共生单元进化还具有同步性

资料来源：笔者根据相关资料整理。

从组织程度来看，共生模式有点共生、间歇共生和一体化共生三种模式③，这三种模式的特征如表6-2所示。

表6-2 共生组织模式的特征

共生的行为模式	特 征
点共生	某一特定时刻共生单元具有一次相互作用，共生单元只有某一方面发生作用，因此共生关系具有不稳定性和随机性
间歇共生	按某种时间间隔共生单元间具有多次相互作用，但共生单元只在某一方面减少数方面发生作用，同样共生关系具有某种良循环和随机性

---

① 袁纯清：《共生理论——兼论小型经济》，北京经济科学出版社，1998，第43页。
② 袁纯清：《共生理论及其对小型经济的应用研究》（上），《改革》1998年第2期。
③ 袁纯清：《共生理论及其对小型经济的应用研究》（上），《改革》1998年第2期。

续表

共生的行为模式	特 征
一体化共生	共生单元在一个封闭时间区间内形成了具有独立性质和功能的共生体，共生单元存在全方位的相互作用，共生关系稳定且具有必然性

资料来源：笔者根据相关资料整理。

任何完整的共生关系模式都是共生行为模式与共生组织模式的具体结合，可以以共生的行为模式为纵坐标，共生的组织模式为横坐标建立直角坐标系，如图6-1所示。

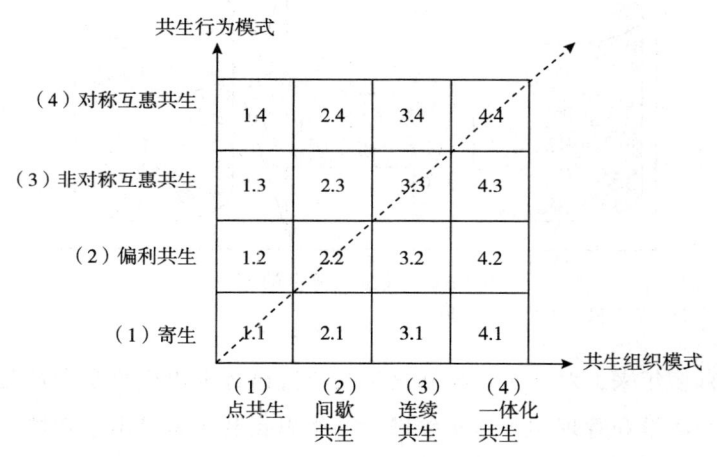

图6-1 共生行为模式和共生组织模式的结合坐标系

资料来源：笔者根据相关资料整理。

从图6-1中可见，完整的共生关系模式可以由行为模式和组织模式的具体结合产生多种组合。从共生的行为模式与组织模式的特征来看，无论是从"寄生"到"偏利共生"再到"非对称互惠共生"再到"对称互惠共生"，还是从"点共生"到"间歇共生"再到"连续共生"再到"一体化共生"，都是一种从低级模式向高级模式进化的过程。结合图6-1可以得出这样的结论：从坐标系的（1.1）沿着虚线箭头所指的方向进化到坐标系的（4.4）即从"寄生条件下的点共生模式"进化到"对称互惠共生条件下的一体化共生模式"，是一种从低级共生模式向高级共生模式进化的理想路径。

共生的三个要素相互作用、相互影响，共同反映共生系统的动态变化方向和规律。其中，共生单元是基础，共生模式是关键，共生环境是重要的外部条件。共生三要素相互作用的媒介称为共生界面，它是共生单元之间物质、信息和能量传导的媒介、通道或载体，是共生关系形成和发展的基础。如图6-2所示，椭圆表示共生单元，箭头表示共生界面，外围大方框表示共生单元所处的共生环境。

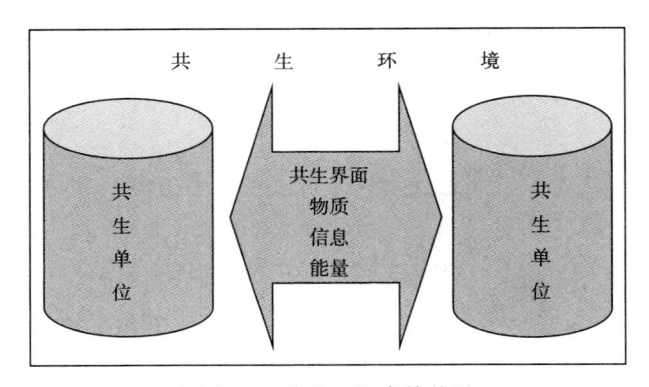

图 6-2 共生三要素的关系

资料来源：笔者根据相关资料整理。

一百多年来，对共生现象和理论的研究已逐渐由生物学领域延伸到社会学、经济学和管理学等诸多领域。共生思想甚至是日本学者黑川纪章城市规划思想和建筑设计理念的核心，他在创作实践中遵循人与自然的共生、历史与未来的共生、异质文化的共生等。在中国社会科学领域，早在1998年，袁纯清就提出运用共生理论研究中国小型经济发展问题，他提出三个主要论题：共生不仅是一种生物现象，也是一种社会现象；共生不仅是一种自然状态，也是一种可塑形态；共生不仅是一种生物识别机制，也是一种社会科学方法[①]，从而为我国学者运用共生理论研究社会科学奠定了基本的概念体系、逻辑框架和分析方法。而后他又在《金融共生理论与城市商业银行改革》一书中首次将共生理论引入我国城市商业银行改革的研究中，提出并界定了金融共生概念。

[①] 袁纯清：《共生理论——兼论小型经济》，经济科学出版社，1998，第5页。

第三节　共生理论的适用性分析

一　共生理论在两岸经贸合作与产业对接研究中的适用性

根据现有研究文献分析，中国大陆学者多运用经济学中的产业集聚理论、劳动地域分工理论和区域经济联系理论等来研究两岸产业对接问题。然而区域经济合作与产业对接涉及众多部门，不同产业存在较大差异，这些都决定了两岸产业对接的复杂性。以往研究经验告诉我们，对于复杂的研究对象，突破传统经济学研究视角，导入多学科的分析审视可能带来新的研究思路并可能取得新的研究成果。共生理论研究复杂种群之间信息传递、物质交流、能量传导以及合作共生的模式和环境，对区域经济合作与产业对接问题具有良好的适用性。从现有研究成果来看，已有一些学者提出将共生理论运用于经济一体化研究当中，冷志明、易夫运用共生理论研究城市圈经济一体化机理[1]；李刚、周加来运用共生理论研究成渝综合试验区的区域合作[2]；刘荣增运用共生理论研究区域经济的协调发展，提出构建东、中、西部三大共生单元之间的共生机制[3]。这些学术成果对尝试研究两岸经贸合作的共生机理具有一定的借鉴意义。

根据共生理论，判断海峡两岸尤其是闽台（福建和台湾）产业共生关系是否形成必须满足一定的条件，即台湾和大陆参与对接的各个产业构成共生单元，各共生单元具有相互兼容的内在性质以及时间或空间上的联系，并且各共生单元之间存在一定的亲近度、同质度和关联度。（1）空间接近。台湾与祖国大陆仅隔着一个台湾海峡，空间上的接近为两岸经贸合作与产业对接提供了便利。福建是祖国大陆与台湾地理上最近、地缘条件最具优势的省份，厦门市同安区大嶝镇距离金门最近的距离仅1800米，平潭综合试验区东面与台湾新竹仅距68海里。广东、上海等省市与台湾

---

[1] 冷志明、易夫：《基于共生理论的城市圈经济一体化机理》，《经济地理》2008年第5期。
[2] 李刚、周加来：《共生理论视角下的区域合作研究——以成渝综合试验区为例》，《兰州商学院学报》2008年第6期。
[3] 刘荣增：《共生理论及其在我国区域协调发展中的运用》，《工业技术经济》2006年第3期。

的时间距离也仅仅是飞行一个半小时。（2）历史文化渊源深厚。台湾自古是中国不可分割的一部分，在行政隶属上属于福建的一个县，福建和广东是中国著名的台胞祖籍地，两岸人民血缘相亲，语言相通，习俗相近，具有特殊的历史、地域和文化渊源关系，经贸交往和人员往来以及文化交流等方面的联系十分密切。历史文化上的这种渊源关系为生产要素的流动创造了条件，从而为两岸经贸交流与合作提供了良好的社会文化环境。（3）产业发展存在相似性。电子信息和光电一体化是上海、江苏和福建等东部沿海地区的相对优势产业，具有良好的产业积淀，而在台湾这两个产业也是最具国际竞争力的优势产业；石化工业是台湾的支柱产业，而近年炼化一体化项目在福建泉港落地且福建石化产业发展迅猛；大陆东南沿海地区与台湾相似的地理和气候条件使得农业生产有很多相似之处，并且都是小规模经营。（4）发展存在互补性。海峡西岸经济区和台湾资源禀赋特征和所处经济发展阶段决定二者在资本要素、技术要素、人力资源要素和信息要素等方面具有天然的相互依赖性。再从产业结构看，东南沿海发展水平相当于台湾在20世纪八九十年代的产业结构阶段。目前台湾的产业发展已逐渐转向资本、技术和知识密集型产业，两岸产业发展程度上存在一定差距，产业互补空间较大。台湾的资本、技术、营销管理和信息资源与大陆低廉的土地、人力资源以及较大的市场潜力形成较强的互补性，从而构成产业分工合作的基础。

由以上四点分析可知，台湾和大陆之间，各个产业构成的共生单元，其同质度或关联度都比较大，两岸产业之间已经具备了良好的共生条件。因此，运用共生理论研究两岸经贸合作与产业对接问题具有良好的适用性。

二 共生理论在两岸行业协会交流合作研究中的适用性

根据共生理论，共生由共生单元、共生模式和共生环境三要素构成，这三个要素相互作用的媒介称为共生界面。本书认为，两岸各个行业协会可以被看作是一个个共生单元，两岸行业协会相互作用的方式即为两岸行业协会的共生模式，两岸行业协会所处的自然、经济和社会环境就是两岸行业协会的共生环境，而两岸行业协会之间的财物、人员、信息、技术等相互传导和作用的媒介即两岸行业协会之间所建立的一系列联络、沟通和协调机制就是两岸行业协会共生的界面。因此，两岸行业协会具备了共生关系形成所必需的要素。如图6-3所示，椭圆表示两岸行业协会的共生单元即两岸各个行业协会；四向箭头表示两岸行业协会共生的界面，即两岸行业协会之间建立的一系列联络、沟通和协调机制，两岸行业协会之间的财物、人员、信息、技术等通过这个共生界面相互传导、相互作用；外围大方框表示两岸行业协会所处的共生环境即两岸行业协会所处的自然、经济和社会环境。

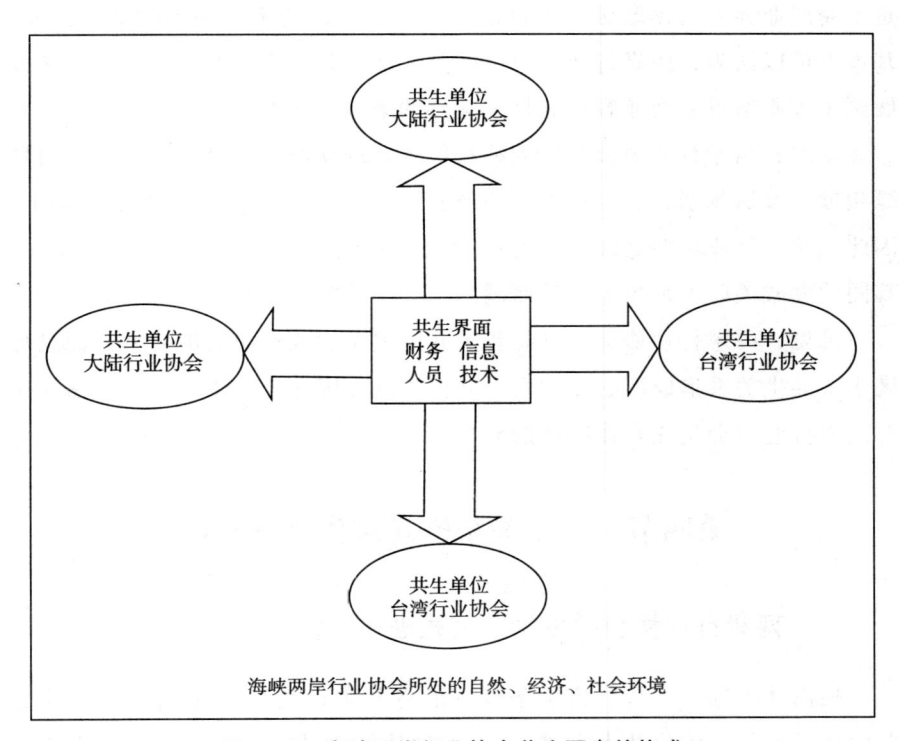

图6-3　海峡两岸行业协会共生要素的构成

资料来源：笔者整理。

此外，两岸行业协会共生关系的形成，还必须满足两个必要条件：第一，两岸行业协会两个候选共生单元之间至少具有一组质参量兼容；第二，两岸行业协会两个候选共生单元如果作为同类共生单元，其同质度应不小于某一临界值，如果作为异类共生单元，其关联度也应不小于某一临界值①。从海峡两岸行业协会交流合作的实际情况看,已经满足了共生的这两个必要条件。

首先,随着海峡两岸"大三通"的正式实现,《国务院关于支持福建省加快建设海峡西岸经济区的若干意见》的正式颁布,以及两岸经济合作框架协议(ECFA)的正式生效,两岸经贸关系的发展更进一步,两岸经济合作水平和合作层次进一步提升,两岸产业的相互依存度和互补性进一步加强。同时,台湾地区自国民党重新执政后,进一步增进了两岸的政治互信,两岸良性互动与和平发展的势头良好。台湾越来越多的民众特别是工商产业界人士逐渐深刻地意识到台湾的经济离不开祖国大陆。因此,基本上可以认为,两岸行业协会之间至少在经贸合作、产业对接,经济发展愿望等质参量方面兼容,满足了共生的第一个必要条件。

其次,两岸行业协会共生的独具优势体现在两岸尤其是闽台、粤台地缘相近、血缘相亲、文缘相承、商缘相连、法缘相循的"五缘"优势上。因此,两岸行业协会之间无论是作为同类共生单元,还是异类共生单元,其同质度或关联度都较大,从而满足了共生的第二个必要条件。

可见,两岸行业协会不仅具备了共生关系形成所必需的要素,而且也满足了共生关系形成所必须的两个必要条件。因此,共生理论完全适用于对两岸行业协会交流合作问题的分析。

第四节 共生关系模式进化机制构建

一 两岸行业协会共生关系模式进化目标

根据共生理论,从"寄生条件下的点共生模式"进化到"对称互惠共生条件下的一体化共生模式",是一种从低级共生模式向高级共生模式进化的理想路径。两岸行业协会共生关系的目标模式也是通过进化,最终达到"对称互惠共生条件下的一体化共生模式"。

从现状分析看,目前两岸经贸合作与产业对接的共生行为模式属于非

---

① 张健华、余建辉、洪元程:《基于共生理论的闽台旅游合作机制研究》,《福建农林大学学报》(哲学社会科学版)2008年第11期。

对称互惠共生，共生组织模式属于间歇共生向连续共生进化的阶段。图6-4所示的实心箭头表示两岸行业协会共生关系模式进化所处阶段，即"共生行为模式和共生组织模式的结合坐标系"的（2.3）到（3.3）进化的阶段（即"非对称互惠共生条件下的间歇共生关系模式"到"非对称互惠共生条件下的连续共生关系模式"进化的阶段），欲达到（4.4）对称互惠共生条件下的一体化共生的理想模式还有一段距离。

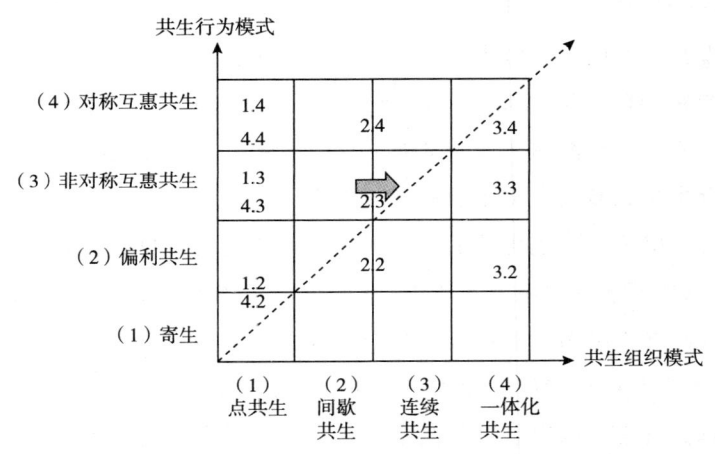

```
共生行为模式
(4)对称互惠共生    1.4    2.4    3.4
                   4.4
(3)非对称互惠共生   1.3    2.3    3.3
                   4.3
(2)偏利共生        1.2    2.2    3.2
(1)寄生            4.2
                   (1)    (2)    (3)    (4)
                   点共生 间歇   连续   一体化
                         共生   共生   共生         共生组织模式
```

图6-4　共生行为模式和共生组织模式的结合坐标系

资料来源：笔者整理。

从1996年开始，台湾当局一直施行对大陆投资"戒急用忍"的政策，并将"戒急用忍"政策的适用范围扩及至大陆政策的各个层面，全面紧缩对大陆经贸政策。2001年台湾当局开始检讨"戒急用忍"政策，并逐步趋向"积极开放、有效管理"新大陆经贸政策。2001年8月12日，经济发展咨询委员会两岸组在"台湾经济发展会议"上初步达成推动两岸经贸发展的共识，以所谓的"积极开放，有效管理"取代行之五年的"戒急用忍"政策。国民党重新执政后，两岸形势出现重大变化，马英九当局采取了一系列较为积极、开放的两岸经贸政策措施，两岸经贸关系发展的政策与法律环境发生了重大变化。中断近十年的海协会与海基会商谈得以恢复，2008年11月《海峡两岸空运协议》《海峡两岸海运协议》《海峡两岸邮政协议》等经济协议的签署，标志着海峡两岸大"三通"的基本实现。2010年9月《海峡两岸经济合作框架协议》（ECFA）

正式生效，2013年6月两岸签署海峡两岸服务贸易协议，为两岸经贸合作提供更多优惠和便利的市场开放措施。但总的来看，台湾当局的大陆经贸科技政策调整仍有被动应对两岸形势发展的因素，始终以维护台湾产业对祖国大陆的技术优势与垂直分工地位为目标，而轻忽了在两岸之间建立平等互惠的经贸关系①。两岸经贸关系的发展本应是互惠互利的，但在特殊的两岸经济格局下，两岸经贸关系发展对台湾经济的意义显得尤其重要，大陆是拉动台湾经济增长的重要力量。大陆对台湾经济发展的支持，不仅表现在促进两岸经贸关系发展上，而且还表现在相继出台一系列特别的惠台措施，在"互惠双赢"的原则下，大陆采取更为积极的单方面的惠台措施或利益让渡做法。大陆各省市陆续推出推动大陆企业赴台投资、扩大对台采购、鼓励台资企业拓展大陆市场、推动协商建立两岸经济合作机制等惠台措施。福建更是借海峡西岸经济区建设的契机启动了一系列惠台措施，《福建省人民政府关于支持台资企业发展的若干意见》提出了25条具体措施加大吸引台商投资和帮助台资企业转型升级，福州保税区也公布了26条惠台经贸措施，为吸引台资落户、承接台湾产业转移做好充足准备。总而言之，两岸经贸关系中，包括福建在内的大陆各省市采取积极主动的合作态度，台湾则相对被动地单方面地享受大陆提供的优惠和让利，对大陆仍存在一定限制，甚至有台商对大陆的对台政策心存怀疑和芥蒂。各共生单元之间具有连续的相互作用，但共生单元在所谓互惠共生关系中由于机制的非对称性而不具有同步性。因此，两岸行业协会需要选择合适的路径来促使两岸行业协会向对称互惠共生条件下的一体化共生的目标模式进化。

要实现共生模式的进化，关键是要掌握反映共生模式进化基本规律的共生机制。依据共生理论，"共生的总体机制包括环境诱导机制、共生动力机制与共生阻尼机制三种机制，这三种机制共同决定了共生单元相互作用的方式，反映了共生关系进化的方向"。欲使两岸行业协会的共生关系模式朝着对称互惠共生条件下的一体化共生关系的理想模式演进，应充分

---

① 《台湾当局的大陆经贸科技政策及对两岸经贸合作的影响》，http://wiki.carnoc.com/wiki/，最后访问日期：2008年5月14日。

掌握这三个机制发生作用的方式和规律，对其进行积极的引导，即构建一个促使共生关系模式由低级模式向高级模式进化的机制，包括创造环境诱导机制、强化共生动力机制、减少或消除阻碍共生关系模式进化的阻尼机制。两岸行业协会共生关系模式的进化路径，如图 6-5 所示，左边交叉椭圆表示两岸行业协会正处于"非对称互惠共生条件下的间歇共生关系模式"到"非对称互惠共生条件下的连续共生关系模式"进化的阶段，右边单个椭圆表示两岸行业协会共生关系的目标模式为"对称互惠条件下的一体化共生模式"，中间箭头表示通过创造环境诱导机制、强化共生动力机制、减少或消除阻尼机制使海峡两岸行业协会的共生关系模式向更高级模式进化的路径。

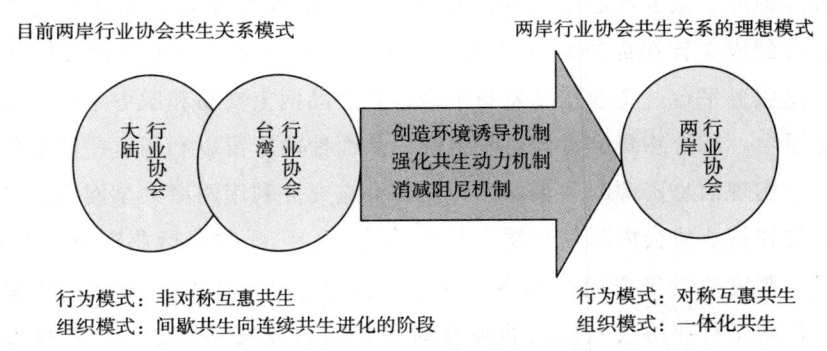

图 6-5 海峡两岸行业协会共生关系模式的进化路径

资料来源：笔者整理。

二 创造环境诱导机制

由环境作用形成的环境诱导机制对两岸行业协会共生关系模式的进化有重要的影响。因此，政府应给行业协会提供各方面的支持，为两岸行业协会的交流合作创造一个良好的共生环境。

1. 政策法规支持

通过政策法规等行政规范性文件大力支持和鼓励台湾同业公会来福建设立分支机构。2009 年 11 月 18 日福建省漳州市为 21 个台湾同业公会设立在祖国大陆的首个工作联络处，为两岸产业对接搭建了重要载体。这不仅对两岸行业协会的交流合作及两岸产业的深度对接起到了很好的促进作用，也为进一步推动两岸行业组织的共生共荣，深化两岸经贸关系及产业对接起到了良好的带头和示范作用。应鼓励台湾越来越多的行业协会前来大陆各地设立联络处，给它们提供更多的优惠条件及政策法规的支持，为它们创造良好的工作环境以及与大陆政府和行业协会沟通合作的有效平台。

2. 平台支持

首先，搭建网络信息平台，实现两岸行业协会的信息共享。在知识经济时代，信息已经成为经济社会发展不可或缺的要素。①两岸应加快以宽带网、移动通信、光纤通信为主体的现代信息网络建设，积极促成两岸信息互联网络的标准化建设，在信息表示、信息传递、信息处理等方面形成一致的标准，减少不必要的网络信息屏蔽。2009年8月海峡两岸通信交流协会的成立旨在促进两岸"通电"的进一步发展。②加快建设电子政务信息服务平台、企业信息发布平台、农产品网上交易和服务平台、旅游信息平台、综合物资交流信息平台等，从而使两岸可以利用这些网络信息平台，实现信息资源的共享。③行业协会应充分利用两岸共享网络信息平台，加强行业协会内部信息服务机构的建设，广泛收集行业资源、人才、市场、制度建设等方面的信息，并建立信息的快速收集、整理、传递机制，让两岸行业协会及同行企业及时了解同行业发展动态、行业标准变动、服务规范以及政策、法规环境的变化等。④推动两岸行业协会与企业、政府之间实现信息共享、资源共享、成果共享新格局的形成，更好地发挥两岸行业协会的信息情报功能，及时准确地披露两岸政府信息，公开行业动态、企业信息和市场信息，以便两岸企业在变幻莫测的市场中把握住转瞬即逝的商机，为两岸企业的发展决策提供可靠的依据。其次，构建两岸行业协会的各类活动平台，开展各种形式的交流合作活动，增强两岸行业协会的凝聚力。①培育和办好各项涉台经贸活动的交流盛会，如投洽会、海交会、台交会、茶博会、花博会、林博会、纺博会、艺博会、鞋博会等。通过定期举办产业、经贸、文教、科技论坛等，有步骤地建立起两岸通商贸易渠道，构建两岸产业发展、科技、人才交流、信息共享等长期交流合作机制。②通过签订各种合作协议、备忘录等，建立起行业对行业、协会对协会的沟通合作机制，形成常态化、规范化、制度化的民间组织交流合作机制,顺应两岸产业对接、共同开拓国际市场的趋势。③鼓励通过两岸行业协会牵头组织同两岸行业企业共同成立产业联盟或行业协会。④加强两岸文化交流,通过举办妈祖文化交流系列活动、澎湖历史与文化研讨会、海峡论坛、闽台大学生辩论邀请赛、海峡两岸闽台文化节、各种体育赛事等活动增进两岸人民的相互了解和情感认同,也为两岸行业协会的交流合作提供了更为广阔的发展空间。

3. 媒体宣传和典型示范

选择一系列涉及面广、社会影响力大的两岸行业协会的交流合作活动,给予重点扶持和宣传,例如,一系列合作协议和备忘录的签署,经贸合作论坛、产业对接会的组织召开等。扶持培育一批示范性的行业协会先进单位,建立两岸行业协会交流合作的示范性机制,发挥其示范和辐射带动作用。充分利用电视、广播、报纸、杂志、互联网等社会媒体对两岸行业协会的交流合作活动进行公开的报道和宣传,这不仅有利于公众充分了解、正确评价和大力支持两岸行业协会的交流合作活动,同时也有利于两岸行业协会的交流合作活动接受社会公众的监督,根据社会公众的意见和建议完善和改进两岸行业协会的交流合作的相关工作。

三 强化共生动力机制

"共生动力机制反映了共生单元之间相互激励、相互促进、相互作用、相互制约的内在关系,通过共生动力机制的作用,共生单元、共生体得到发展与进化。"① 因此,在促进两岸行业协会共生关系模式进化的过程中,应采取各种方式强化两岸行业协会之间共生动力机制的作用。

1. 进一步明确两岸行业协会交流合作的目标,以目标激发行业协会间交流合作的动力

由于两岸产业存在较大的互补性,在较长时间内两岸行业协会的交流合作应以促进两岸产业梯度转移,实现两岸产业顺利对接为主要目标。在这一过程中充分发挥两岸各自的优势,实现两岸产业的合理分工,构建两

---

① 袁纯清:《共生理论及其对小型经济的应用研究》(上),《改革》1988 年第 2 期。

岸对接配套、相互依存、优势互补、共同繁荣的产业发展格局。当两岸产业分工体系逐渐明晰,两岸之间的差距逐渐缩小时,两岸将会逐渐成为统一的大市场,规模经济效应和国际竞争优势就会逐渐显现出来。

2. 做好统一的规划引导,把握两岸行业协会交流合作的重点和方向

两岸行业协会应加强与主管部门的互动和沟通,协同主管部门研究制订两岸行业协会交流合作的总体规划,尤其是对电子、机械、石化、农业、旅游、物流、金融等产业以及传统制造业等两岸产业对接的重点领域,通过对行业协会的规划引导和关联配套,使两岸同行业在行业自律、信息共享、信用等级和资质评审互认、市场准入以及行业标准一体化等领域达成一致。

3. 建立各项机制,确保两岸行业协会交流合作的有效进行

第一,建立信任机制。信任是维系组织间联结关系保持连续性和持久性的关键因素,而信任机制的建立需要两岸行业协会共同的投入和培养,通过长期的交流沟通和互利合作形成彼此间的认同关系,并在长期的互动中发展成为柔性的信任关系,而不仅仅依靠冗长繁细的合同约束彼此间的行为,从而使两岸行业协会间的交流合作更具弹性和有效性。第二,建立利益共享和分配机制。公平的利益分配是合作的必要条件,利益分配不均,极易导致合作各方的摩擦。两岸行业协会在交流合作的过程中,要考虑两岸各自的产业和企业的相互利益,有效解决合作双方的利益冲突,实现双方取长补短和共同发展。此外,在考虑行业整体利益的同时,也要兼顾企业的个体利益,对个别利益受损的企业应给予相应的补偿,维持一种多赢和互惠共生的状态。第三,建立沟通协调机制。两岸产业存在利益分歧,同时两岸行业协会由于所处的经济、政治、社会环境不同,导致彼此发展水平和成熟度存在差异,所以,双方在交流合作的过程中难免存在意见分歧。因此,需要在两岸行业协会之间建立一个有效的沟通协调机制,在产生分歧时,能够通过有效的沟通协调达成妥协,形成一个彼此均能接受的方案来减少或避免双方的摩擦,确保两岸行业协会交流合作共生体系的健康发展。第四,建立学习机制。两岸行业协会在交流合作的过程中,可相互学习和借鉴彼此先进的管理经验,推动组织的跨越发展。

4. 建立切实可行的监督约束规范体系,确保两岸行业协会交流合作的有序进行

"没有监督,就不可能有可信承诺,没有可信承诺,就没有提出新制度、新规则的动机。"[①] 因此,只有监督才能确保各方遵守承诺,进而形成新的常态化、制度化的交流合作机制。在两岸行业协会交流合作过程中,可能存在行业协会内部人控制、会员企业损害行业整体利益、两岸行业协会的某些龙头会员企业串谋独占政策和资源等违法违规现象。行业协会作为一种自治组织,必须通过一套科学有序的监督和制裁机制来规范其行为,可采取当局监督、公众监督、舆论监督和协会自律相结合的方式进行约束。第一,当局监督。当局监督具有权威性、专业性强的特点,但当局监督应该是从宏观上规范行业协会的行为,而不能对其内部运作进行干预。当局可建立一个统一的监管机构,主要职责是建立规范公开的登记和备案制度,制订两岸行业协会交流合作的运作规范,明确当局购买服务及财政奖励和扶持的条件与程序,及时调查处理行业协会的违法违规行为。此外还要为两岸行业协会的参政议政提供制度化的渠道,规范和完善行业协会的政策倡导途径以及与当局的沟通协调机制。第二,公众监督。公众的支持和参与是做好两岸行业协会交流合作活动监督工作的重要保障。社会公众具有广泛性的特征,容易形成对行业协会多角度、多层次的观察和监督。充分动员广大社会公众加强对两岸行业协会交流合作活动的监督,积极为促进两岸行业协会交流合作的发展建言献策,有利于推动两岸行业协会的交流合作更好更快地发展。但由于公众缺乏专业性以及其具有分散性的特征,使得其举报困难和跟风现象严重,因此,要对社会公众给予充分的支持和引导,使他们认识到行业协会的交流合作在促进两岸经济、社会发展等方面的重要作用,从而积极地参与和支持两岸行业协会的交流合作活动。第三,舆论监督。舆论监督即新闻媒体监督,包括电视、广播、报纸、杂志、互联网络等。舆论监督具有及时、全面、普及范围广、影响大的特点,具有导向作用和威慑作用。广大新闻媒体要充分发挥舆论监督和

---

① 〔美〕埃莉诺·奥斯特罗姆:《公共事务的治理之道》,余逊达、陈旭东译,上海三联出版社,2000,第74页。

导向的功能，一方面对行业协会在交流合作过程中的违法或不道德行为给予无情的揭露，但要确保信息的真实性，避免虚假信息的消极影响。另一方面要大力宣传两岸行业协会在交流合作过程中对社会做出的积极贡献，帮助其树立良好的公众形象。从正反两方面引导和监督行业协会的行为，促使两岸行业协会的交流合作活动走向快速健康发展的道路。第四，协会自律。由于行业协会对成员的信息了解比较充分，很容易察觉负责人的内部控制和会员的违法违规行为，因此依靠协会自律来自我监督具有准确性、时效性强的优势，但要避免会员之间为了共同利益相互勾结，以及行业协会单纯强化服务功能来吸引会员而避讳采用惩处措施造成会员"用脚投票"。两岸行业协会交流合作活动的监督体系如图6-6所示。

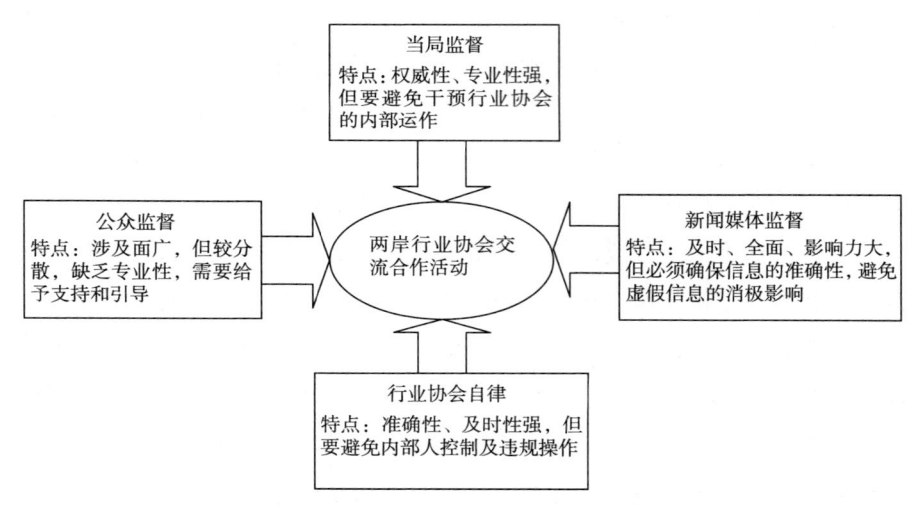

图6-6　海峡两岸行业协会交流合作活动的监督体系
资料来源：笔者整理。

四　减少或消除阻尼机制

"共生阻尼机制是由共生单元之间的性质差异、空间距离和共生界面的介质性质所形成的"[①]。从两岸交流合作的"软环境"和"硬环境"两方面分析，目前影响两岸产业对接及经贸关系进一步发展的阻碍因素仍然

[①]　袁纯清：《共生理论及其对小型经济的应用研究》（上），《改革》1988年第2期。

存在，加上两岸行业协会发展水平及运作模式的差异，难以避免两岸行业协会共生关系模式进化的阻尼机制的形成。从"软环境"看，目前造成闽台两岸行业协会共生关系模式进化的阻碍因素，如前文分析所知，主要有以下几个方面：两岸政治关系的不确定因素造成的影响；两岸行业协会发展演变进程不同造成的阻碍；两岸不同的组织治理水平造成的障碍；缺乏明确的法律规范造成的影响；大陆政府干预过多可能引起台湾方面的猜忌；大陆对台湾提供的投资服务工作不到位；合作没有实事进展等。从"硬环境"看，由于历史基础的先天不足，加上资源环境等因素的制约，大陆不少地方尤其是中西部地区，在交通、能源、通信等基础设施建设方面无法满足台湾产业投资的需要。

减少或消除两岸行业协会共生关系模式进化的阻尼机制，需要两岸人民的共同努力。大陆方面，首先，积极改善两岸交流合作的"软环境"。一是继续坚持两岸政治互信，和平发展；二是规范行业协会的发展，缩小两岸行业协会发展水平的差距；三是完善法制建设，推进行业协会立法和两岸行业协会交流合作的法制化、规范化发展；四是加强服务型政府的建设，增强服务意识，提高办事效率，制止腐败行为；五是切实发挥行业协会在两岸经贸交流和产业对接中的主体作用，政府做好必要的服务和监督工作即可；六是杜绝两岸行业协会交流过程中的形式主义倾向，切实推进各项承诺和协议的履行；七是大力发展高等教育和科学研究，充分发挥大陆高校的作用，调整高校的专业结构，为两岸产业、经贸的发展培养大批优秀的人才，同时制定优惠政策大力引进高新科技人才、高级管理人才等高端人才。其次，从改善两岸交流合作的"硬环境"入手，加强以交通、通信、能源等为重点的基础设施建设。一是加快沿海港口设施的建设，扩大港口吞吐能力，建设直航大港，继续加强高速公路和高速铁路以及民航机场建设，建立海陆空一体化的立体交通网络。二是着重解决电网建设滞后，电源布局不合理等能源建设问题。三是加快解决国民经济信息化网络和农村通信网建设等通信建设问题。台湾方面，应积极破除两岸人民交流合作的人为障碍，消除误解和成见，减少台湾各政党势力对行业协会活动的不必要干预，避免行业协会负责人的政治倾向和党派立场对两岸行业协会的交流合作造成不良影响。此外，两岸还需健全行业协会交流合作的法律法规，为行业协会的交流合作创造良好的环境诱导机制，不断强化两岸行业协会交流合作的各种共生动力机制，减少或消除两岸行业协会向对称互惠条件下的一体化共生关系模式演进的阻尼机制。

两岸行业协会共生关系模式进化的机制构建，如图6-7所示。底层椭圆形表示目前两岸行业协会的共生关系模式，最上层的椭圆形表示两岸行业协会共生的目标模式，箭头表示通过创造环境诱导机制和强化共生动力机制，使两岸行业协会共生关系由低级模式向高级模式进化的路径，长方块表示阻碍两岸行业协会共生关系模式进化的共生阻尼机制，可通过改善两岸行业协会共生的"硬环境"和"软环境"来减少或消除。

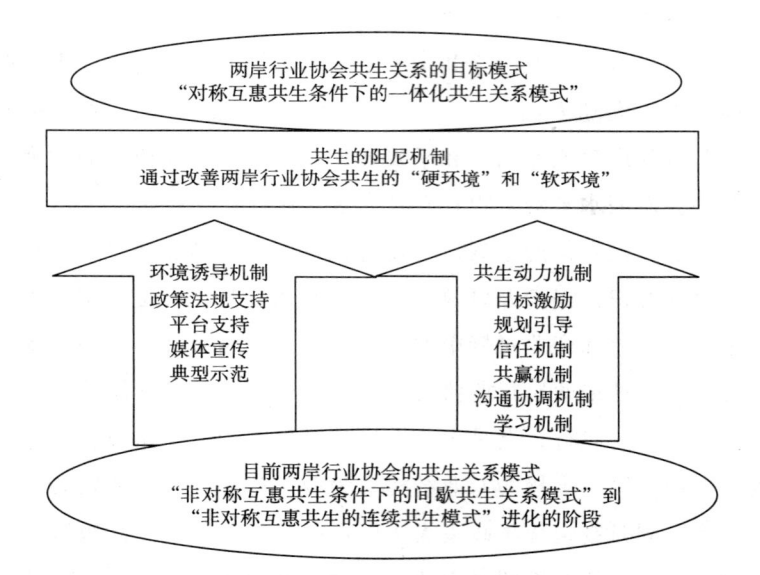

```
                ┌─────────────────────────────────────┐
                │  两岸行业协会共生关系的目标模式      │
                │ "对称互惠共生条件下的一体化共生关系模式" │
                └─────────────────────────────────────┘
        ┌─────────────────────────────────────────────────┐
        │              共生的阻尼机制                      │
        │  通过改善两岸行业协会共生的"硬环境"和"软环境"    │
        └─────────────────────────────────────────────────┘
              ▲                              ▲
         环境诱导机制                   共生动力机制
         政策法规支持                   目标激励
         平台支持                       规划引导
         媒体宣传                       信任机制
         典型示范                       共赢机制
                                        沟通协调机制
                                        学习机制
                ┌─────────────────────────────────────┐
                │  目前两岸行业协会的共生关系模式      │
                │ "非对称互惠共生条件下的间歇共生关系模式"到 │
                │ "非对称互惠共生的连续共生模式"进化的阶段 │
                └─────────────────────────────────────┘
```

图6-7　海峡两岸行业协会共生关系模式的进化机制

资料来源：笔者整理。

第七章 基于行业协会平台的两岸人才交流合作

第一节 行业协会在两岸人才交流合作中的价值与意义

经济的角逐关键在于人才，各行业人才的交流合作将促进各领域的可持续发展，且两岸人力资源具有明显互补性，其交流合作的重要性不言而喻。两岸人才的流动在很大程度上决定其产业对接的成功与否。第一，有利于与两岸经贸往来形成良性循环的趋势。当前两岸经贸往来、文化交流等方面正进行得如火如荼，当然与人员之间的沟通密不可分，这也迫切需要人才之间进行更加紧密的交流合作，否则产业对接和经贸往来难以取得更丰硕的成果。经贸往来需要人才交流，人才合作进一步助推产业对接，这是一个良性循环的必然趋势。第二，有利于推进海峡西岸经济区产业结构的调整和升级。自从 2010 年两岸经济合作框架协议（ECFA）实施以来，海西经济区的产业布局已初步形成。但是海西经济区总体产业层次仍然偏低，产业结构急需加速调整升级，以及如何有效实现与台湾产业的转移和对接，都是现阶段完善产业布局需应对的问题。新一轮的台湾地区产业梯度转移，呈现显著的"扎堆转移"特征，必然要求两岸充分的人才交流合作作为支撑。两岸人才的交流合作，将有利于推动两岸的经贸合作水平向纵深发展，创造海峡两岸经济共同体的区域经济繁荣景象。第三，有利于促进两岸人民的深入了解，推进两岸和平统一大业。由于长期的政治因素，两岸处于分离状态，台湾民众特别是青少年受到"台独"势力宣扬的负面信息影响，对祖国大陆的情况不了解甚至有偏见误解，这就在一定程度上对两岸人民的交往造成阻碍。在大力推进人才交流合作的过程中，将逐渐消除台湾民众的心理隔阂，淡化不必要的担心，有利于增进两岸人民的深入了解和感情交融，营造和谐的政治局面，从而推动两岸和平统一大业的发展。

两岸的人才交流相对较为滞后，引起从中央到地方的高度重视。例如，作为海西经济区主体的福建省在闽台人才交流合作问题上，获得了从中央到地方一系列政策支持。2008年3月，原人事部《关于支持海峡西岸经济区建设推动福建人事工作发展的意见》确定福建省为全国人事制度改革先行区和两岸人才交流合作先行区；2009年9月，福建省人大修订《福建省建设海峡西岸经济区纲要》，在原"九大支撑体系"基础上增列了人才资源支撑体系；2010年底颁布的《福建省中长期人才发展规划纲要（2010～2020年）》中，建设两岸人才交流合作区域中心被列为主要任务之一；2011年初公布的《福建省国民经济和社会发展第十二个五年规划纲要》中，对台交流的先行先试是亮点之一，其中便包括如何推动人才的交流合作。在政策的推动下，两岸人才交流合作在实务上也取得一定的成果，包括从2007年至今在"6·18"海峡项目成果交易会期间举办的"海峡两岸人才交流合作大会"、2008年6月17日举办的海峡两岸人才开发合作论坛、2010年11月10日举办的海峡两岸与区域人才合作发展论坛、2011年6月18日举办的闽台人才共促福建企业发展论坛。不论是有力的政策保障还是其顺利的交流进程，均凸显了两岸人才交流的重大意义。近年来，两岸行业协会之间建立起了沟通、联络和协调机制，交流与合作不断深入。除了相关交易会、论坛和台商投资区等平台外，行业协会将成为两岸产业对接、人才交流合作的重要平台，并且发挥出不可替代的作用。

目前两岸经贸交流频繁，人才交流相对滞后，学界对人才交流合作的研究有限但不断扩展并深入。丛远东（2008）提出从四个方面推进两岸人才交流合作先行先试：建立人才交流合作机制，打造人才交流合作平台，创新涉台职称工作方法，拓宽大陆高校毕业的台籍学生在大陆就业渠道①。尤小波、王华（2009）从五个方面探讨了加强闽台人才交流合作的

---

① 丛远东：《开辟"两个先行实验区"促进"海西"又好又快发展》，《中国人才》2008年第7期。

思路：促进闽台有关管理部门间的合作；扩大闽台教育的合作与交流；拓展闽台科技人才交流与合作；加快闽台人才市场的合作与衔接；构筑闽台人才交流与合作工作的保障体系①。黄雄（2010）全面考察了福建农村实用人才队伍建设的情况及其存在的供求矛盾和体制问题，概述了闽台农业农村人才交流合作的基本情况、政策措施及其取得的显著成效，针对目前福建农村实用队伍建设和闽台农业人才交流合作存在的问题，提出了进一步扩大闽台农业农村人才交流合作的对策②。蔡旭（2010）研究的是福建厦门市与台湾的人才交流合作，同样是通过分析交流的优势和困难，进而提出一些推进交流合作的对策建议③。苗月霞（2011）提出通过建立社会组织参与模式、形成交流合作制度体系、建设"人才特区"来构建人才交流合作先行试验区④。

总体上，两岸人才交流研究目前主要集中分析存在的问题、交流合作的必要性以及对宏观层面的架构，对具体微观层面的涉及较少，很少以具体某一平台如海交会、行业协会等进行深入研究。本书认为在两岸关系大背景下，深化以行业协会为平台的两岸人才交流合作机制具有重要的理论和现实意义：首先，拓展人才引进平台，促进非官方人才交流。行业协会是企业基于自身利益的联合体，这使得行业协会相对单个企业具有明显的信息优势，在两岸人才交流中，这种信息优势能够使行业协会有机会扮演企业、学校之间人才交流的媒介的角色。此外，两岸现有的人才交流平台，如"6·18海峡项目成果交易会"、台商投资区、台湾农民创业园、高新技术产业园等虽然发挥着重要的作用，但行业协会在促进两岸经贸往来和产业对接中发挥的特有功能使其成为具有天然优势的人才交流平台。因此，行业协会不仅能够拓展海西人才引进平台，成为现有平台的有益补充，同时行业协会作为最重要的一类民间社团组织有利于进一步扩大非官方的、民间渠道的人才交流与合作。其次，助力产业结构升级，提升人力资本贡献度。现阶段两岸产业结构都处于转型阶段，呈现出台湾产业梯度

---

① 尤小波、王华：《加强闽台人才交流与合作的思考》，《厦门特区党校学报》2009年第3期。
② 黄雄：《闽台农村实用人才交流合作潜力及建议》，《亚太经济》2010年第4期。
③ 蔡旭：《推进厦台人才交流合作的对策建议》，《厦门特区党校学报》2010年第3期。
④ 苗月霞：《构建海峡两岸人才交流合作试验区研究》，《中国行政管理》2011年第5期。

式向大陆转移的态势,其中行业协会发挥着重要的作用。产业结构的转移是以充足的人力资源为保障的,这也使得行业协会必须承担起服务于两岸人才交流的重任。因此,依托行业协会引进高层次的台湾产业人才和行业协会人才,尤其是管理、科技、营销、设计等人才,有利于推动海西产业结构升级,提升人力资本在海西经济发展的贡献度。最后,增进两岸人民沟通,推动祖国统一大业。近年来两岸关系虽然总体趋于稳定,但是由于长达半个世纪的政治对峙,官方的直接对话还不够畅通,更多依靠具有半官方色彩的民间组织进行交流和沟通。现阶段两岸人才市场不统一,也不存在官方的人才对接机构,单凭企业进行人才引进与合作,作用有限,在政府和市场都失灵的情况下,应该发挥社会自身的作用,充分利用行业协会这类民间组织在促进两岸人才交流合作中的作用。因此,充分发挥行业协会的民间沟通功能,通过政策宣传和实务导向,将有助于消除两岸人民的隔阂和误会,增进和平发展的共识,为两岸经贸往来、人员交流创造更加宽松、友爱的外部环境,从而推进经济社会全面和谐发展[①]。显然,行业协会作为两岸经贸合作、产业对接的重要平台,在人才交流合作方面的作用不可言喻,但此方面的研究几乎空白,本章拟先行先试就基于行业协会平台的两岸人才交流问题进行抛砖引玉。

第二节 行业协会在两岸人才交流合作中的作用与内容

一 行业协会在推动两岸人才交流合作中的作用

1. 行业协会本身是基于战略协同关系而出现的

根据本书第五章关于战略协同理论的分析,一个行业若是成立一个能够联合起该行业各个企业的整体功能的组织,那么其力量必定是大于各个企业的力量之和。行业协会作为统筹该行业发展的组织,相比单个企业更容易从行业全局把握行业的发展脉络,在较大的范围内实现各种资源的优化配置,为行业的整体利益最大化服务。行业协会发挥的战略协同效应体

[①] 徐晞:《关于加强海峡两岸行业协会交流与合作的探讨》,《国家行政学院学报》2011年第2期。

现联合行动、节约成本和制度效应多个方面。由于行业协会的代表职能，两岸各个行业的经贸往来，很大程度上取决于行业协会的协同程度，行业协会能够弥补企业间单枪匹马进行交流与合作的缺陷。因此，两岸行业协会的协同效应，在宏观层面上，非常有利于两岸经贸关系向纵深发展，使交流合作更加紧密，创造海峡经济区的繁荣共赢。

2. 两岸人才发展的战略协同关系是人才交流合作的理论缘由

从前文两岸人才交流合作的必要性分析中可以看出，人才的合作如同行业协会的合作一样，均是基于战略协同的理念。由于两岸在"五缘"关系及产业优势互补性强的双重有利条件下，凸显了两岸关系与其他区域关系的不同点及优势点，从而突出了两岸人才发展具有较强的战略协同性，这便促成了人才交流合作的强劲势头。

3. 双重协同关系下行业协会能够有力推动两岸人才交流合作

基于上述两岸行业协会的协同效应和两岸人才发展的协同效应，行业协会势必成为两岸人才交流合作平台的有益补充。作为重要的民间社团组织，行业协会有利于进一步扩大非官方性的人才交流合作，能够拓展两岸人才引进和输出渠道。目前已有的人才交流合作平台及方式虽然不少，但是作用仍然有限，若要推动人才长时期的互动，就需要丰富各种平台，弥补现有平台的不足，探索更多的交流方式和内容。现阶段，充分挖掘和发挥行业协会这种具有产业和人才集聚效应的民间组织的强大功能，将加快推进两岸人才交流合作再上新台阶。

如图 7-1 所示，图中椭圆相交表示的就是两岸行业协会以及两岸人才发展的战略协同关系。

二 行业协会引导本行业人才交流合作的内容与范围

1. 行业人才信息共享

为会员企业提供包括市场信息、技术信息、人力资源信息、社会和政策信息等各类信息，实现同行业间信息的共享是行业协会的重要职能之一。行业协会能够通过整合会员企业内部信息化资源，实现行业信息共享，通过发挥其职能优势充分掌握该行业内各个企业的人才基本信息以及人才的供求状况，通过建立网络人才信息库等方式，整合相关的人才信息

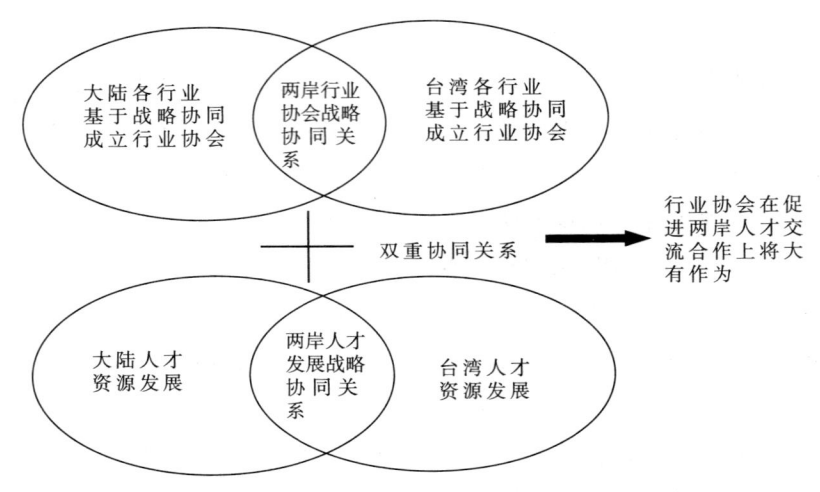

图 7-1　两岸行业协会及人才发展双重协同关系

资料来源：笔者整理。

提供给会员企业共享，通过两岸行业协会进行本行业人力资源信息的整合和共享，让两岸企业能够快速清晰地了解对方人才储备状况、人才优势状况等，从而有针对性地根据供求情况引进和输出人才，充分有效地参与人才交流合作活动。行业协会应该定期关注该行业的人才动态，掌握人才流动状况的变化信息，以便及时对人才信息库进行更新。

2. 职业资格认证

在发达国家中，成熟的行业协会普遍承担从业人员的专业培训、资格认证等行业管理职能。在英国，行业协会从职业资格标准的制定到证书的认证考核，都发挥了不可替代的作用。通过职业资格认证，为用人单位聘任相应职务提供依据，这也是行业协会服务企业职能的重要方面。行业协会比政府部门更了解本行业的技术状况和人力资源要求，如果离开行业协会的参与，职业资格证书制度必将失去其社会价值和发展动力。因此，在建立行业内职业资格认证体系的基础上，逐步实现两岸行业协会间职业资格的互认，是非常有意义的尝试。福建省率先开展台湾地区居民专业技术职务任职资格评审试点工作，获得了社会的普遍好评，在此基础上，闽台行业协会可以继续先行先试，争取在资格认证上发挥作用，逐步实现闽台行业协会间职业资格的互认制度。

3. 研究成果共享

行业间研究成果的共享是企业提高行业生产率、降低成本、改进技术，实现共赢的有效途径，行业协会在推动行业间研究成果的共享中起着引导者的作用。行业协会可以发挥其信息优势，就行业内一些重大课题组织两岸企业精英和高校的专家、学者联合攻关，走产学研一体化的道路，促进两岸产业结构的升级换代。行业协会还可以加强校会合作，有针对性地加大对本行业各层次人才的培养，同时通过跨行业协作，共同促进两岸大型产学研合作计划的启动，建立台资企业共同参与的办学机制。

4. 人力资源共享

行业协会天然的沟通和桥梁功能使其在促进区域间、企业间的人才交流合作方面具有重要作用，尤其是专业的人力资源协会，例如福建海峡人才市场与台湾"技术经理人协会"合作引进台湾优秀人才到海西工作或投资创业。行业协会本身的运作也需要大量具备高素质的管理人才，台湾的行业协会发展远较大陆方面成熟、规范，在行业协会的运作方面积累了相当数量的管理人才，引进这些管理人才有利于提高大陆行业协会的管理水平，更有效地发挥行业协会服务企业的功能。

5. 组织人才交流

行业协会是人才交流合作的一个非实体平台，可以由这个平台组织召集本行业的会员企业去参与海交会、海峡论坛等其他实体平台的人才交流活动。几乎每届"6·18海交会"都有来自台湾的各类行业协会代表在此平台上进行推介项目和人才。首届海峡论坛的一个重要分论坛就有海峡两岸经贸行业协会对接会，这不仅促进了两岸经贸对接，更促进了双方行业人员的交流互动。而且在人才交流互动的过程中，行业协会可以对产生的问题进行调解，使两岸的人才交流合作更加顺畅。

第三节 行业协会在两岸人才交流合作中的现状与问题

一 两岸人才交流合作的现状和主要平台

由于大陆不同省份与台湾在人才交流合作领域的广度和深度上都存在

极大的差异,本章主要以作为海西经济区主体的福建省对台人才工作的相关情况为分析对象,以点及面探索两岸人才交流合作的现状。近年来,福建依托国家海峡西岸经济区发展战略,发挥与台湾的"五缘"优势,着力推动两岸人才交流与合作。闽台两地通过日益频繁的经贸往来、科教合作、文化交流,使人才合作的规模、层次和领域不断提升和扩展。福建是最早颁布涉台人力资源规范性文件的省份,最先开展两岸职业培训交流合作,面向台胞开放178个职业工种鉴定;最先开展台湾专业技术职务任职资格评审试点,对台湾开放28项职业资格考试;最先成立海峡两岸职业教育交流合作中心,12所高职院校与台湾17所院校合作培养技能人才,9所高校对台湾学生实行单招政策;最先出台取得大陆高校学历的台湾学生在福建的就业办法;最先试行台湾律师事务所在福州、厦门设立分支机构。随着产业合作层次从初期的劳动密集型到技术密集型,再到高新技术产业,闽台人才交流与合作不断深化和拓展,吸引了10多万名台湾经营管理、研发技术人才来福建创业,促进了福建省电子信息、石油化工、机械制造以及花卉、水果等特色农业的发展。据不完全统计,截至2010年6月,台湾专业人才来福建从事专业交流人数达100万人次,福建也积极组织各类人才赴台开展专业交流,多达5000批次、近50000人[①]。闽台各类研究机构、研发中心和高等院校也开展了形式多样的人员交流与合作,从传统的学术研讨、互访讲学拓展到合作办学、合作研发、共建产业基地等。闽台人才交流合作已在多个平台上有序地进行,呈现平台多元化的趋势,交流合作的内容和方式也比较丰富,主要平台有以下几个。

1. "海交会"及两岸人才交流合作大会

每年一度在福州举行的海峡两岸经贸交易会(简称"5·18海交会")和中国海峡项目成果交易会(简称"6·18海交会")以及海峡两岸机械电子商品交易会暨厦门对台进出口商品交易会(简称台交会)等涉台的大型展会,是最能见证两岸交流合作成果的平台。尤其是借助"6·18海交会",福建大力加强海峡两岸人才智力的交流合作,取得了明

---

① 丛远东:《建设"两岸人才交流合作区域中心"的实践与思考》,福建人事人才网, http://www.fjrs.gov.cn/xxgk/hxrctx/zt/201102/t20110216_339196.htm,最后访问日期: 2011年3月1日。

显成效。从 2007 年至今，已经在"6·18 海交会"期间连续举办了八届"海峡两岸人才交流合作大会"（或名为"海峡两岸人才交流与人力资源服务合作大会"），共计有上千家台湾企业、人力资源机构和同业公会参与洽谈合作，已有上百名台湾专家携带项目成果参与活动。

2. 中国海峡人才市场

1998 年原国家人事部和福建省政府就共同组建了中国海峡人才市场，它从一开始就把为台资外资企业提供全方位服务列为常规项目，并建立项目库，对台资企业的区域分布、投资项目、生产规模、人才需求等进行动态分析，为福建人才资源规划提供参考。通过海峡人才市场信息网连成一体的多元化、社会化、开放型的人才市场社会化服务体系，为建立福建人才高地和促进闽台人才交流合作奠定了较坚实的基础。中国海峡人才市场下属的海外人才中心常年组织两岸人力资源机构交流合作，组织台湾人才智力、项目成果与省内企事业单位和行业部门对接，为台湾人才来福建考察、创业及台湾机构来福建发展等提供全程服务。

3. 平潭综合实验区及多个台商投资区、产业园区

平潭综合实验区的成立，是加快建设海峡西岸经济区、探索两岸合作新模式的重大举措。实验区在国家、福建省的大力支持下，正制定多项政策，采取多样措施，有效发挥其先行先试推进两岸人才交流合作的模范作用。实验区面向台湾陆续招聘千名专门人才，重点引进台湾高新技术产业人才、现代服务业人才、现代农业人才、社会事业人才和管理人才等，引进台湾专才的待遇适当高于台湾水平。对适用实验区人才引进条件，在实验区内所有企业的台籍高管人员和专业科技人员，在实验区年缴纳个人所得税总额 5 万元人民币及以上的，将按一定比例给予个人购房和租房补贴的奖励。另外，在实验区企业工作的台湾同胞，可参加企业职工基本养老保险和职工医疗保险，未形成劳动关系且常住平潭一年以上的台胞，可参加与本区居民同等待遇的城镇居民社会养老保险和医疗保险。台胞子女可在实验区内免费接受高中及以下的教育，设有台商子弟学校。对来实验区创业的台湾高校毕业生给予税收优惠、小额贷款等支持。2011 年 12 月 1 日开通的平潭往返台中、2013 年 10 月 9 日开通的平潭往返台北的"海峡号"，使很多在实验区工作的员工周末也能回到台湾跟家人团聚。此外，实验区试点公务员聘任制，台湾的人才可以在平潭的行政机构担任包括实验区管委会副主任等重要领导岗位的职务。

台商投资区、产业园区、台湾农民创业园等的设立也是台湾人才集聚的有效平台，在相当程度上促进了两岸人才的交流合作。目前福建省拥有福州、泉州、漳州、海沧、杏林和集美六个国家级台商投资区。例如，作为全国最早最大的台商投资区，厦门海沧台商投资区正努力实施包括高层次台湾专才引进工程在内的"五大人才工程"，特别是生物医药行业的人才交流合作。仙游国家级台湾农民创业园吸引了包括台湾地区"神农奖"获得者在内的台湾人才到园区创业，还建立全国首个海峡两岸大学生创业园，创办了全省首个台湾村。

除了大型的专门园区，大批企业在内部直接引进和输出人才也是两岸人才交流的常规方式。除了冠捷电子、东南汽车等台资企业集聚着大量的台湾人才，不少大陆企业，尤其是光电、石化等企业也聘请了大量台湾管理人才和研发人才。

虽然两岸人才交流与合作取得不少成效，但也存在诸多不足和限制因素，大陆对台湾人才的吸引力仍为有限，究其原因：（1）人才信息不对称。大陆和台湾各自的人才供求信息没能够让对方及时地充分了解，给人才的交流合作带来了障碍。由于企业众多，人才量大，如果人才信息只在各自企业网站公布，没有通过一个统一的人才信息发布平台进行共享，往往会导致人才对相关信息获取的遗漏，从而减少就业的选择机会。（2）相关政策的宣传力度不足。例如，福建省最近几年相继出台了不少关于产业人才引进、人才交流的政策，但是据调查得知，并不是所有从业者都了解这些新政策。实际上很多省市都存在如此情况，台湾人才对大陆人才政策的不了解，甚至大陆人才也没能够充分了解本省的人才政策，这说明了政策的宣传并不到位，宣传的渠道有限。特别是官方作为政策的发布者，更应该通过报刊、网站等媒体渠道大力宣传相关政策，而事实上企业员工多是通过行业协会的传达而得知。（3）大陆就业环境对台湾人才的吸引力低。大陆的就业环境相比台湾地区来说逊色很多，而且台湾人才要离开家人朋友，在精神上也难免失落。以福建为例，就业环境甚至不如江浙沪、珠三角地区，交通便利度不够，服务行业的服务性不足，医疗保障水平不高，让许多心里原本有意向来福建工作的台湾人才望而却步。所以，吸引台湾人才最重要的不是高薪，而是能给予他们如同在台湾一样家的感觉，尤其是社会环境的民主、平等和文明才能消除他们心理上的芥蒂。

此外，台湾的行政管理体制、公共管理运作机制、高等教育办学模式、产业人才集聚方式、人力资源开发机制等与大陆存在较大差异。由于受到台湾方面的限制，两岸人才交流基本上表现为单向状态，即台湾人才到大陆发展的数量远多于大陆人才到台湾发展。两岸人才交流合作的领域也不均衡，在产业、科技领域交流合作较多，在社会管理和公共服务领域交流合作较少①。解决这些问题，除了继续发展"6·18 海峡项目成果交易会"、台商投资区、台湾农民创业园、高新技术产业园等人才交流平台外，还应充分发挥行业协会这类具有产业和人才集聚效应的民间组织的强大沟通功能，深入研究，大胆实践，加快推进两岸人才交流与合作再上新台阶。

二 以行业协会为平台的两岸人才交流合作存在的问题

1. 在两岸人才交流合作中行业协会的作用未被重视

目前政府、学界相对重视行业协会在两地产业转移、经贸合作中的作用，对行业协会在人才交流方面可能发挥的作用未予以足够的重视。政府没有出台扶持行业协会进行人才引进的相关政策；于企业和科研院所等人才的实际需求方，招聘台湾人才更倾向于求助猎头公司、台湾当地的人力银行等机构，缺乏利用行业协会这个平台大规模引进台湾高层次人才的意识。据对大陆和台湾诸多行业协会从业人员的调查，大多人员表示，现阶段两岸行业协会在促进人才交流合作方面发挥的作用非常有限：第一，不少行业协会认为协会的首要任务是履行其固有的职能，把工作重心放在组织展会、沟通政府和企业上，没有多余的精力在促进人才交流合作上多做努力。尤其是福建的行业协会发展相对广东和江浙

---

① 丛远东：《建设"两岸人才交流合作区域中心"的实践与思考》，福建人事人才网，http://www.fjrs.gov.cn/xxgk/hxrctx/zt/201102/t20110216_339196.htm，最后访问日期：2011 年 3 月 1 日。

缓慢，运作过程还在不断的探索中，在调研中，多家行业协会表示它们在人力资源方面的职能主要是进行相关人才培训，对台人才交流合作领域还未有涉及。第二，有的行业协会事实上对促进人才交流合作是有起作用的，只不过这些作用没有明显突出，起的是间接性的作用，比如行业协会在贸易洽谈的过程中实际上也促进了人员的交流和沟通。第三，多数行业协会目前以其能力只能做到搜集整合会员企业的人才资源信息，适当地进行共享，在主动为人才的交流合作的服务内容扩大和创新上表现得还不足。

从人才自身的角度分析，由于两岸进行对接的产业多为光电、石化、机械等高新技术产业，"竞业禁止"因素的影响使人才主动借力行业协会的渴求不大。人才跳槽的过程中会产生对原企业核心技术泄露的风险，因此，按法律规定人才离职后在一定的时期内不能到同行业特别是竞争较大的企业从事相同工作。从调研中得知，许多台湾人才是被大陆企业"挖"来的，有的人才为了高薪酬从台湾跳槽到竞争性相近的大陆企业，甚至在大陆企业之间流动，通过更改相关个人信息达成规避法律处罚的目的，在企业中很少有人知道内情。若是寻求行业协会支持，个人信息被公开的可能性较大，所以这也是多数人才不愿意通过行业协会进行流动的原因，何况以行业协会目前的能力无法在人力资源方面提供具有吸引力的服务。

2. 缺乏两岸行业协会制度性常态化的沟通平台

现阶段两岸行业协会的交流更多地依靠诸如"6·18海峡项目成果交易会"、海峡论坛等会议的形式进行集体沟通，以及一些涉及产业转移的项目对接会或一对一的接触，没有形成两岸行业协会制度性常态化的沟通平台，造成两岸行业协会沟通不畅，使得行业协会在引导人才交流合作方面的作用难以发挥。

3. 缺乏借助行业协会进行人才引进的政策环境

由于缺乏对行业协会在人才交流方面作用的重视，大陆政府尚未出台扶持行业协会进行人才引进的相关政策。政策环境的缺失使行业协会在发挥两岸人才交流合作的功能方面大多处于"摸着石头过河"的摸索状态。

第四节　行业协会在两岸人才交流合作中的对策与建议

1. 提高对行业协会在两岸人才交流中作用的认识

促进两岸人才交流，引进台湾高层次人才，助力海西经济社会跨越式发展，首先需要解放思想，提高认识，打破固有的思维习惯，创新人才引进的方式和平台。这就需要在实践层面上不满足于现有人才交流平台，重视行业协会等民间组织在两岸人才交流合作中的作用。

2. 以行业协会为纽带促进人才交流与合作

行业协会作为同行企业的代表，在新一轮产业梯度转移中，依托两岸产业合作的深化，将带动两岸人才的交流。在后金融危机的背景下，海西制造业转型升级及与台湾产业对接急需大量专业技术人才，为台湾相对过剩的电子机械、石油化工等先进产业技术人才和经营管理人才提供了广阔的就业市场。通过产业合作带动人才交流，不仅可以加强两岸经贸联系，而且可以通过行业内的人才交流与技术合作，提升海西经济区的整体竞争力。

3. 通过立法鼓励行业协会发挥人才交流合作的平台作用

中国大陆行业协会过去长期受登记管理机关和业务主管部门的双重管理体制的影响，无论是"官办型"还是"民办型"行业协会，都或多或少受到政府的影响，大陆行业协会的"官方"背景必然演变为阻碍其赢得社会合法性的绊脚石，也将制约两岸行业协会平等有效地开展合作，造成两岸行业协会开展人才交流与合作存在一些管理体制上的困难。现阶段我国的法律体系中缺乏具有针对性和可操作性的行业协会专门性立法，各省市可以在现有的关于行业协会条例、指导意见等的基础上着重考虑培育行业协会这一人才交流平台，在规范行业协会发展的同时，给予行业协会在促进区域人才交流合作方面必要的法规和政策扶持。

4. 提升行业协会治理能力

大陆行业协会经过多年的发展，在经济社会生活中发挥着越来越重要的作用，但治理能力仍为有限：决策机构形同虚设，管理层缺乏专业化，监督机制低效，内部人控制严重，利用行业协会非营利的外衣牟取暴利的现象时有发生，因此，行业协会的自主性和社会合法性常常受到质疑，影响台湾行业协会与其交流合作的信任感。同时，由于缺乏有效的治理机制，行业协会运营效率低下，不能集中、表达、捍卫本行业企业的共同利益，阻碍其与台湾行业协会交流合作时各项功能的发挥，在引导两岸人才交流合作中的作用将受到限制。因此，应加快完善大陆行业协会治理结构，做好行业协会人力资源管理和激励机制规划，健全行业协会决策和监督机制，提升行业协会治理能力，从而发挥行业协会服务企业、引导区域间人才交流合作的功能。

5. 建立两岸行业协会交流合作的制度化平台

介于"6·18海峡项目成果交易会"、海峡论坛等会议取得的成功，可以考虑建立两岸行业协会交流的制度化平台，使两岸行业协会沟通交流常态化。引进台湾行业协会的同时，鼓励大陆行业协会实施"走出去"战略，积极开展与台湾等地区行业协会的交流，借助台湾行业协会成熟的运作力量，开展对大陆行业协会从业人员的培训，提高大陆行业协会服务企业，沟通政府的水平。大陆行业协会应积极引进台湾地区的行业协会管理人才，提高自身的管理水平，同时为两岸行业协会更深层次的沟通交流创造条件。

6. 放宽政策鼓励台湾行业协会来大陆设立分支机构

随着台湾来大陆投资发展的企业数量的增多，为了方便台资企业的商机整合和资讯沟通，不仅需要大陆方面提供良好的发展环境，还可以发挥台湾行业协会的作用。放宽政策，鼓励台湾行业协会来大陆设立分支机构，不仅可以服务在大陆的台资企业，也有利于两岸行业协会的交流，充分发挥行业协会这一人才交流平台的作用。台湾《工业总会2011年白皮书》关于两岸政策的建言，也提出台湾当局帮助功能和影响较大的同业公会到大陆设立分支机构。允许台湾行业协会来大陆设立分支机构，显然符合两岸行业协会和两岸人才的共同愿望。

7. 利用行业协会的信息优势走"产学研"一体化的人才培养道路

行业协会具有优于单个企业的信息优势，可以代表企业与各类高校等人才培养机构加强联系，走"产学研"一体化的道路。随着大陆承接台湾的产业转移，需要大量的管理、技术性人才，在引进台湾人才的同时，行业协会也可以联系大陆和台湾的高校，有针对性地培养产业人才，实现产业的顺利对接。

8. 行业协会带动促进两岸任职资格互相承认

福建省是大陆开展台湾地区居民专业技术职务任职资格评审试点工作的唯一省份[①]，这为台湾人才来福建就业创业提供了巨大便利，取得了良好的社会反响。除了在全国推行福建经验外，还可以考虑深化两岸行业协会的合作，推动诸如资产评估、会计、律师、工程师等资格的互相承认，为两岸人才流动创造条件。首先，可以借鉴发达国家行业协会在职业资格认证中的作用，由"政府认可"逐步过渡到"行业认可""社会认可"，职业资格认证由单一制向双轨制过渡。目前台湾与大陆一样，行业协会在职业资格认证上都权力有限，台湾职业资格证照主要由目的主管部门颁发，只是某些涉及安全性的行业如水管、电力、煤气、营造等，企业必须加入相应的同业公会，其工作人员才有条件获得从业资格。其次，可以实行政府和行业协会各司其职的职业资格认证制度，政府在职业资格认证方面主要行使监控和管理的职责，而培训、考核、认证由行业协会负责。最后，两岸行业协会共同推动建立行业资格互认制度，对实施范围和对象、基本条件和要求、个人申报和评审程序等事项作出具体规定。

---

① 丛远东：《建设"两岸人才交流合作区域中心"的实践与思考》，福建人事人才网，http://www.fjrs.gov.cn/xxgk/hxrctx/zt/201102/t20110216_339196.htm，最后访问日期：2011年3月1日。

第八章 基于"21世纪海上丝绸之路"战略构想的两岸行业协会交流合作

第一节 "21世纪海上丝绸之路"的内涵及战略意义

和平与发展是当今最大的主题,为了克服我国在亚太地区不乐观的环境安全问题,实现和平崛起的新战略,我国需要与东南亚、中东等国家和地区共同致力于建设一个安全可靠、经济繁荣、长期稳定的和平环境。党的十八大报告提出了"全面提高开放型经济水平"的开放思路,要求统筹双边、多边、区域次区域开放合作,推动与周边国家互联互通。党的十八届三中全会进一步通过的《中共中央关于全面深化改革若干重大问题的决定》提出:"加快同周边国家和区域基础设施互联互通建设,推进丝绸之路经济带、海上丝绸之路建设"。强调"推进丝绸之路经济带、海上丝绸之路建设,形成全方位开放新格局"。习近平主席于2013年10月在印度尼西亚国会演讲时更是明确提出:"中国愿同东盟国家加强海上合作,使用好中国政府设立的中国-东盟海上合作基金,发展好海洋合作伙伴关系,共同建设21世纪海上丝绸之路。"

"海上丝绸之路"是以丝绸贸易为象征,在中国古代早已形成并长期存在的海上交通航线以及与之相伴随的经济贸易关系。长期以来,对"海上丝绸之路"的研究主要集中在历史、文化等学科领域,涉及始发港、航线、历史分期、港口外贸史等方面①，从经济学、管理学等角度来研究的成果不多。2013年10月习近平主席在印尼国会演讲时，提出共同建设"21世纪海上丝绸之路"，打造具有巨大发展潜力的海上经济大通道的倡议。新时期共同建设21世纪"海上丝绸之路"，意味着中国和古代丝绸之路航线节点上的有关国家将过去历史上的友好交往赋予新内涵，架设桥梁将中国与东南亚、环印度洋经济带及阿拉伯世界、红海、地中海连接起来，从而加强中国与亚洲、欧洲和非洲各国的经贸合作和人文交流，完善中国全面开放的格局，具有经济、文化、政治和国防等战略意义。

共建"21世纪海上丝绸之路"上升到新时期国家扩大对外开放的战略层面，一些学者高瞻远瞩地提出建设思路。陈万灵等提出建设21世纪"海上丝绸之路"的建设思路和发展方向：以"21世纪海上丝绸之路"通道建设为基础，以经贸合作制度建设为支撑，全面提升"21世纪海上丝绸之路"通道功能、贸易水平、投资及经济合作水平，积极构建中国与"21世纪海上丝绸之路"沿线各国互利共赢的格局②。周练从建设21世纪"海上丝绸之路"与中泰经贸拓展空间分析，提出依托21世纪"海上丝绸之路"促进中泰经贸可持续发展的建议③。建设21世纪"海上丝绸之路"也成为中国沿海省区争抢面向"海上机遇"的热点，在"两会"期间各省市竞相提出建设海上丝绸之路的新构想，各地政府和科研院所也相继成立研究专项基金、召开学术研讨会对地方因地制宜参与"海上丝绸之路"建设进行研究。2014年4月3日，广州、青岛、泉州和连云港社科联共同发起召开"社会科学与海上丝绸之路建设"学术座谈会，交流我国沿海部分城市在社会科学与"海上丝绸之路"建设的做法。关于共建21世纪"海上丝绸之路"的区域战略研究也陆续刊载在一些学术期刊上，尤权在《求是》杂志上提出以东南亚为重点，坚持"走出去"与

---

① 陈炎：《略论海上"丝绸之路"》，《历史研究》1982年第3期。韩湖初、杨士弘：《关于中国古代"海上丝绸之路"最早始发港研究评述》，《地理科学》2004年第6期。赵春晨：《关于"海上丝绸之路"概念及其历史下限的思考》，《学术研究》2002年第7期。
② 陈万灵、何传添：《海上丝绸之路的各方博弈及其经贸定位》，《改革》2014年第3期。
③ 周练：《21世纪"海上丝绸之路"与中泰经贸拓展》，《中国》2014年第1期。

"引进来"结合、经济合作与人文融合并重,努力将福建打造成为海上丝绸之路互联互通的重要枢纽①。吕余生认为广西具有构建 21 世纪"海上丝绸之路"的区位优势及历史和现实基础,提出制定海上合作的基本原则,加强合作机制建设,提供资金保障和做好国内协调等共建 21 世纪"海上丝绸之路"的对策建议②。许建平提出青岛具有港口、外贸、政策、产业、区位等优势,应该采取建设人才聚集地及具有国际竞争力的企业集聚地、建设国际贸易中心城市和经济合作示范城市、建立自由贸易港区等对策以实现打造"21 世纪海上丝绸之路"枢纽城市目标③。

"21 世纪海上丝绸之路"建设是一项长期、复杂的系统工程,需要凝聚沿线国家地区更多的共识和力量,也需要凝聚经贸组织、非营利组织、华人华侨等国际社会各界更多的智慧和能量。因此,有必要深入探讨两岸及其行业协会在"21 世纪海上丝绸之路"背景下的合作基础、合作现状及合作路径等问题。

第二节 "21 世纪海上丝绸之路"两岸合作的现实基础

一 "21 世纪海上丝绸之路"利益共同体的战略整合

学术界对"海上丝绸之路"的界定形成一个共识,即以丝绸贸易为象征,我国同东南亚、南亚、西亚、东非、欧洲经贸和文化交流的大通道,始于秦汉、兴于隋唐、盛于宋元、衰落于明末并长期存在。丝绸之路的战略区位,从古至今皆为世界各国必争之地,不少国家或明或暗加大布局,如 1993 年联合国启动"丝绸之路计划",1997 年日本桥本内阁提出"丝绸之路外交",1999 年美国国会通过"丝绸之路战略法案",2000 年俄罗斯、印度、伊朗三国发起"北南走廊"计划,等等④。特别是近几

---

① 尤权:《打造 21 世纪海上丝绸之路重要枢纽》,《求是》2014 年第 9 期。
② 吕余生:《深化中国—东盟合作,共同建设 21 世纪海上丝绸之路》,《学术论坛》2013 年第 12 期。
③ 许建平:《青岛打造"21 世纪海上丝绸之路"枢纽城市研究》,《青岛科技大学学报》(社会科学版)2014 年第 6 期。
④ 蔡春林:《新兴经济体参与新丝绸之路建设的策略研究》,《国际贸易》2014 年第 5 期。

年，围绕亚欧"通道"，有些国家展开更大范围的竞合，如美国的"跨太平洋伙伴关系协议（TTP）"，欧美联合构建的"跨大西洋贸易与投资伙伴关系协定（TTIP）"，阻挠东亚区域一体化以及亚欧经贸合作进程，极大限制中国海上空间拓展。因对建设主导权的博弈和争夺，政治外交与经济利益交织，导致利益主体多元化和利益关系复杂化，最终使计划推进不顺利。因此，重构世界政治经济秩序势在必行。中国应顺势而为，将国际形势发展产生的"机会之窗"转化为一系列战略行动和发展成果。

"21世纪海上丝绸之路"之倡议，旨在借用古代丝绸之路的历史符号，以和平发展、合作共赢为时代主题，积极发展沿线国家的经济合作伙伴关系，共同打造政治互信、经济融合、文化包容的利益共同体、命运共同体和责任共同体。海上通道是中国经济对外开放的重要命脉，90%以上的进出口货物运输依靠海运，2013年全国港口外贸进出港货物吞吐量达33.2亿吨。海上丝绸之路的重点建设方向将从中国沿海港口向南，过南海，经马六甲、龙目和巽他等海峡，沿印度洋北部，至波斯湾、红海、亚丁湾等海域。而沿线区域为国际战略和政治博弈的敏感区，地缘政治关系错综复杂，各国在国家规模、发达程度、历史传统、民族宗教、语言文化等方面差别巨大，利益诉求不一。因此，"21世纪海上丝绸之路"必须直面上述差别，包容不同国家的不同需求，因国施策，各有各的侧重点，同时创新合作模式，找准和夯实合作基础[①]。

二 "21世纪海上丝绸之路"两岸经济体的合作基础

两岸一家亲。随着海峡西岸经济区建设上升国家战略，ECFA生效并签署海峡两岸服务贸易协议，两岸经济关系已进入双向合作、互利共赢的新阶段。台湾地区参与亚太区域经济合作的急迫性也在不断增强。2014年6月，在台湾岛内举行的国台办及陆委会主要负责人第二次会晤中，双方决定将尽快启动共同研究工作，务实探讨两岸经济共同发展与区域经济合作进程相衔接的适当方式和可行途径。"21世纪海上丝绸之路"建设为

---

① 刘赐贵：《发展海洋合作伙伴关系 推进21世纪海上丝绸之路建设的若干思考》，《国际问题研究》2014年第4期。

推动两岸经济共同繁荣发展创造了新的战略机遇，台湾也理应成为"21世纪海上丝绸之路"的桥头堡。

1. 渊源深厚

台湾海峡是太平洋西岸航线南北通衢的必经之地，特别是西岸的闽粤两地，是古代"海上丝绸之路"的重要起点和中国海洋文化的发祥地，也一直是中国对外交通的重要港口集聚地。湛江徐闻是史载最早的海上丝绸之路出海港口所在地，《汉书·地理志》就有"日南障塞，徐闻合浦开航""徐闻南入海，得大州东南西北方千里"相关记载。广州是中国唯一两千年不衰的对外通商口岸。泉州是联合国教科文组织认定的古代"海上丝绸之路"起点城市，是10~14世纪（古代海上丝绸之路的鼎盛时期）海洋中国经济繁荣的代表[1]，宋元时期与100多个国家商贸往来频繁，被马可波罗颂为"东方第一大港"。福州长乐太平港是明代"郑和七下西洋"的扬帆出海地、归帆地和驻泊地。明朝中后期，漳州月港作为我国唯一合法的海上丝绸之路始发港，是当时中国最大的对外贸易港口。

2. 人文互通

"海上丝绸之路"历史进程波澜起伏，但闽粤与"海丝"沿线国家往来从未中断，"下南洋"正是重要佐证。据不完全统计，闽籍海外华侨华人1200万人，其中1000万人分布在东南亚；粤籍海外华侨华人约2000万人，其中1480万人分布在东南亚。鼎盛时期的泉州，古波斯、阿拉伯、印度和东南亚诸多文化在这里广泛传播，诸多外国使节、商人、船员、传教士世代定居于此，繁衍生息，目前居住泉州的阿拉伯后裔有5万多人。1991年泉州被联合国教科文组织确定为全球首个世界多元文化展示中心，2013年又与日本横滨、韩国光州一道当选为首届"东亚文化之都"。海峡东岸与西岸，割舍不断的亲缘、血缘关系。台湾迄今为止发现最早的人类化石"左镇人"，与福建考古发现的"清流人""东山人"同属旧石器时代南部地区的晚期智人。根据文字记载，从三国开始就有汉人不断移居台湾。郑成功收复台湾后，更是大规模组织沿海居民迁往台湾开垦种植。台

---

[1] 苏基朗：《刺桐梦华录：近世前期闽南的市场经济（946—1368）》，李润强译，浙江大学出版社，2012，第2~4页。

湾人口中汉族占98%且大多数祖籍为福建和广东，其中福建占80%以上。闽南语的广泛使用以及"妈祖""关帝""保生大帝"等民间信仰也将闽粤、台湾与东南亚紧密联系在一起。

3. 商缘互动

台湾地区与东南亚经贸往来十分密切，尤其是1987年外汇管制放宽后，东南亚成为台湾对外投资的主要区域之一。1987~1991年台湾在印尼、马来西亚、菲律宾、新加坡、泰国和越南六国的直接投资达83.71亿美元[1]。台湾于1994年、1997年、2002年多次提出"南向政策"，在东南亚的投资再度掀起高潮，企图以"南向"取代"西进"，减轻对大陆经济依赖程度。但"南向政策"实为拓展台湾与东南亚国家的"实质关系"，大大降低其经济实效，因此均以失败告终。之后台湾对东南亚重视程度也毫无减退，仍在规划东南亚政策。截至2012年8月，台湾在东南亚的投资额已超700亿美元，在越南的台资企业有2500家，泰国有2250家，马来西亚有1150家[2]。台湾与东南亚六国的双边贸易额一直呈现较大幅度增长，1987年约52亿美元，2006年520亿美元，2013年突破了800亿美元。再分析近年来两岸与东盟10国、中东15国、欧盟27国的贸易数据，台湾对这三大区域的出口、进口比重分别从2006年的27.7%、32.7%上升到2013年的30.4%、37.1%，大陆则从2006年的30.4%、28%上升到2013年的31.6%、29.7%，2013年大陆对这三个区域的出口总额、进口总额是台湾的7.2倍和7.7倍（表8-1、表8-2）。其中，2013年广东、福建两省与东盟的贸易额分别达1012.1亿美元、242.8亿美元，而同期台湾与东盟的贸易额为881.1亿美元。

4. 经济互惠

依托海上丝绸之路侨居东南亚的华侨资源，东南亚成为近几十年来台湾与大陆商脉的交织点。早在20世纪80年代，台湾工商界就以东南亚国家为第三地，与当地华侨华人合作，以"侨资"名义间接投资大陆。截

---

[1] 王勤：《台湾对东南亚直接投资与"南向政策"》，《台湾研究集刊》2003年第2期。
[2] 《星洲日报》：《台湾在大马投资额东南亚居第三》，2012年8月14日，http://www.malaysiaeconomy.net/my_economy/investment/fdi/2012-08-14/20895.html，最后访问日期：2015年1月4日。

表 8-1　中国台湾对"21世纪海上丝绸之路"沿线区域进出口情况

单位：亿美元

	2006年	2007年	2008年	2009年	2010年	2011年	2012年	2013年
进口总额	2020.38	2186.48	2399.95	1742.91	2519.49	2812.43	2708.03	2694.63
东盟10国	233.50	237.48	257.09	199.45	289.98	327.88	315.99	326.17
中东15国	249.59	277.05	390.48	226.03	315.66	361.12	435.08	435.73
欧盟27国	177.65	198.61	195.31	156.17	213.71	239.48	224.56	238.24
出口总额	2130.04	2347.10	2432.45	1938.24	2620.34	2914.79	2842.84	2872.63
东盟10国	302.39	352.57	377.74	296.03	403.99	485.79	529.96	554.95
中东15国	43.51	53.99	55.31	44.73	60.91	73.80	72.48	74.43
欧盟27国	243.69	264.89	273.21	208.97	268.30	277.29	254.97	244.31

数据来源：根据国家统计局、商务部网站数据整理。

表 8-2　中国大陆对"21世纪海上丝绸之路"沿线区域进出口情况

单位：亿美元

	2006年	2007年	2008年	2009年	2010年	2011年	2012年	2013年
进口总额	7914.61	9561.16	11325.67	10059.23	13962.47	17434.84	18183.11	19502.89
东盟10国	895.26	1083.69	1169.74	1067.14	1545.69	1927.71	1958.21	1995.40
中东15国	415.99	491.48	818.33	579.37	898.38	1372.38	1486.73	1199.94
欧盟27国	903.19	1109.60	1327.00	1277.58	1684.77	2111.93	2120.55	2200.55
出口总额	9689.78	12204.56	14306.90	12016.10	15777.50	18983.80	20487.64	22100.19
东盟10国	713.14	941.79	1141.43	1062.97	1382.07	1700.83	2042.72	2440.70
中东15国	368.90	544.93	694.68	594.08	746.12	953.52	1012.47	1148.45
欧盟27国	1860.01	2451.92	2928.78	2362.84	3112.35	3560.20	3339.89	3389.85

数据来源：根据国家统计局、商务部网站数据整理。

至2014年12月底，大陆累计批准台资项目92336个，实际使用台资611.5亿美元，若加上经第三地转投资，台商在大陆投资将近1100亿美元；两岸全年贸易额达1983.1亿美元，占大陆对外贸易总额的4.6%，台湾成为大陆第七大贸易伙伴和第五大进口来源地。因此，从两岸之间以及两岸与海丝沿线国家地区的经济合作情况看，两岸具备在"21世纪海上丝绸之路"深度合作的现实基础。

第三节 "21世纪海上丝绸之路"两岸行业协会的共生关系及协同效应

一 共建"21世纪海上丝绸之路"两岸行业协会的战略价值

两岸复杂多变的政治背景下,基于两岸地缘近、血缘亲、文缘深、商缘广、法缘久等独特的"五缘"关系,民间交流往往比政治对话更为现实、更加有效,比如台湾对大陆经贸政策调整离不开各大行业协会的积极推动。截至2013年,大陆在册登记的社会团体28.9万个,其中工商服务类31031个[①]。台湾的非营利组织在1987年"解严"后迅速发展壮大,据不完全统计,目前已设立近4千家财团法人基金会和3万家社团法人组织,其中行业协会占了较大比例,主要由职业团体(工业、商业和自由职业团体)、社会团体中的经济业务团体、国际经济团体和同乡地缘性商会组织等构成。行业协会是推动两岸经贸往来、产业对接的最重要平台,既可避免当局间谈判的尴尬和紧张,又弥补企业间单枪匹马进行交流与合作的缺陷。同时,行业协会通过推动同行企业沟通协调、制定行业标准、规范行业秩序、协调行业纠纷等,改善两岸合作环境。因此,大陆和台湾行业协会应成为实现两岸共建"21世纪海上丝绸之路"愿景,推动两岸经贸共同发展、共同繁荣的首冲力量。要实现这个共同愿景,必须在弄清两岸行业协会合作的共生关系和协同效应的前提下,创新合作路径。

二 "21世纪海上丝绸之路"背景下两岸行业协会的共生关系

如本书第六章分析,生物共生理论由共生单元、共生模式和共生环境三个要素构成,主要研究不同生物种群之间按某种物质联系共同生活,进行信息转递、物质交流、能量传导及合作共生,这对区域经济合作问题具

---

① 中华人民共和国民政部:《2013年社会服务发展统计公报》,http://www.mca.gov.cn/article/zwgk/mzyw/201406/20140600654488.shtml. 最后访问日期:2014年12月6日。

有良好的兼容性和适用性。"21世纪海上丝绸之路"的倡议，为区域经济合作提出新理念，也注入新的时代内涵，以实现地区各国共同发展、共同繁荣为终极目标。在这个国别间、区域间的经贸大合作中，地区政府、经济组织、行业协会、法人、自然人为实现共同的利益，在生产领域中以生产要素的移动和重新组合优化配置为主要内容而开展经济协作活动，若要使这种合作活动持续、稳定发展，必然形成共生状态。行业协会共生是其为维持自身的生存和发展，而与其他社会生态系统所达成的互利、互惠、合作共存的状态。在同一个区域内，行业协会的共生生态系统至少由两个子系统组成，其一是由政府、企业、行业协会源于各自在社会体系中的职责分工及其局限性而构成功能依赖与互补的子系统，如图8-1所示，三者相互弥补不足，即政府失灵、市场失灵、志愿失灵；其二是由行业协会与同种类的行业协会、不同种类的非营利组织源于互助、竞争而构成的子系统，如图8-2所示。

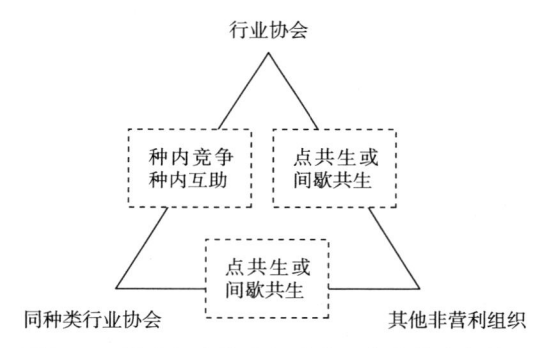

图 8-1 域内行业协会与政府、企业的生存关系

但在"21世纪海上丝绸之路"战略中，行业协会生存则新增跨区域、跨体制的生存关系，即由大陆、台湾和海丝沿线国家地区的行业协会、华人工商业团体共同构成复杂生态系统。从现状看，两岸经贸关系中，包括福建在内的大陆各省市采取积极主动的合作态度，台湾地区则相对被动、单方享受大陆提供的优惠和让利，而且对大陆经贸科技政策调整也仍有被动应对的因素，以维护台湾产业对大陆的技术优势与垂直分工地位为目标，而轻忽了两岸建立平等互惠经贸关系的必要性，甚至有的对大陆涉台政策心存怀疑和芥蒂。因此，作为行业代表，两岸行业协会的共生关系处在"非对称互惠共生

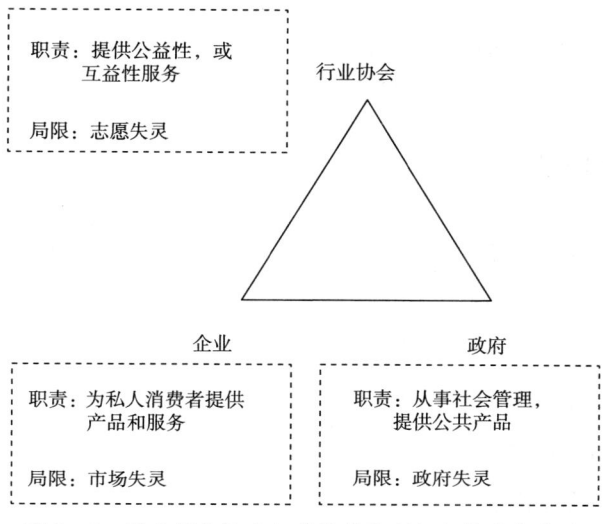

```
        ┌─────────────────────────┐
        │ 职责：提供公益性，或    │    行业协会
        │       互益性服务        │
        │                         │
        │ 局限：志愿失灵          │
        └─────────────────────────┘
                         △

              企业              政府
┌─────────────────────┐  ┌─────────────────────┐
│ 职责：为私人消费者提供│  │ 职责：从事社会管理，│
│       产品和服务    │  │       提供公共产品  │
│                     │  │                     │
│ 局限：市场失灵      │  │ 局限：政府失灵      │
└─────────────────────┘  └─────────────────────┘
```

图 8-2　域内行业协会与其他非营利组织的生存关系

条件下的间歇共生关系模式"到"非对称互惠共生条件下的连续共生关系模式"进化的阶段，即图 8-3 坐标系中（2.3）到（3.3）进化的阶段，各共生单元之间具有连续的相互作用，但共生单元在所谓互惠共生关系中由于机制的非对称不具有同步性。台湾地区应当从市场、政策等多层面呼应与配合大陆提出的"21 世纪海上丝绸之路"倡议，创新两岸经济合作机制，促使朝着"对称互惠共生条件下一体化共生"的目标模式进化。

共生行为模式

	(1)	(2)	(3)	(4)
(4) 对称互惠共生	1.4	2.4	3.4	4.4
(3) 非对称互惠共生	1.3	2.3	→3.3	4.3
(2) 偏利共生	1.2	2.2	3.2	4.2
(1) 寄生	1.1	2.1	3.1	4.1
	(1) 点共生	(2) 间歇共生	(3) 连续共生	(4) 一体化共生

共生组织模式

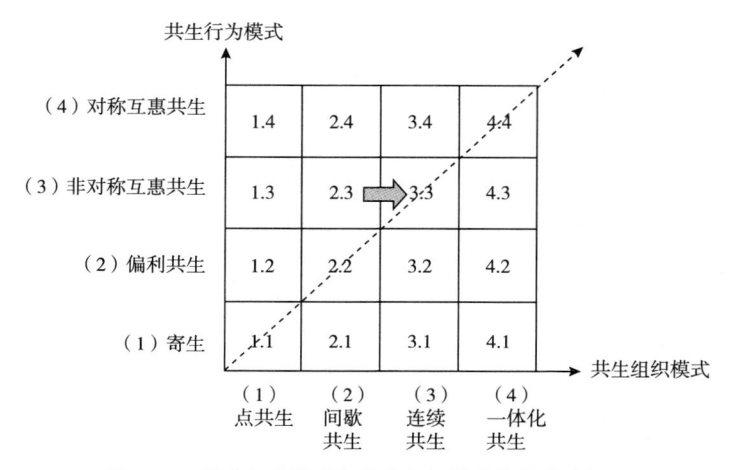

图 8-3　共生行为模式和共生组织模式的结合坐标系

三 "21世纪海上丝绸之路"背景下两岸行业协会的战略协同效应

所谓协同效应，系组织整体的价值大于其各独立组成部分价值的简单总和，即"1+1＞2"现象。伊戈尔·安索夫最早提出"协同"的经济学含义，认为基于协同战略可像一条纽带一样将公司多元化业务联结起来并生成规模经济。伊丹广之将安索夫的协同概念分解成"互补效应"和"协同效应"两个部分①，认为只有使用独特资源——隐形资产时，才有可能产生真正的协同效应。企业集群是某一特定产业的中小企业和机构大量聚集于一定地域范围内而形成的稳定的、具有持续竞争优势的集合体②，往往以行业协会及产业联盟的形式为其共同利益的代表。行业协会的存在和发展正是基于行业联合的整体功能大于单个企业功能之和的协同理念。对某些有价值的、稀缺的、难以复制的、不可替代的资源是否能够理性识别和有效利用，导致行业协会相互之间的效率差异。因此，行业协会在争取关键性资源的过程中，"为了扩张其资源利基（niche），往往会采取各种策略，与其他组织进行合纵盟约的关系构建，形成各类型的组织网络结构，而居于网络结构的集中性位置者，其权力和影响力也越大"③。行业协会的目标应集中在充分把握资源的特性以及在战略要素市场上拥有关键性资源，其有效途径是与当局、企业和其他非营利组织通过策略合作的方式构建战略联盟，产生协同效应。这些效应，既是行业协会存在的合理基础，也是行业协会不断发展和完善的推动力。

共建"21世纪海上丝绸之路"，两岸行业协会合作可释放的协同效应主要表现在：一是联合行动。两岸的产业经济、港口发展具有典型的互补性和独特性，大陆企业在技术创新、生产制造、市场规模等方面具有比较优势，台湾企业则在企业管理、文创设计、国际集成行销等方面占据优

---

① 〔美〕安德鲁·坎贝尔、〔美〕凯瑟琳·萨姆斯·卢克斯：《战略协同》，任通海、任大伟译，机械工业出版社，2000，第17~19页。
② 〔美〕迈克尔·波特：《国家竞争优势》，陈小悦译，华夏出版社，2002，第2~3页。
③ 萧新煌、官有垣、陆宛平等：《非营利部门：组织与运作》，台湾高雄巨流图书公司，2011，第26页。

势,联合行动将促成行业共性技术研究开发和交流合作,促进全球品牌培育及推广,共同提高两岸同行业企业的技术能力、生产能力、创新能力与市场能力,共同深挖和巩固与海丝沿线国家地区的项目投资与经贸合作成果。同时,两岸行业协会分别代表本行业的企业协调与当地政府、工会、新闻媒体及其他行业的相互关系,并通过行业协会间的合作影响对方甚至"海上丝绸之路"沿线其他国家和地区的立法机构及政府,反映本行业的愿望和要求。二是成本节约。相同或相近行业的企业通过行业协会的纽带作用能够使企业间联系加强、区域资源利用率提高、权利维护功能增强、社会应对能力提升等所产生的成本节约。同一国家范围内,不同区域的同行业进行必要的协同,将增强本国行业与国外行业的正当竞争和抗衡能力。同根同源的两岸企业在共同面对国际市场竞争中,通过行业协会间以及行业协会与当局、企业、其他非营利组织的合作必然增强企业的国际竞争能力,降低竞争成本。三是制度效应。作为一种组织形态,行业协会处在一定的制度背景之中。行业协会可以通过制度协同实现行业自律,从而协同维护全行业的共同利益。行业协会能够发挥其在当局与企业的桥梁纽带作用,规范两岸经贸合作与产业交流等发展环境,同时促进"海上丝绸之路"沿线国家市场环境的优化。

第四节 "21世纪海上丝绸之路"两岸行业协会的合作路径

一 两岸行业协会合作路径描述

根据前文分析,两岸行业协会的共生关系目前处于从"非对称互惠共生条件下的间歇共生关系模式"到"非对称互惠共生条件下的连续共生关系模式"进化阶段,两岸行业协会的战略协同效应也亟待充分释放,两岸应共同努力,创新合作路径(图8-4,实线方框表示现实情况,虚线方框表示合作构想,箭头表示路径方向),达到两岸行业协会"对称互惠共生条件下一体化共生"的目标模式。一方面,以"对称互惠"为前提条件,建立两岸行业协会战略联盟,通过创新外在的环境诱导机制、完善内在的共生动力机制，使两岸行业协会共生关系由低级模式向高级模式进化，进而通过改善两岸行业协会共生的"硬环境"和"软环境"来减少或消除阻碍两岸行业协会共生关系模式进化的共生阻尼机制。另一方面，全力激发改革红利，拓宽两岸行业协会合作交流的特色空间和重点领域，尤其是"自贸区""互联互通""走出去"等方面的战略协同，实现"21世纪海上丝绸之路"共同愿景。

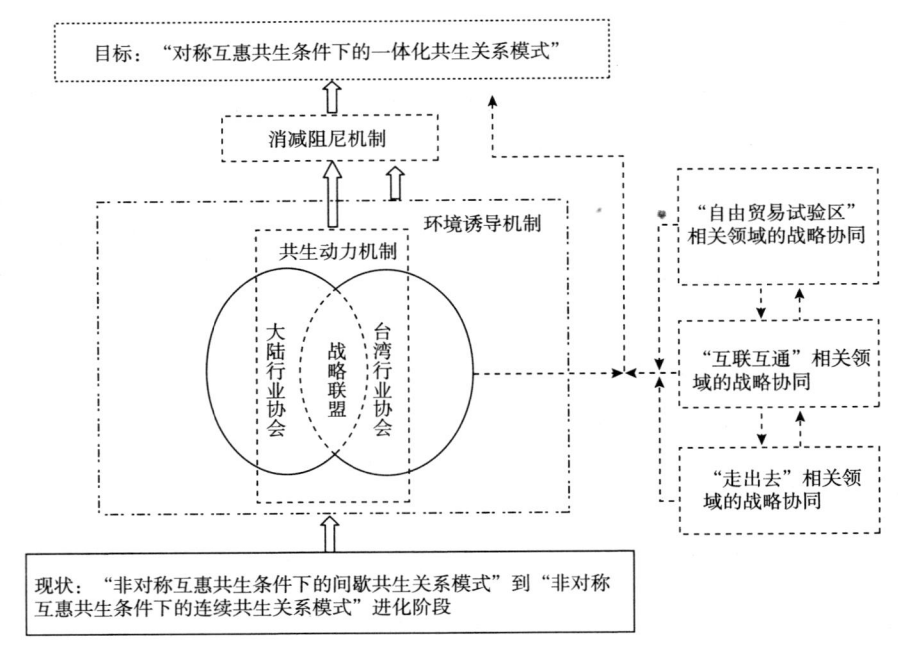

图 8-4　两岸行业协会合作共建"21世纪海上丝绸之路"的合作路径

二　建立健全两岸行业协会战略联盟机构和共生合作机制

环境诱导机制、共生动力机制与共生阻尼机制三大机制，共同决定共生单元相互作用的方式，反映共生关系进化的方向。两岸行业协会共生关系积极向"对称互惠共生条件下一体化共生模式"进化，是一种从低级共生模式向高级共生模式进化的理想路径，需要利用、引导三大机制发挥作用。

1. 建立两岸行业协会战略联盟

两岸行业协会发展成熟度不一致，所属体制环境差异较大，仅依靠行业协会民间力量难以形成常态化合作机制。建议"海协会""海基会"强化顶层设计，同步规划设立专门机构，由台办、"陆委会"以及经济、贸易、社团等主管部门共同参与，为两岸行业协会等社会团体交流合作提供专业化服务以及政策、项目、资金支持；同时，牵头组建海峡两岸行业协会战略联盟，支持行业协会在对岸相对集中设立分支机构、代表联络处，纳入国台办及陆委会主要负责人会晤内容。战略联盟定期或不定期组织两岸行业协会就产业转型升级、产业园区对接、项目（市场）推介、投资环境、人才交流、信息共享等方面深入开展合作，更好地融入"21世纪海上丝绸之路"建设。

2. 创新环境诱导机制

两岸应当以"和平发展、合作共赢"为终极目标，营造良好共生环境，促进两岸行业协会向理想共生模式加快进化。一方面，推动两岸行业协会的信息共享。各地经济贸易主管部门牵头建设本地行业协会信息库，在官方网站设立本地行业协会导引平台和涉及协会业务的电子政务平台。行业协会与经贸主管部门常态化互动，发挥好移动、PC互联网的信息情报功能，及时发布两岸以及海丝沿线国家地区的最新行业动态、行业标准变动、市场供求、项目招商、政策法规等信息，加快形成信息的快速收集、整理、传递机制，方便企业在错综复杂的国际市场中把握商机。另一方面，完善两岸行业交流合作平台。目前两岸经贸论坛、展销会、博览会、投洽会、交易会等各种形式的交流合作平台琳琅满目，但长效性、影响力大的平台不多，如海峡论坛已成功举办6届，成为一年一度两岸最具民间性、草根性、广泛性的交流活动。因此，建议以省一级为单元，牵头整合相关的涉台活动，集中资源和力量，扩大影响和实效，办成增进两岸共识、推动协会组织深度交流合作的重要平台，并在此基础上提升为海上丝绸之路沿线国家地区的重大盛会。

3. 完善共生动力机制

共生动力机制反映共生单元之间相互激励、相互促进、相互作用、相互制约的内在关系。首先，要明确两岸行业协会交流合作的目标，以目标激发动力。两岸产业互补性大，在较长时间内两岸行业协会的交流合作应以促进两岸产业梯度转移、实现两岸产业顺利对接、共同推进"21世纪海上丝绸之路"建设为主要目标，支持关联性较大的行业协会开展价值链合作，支持行业协会与其他社会公益团体开展互益合作，通过"强强联合"，逐渐显现规模经济效应和国际竞争优势，扩大社会影响力，提升全球市场竞争力。其次，要做好两岸产业规划对接，两岸行业协会应加强与主管部门的互动和沟通，协同主管部门研究制定两岸行业协会交流合作的总体规划，并使两岸同行业在行业自律、信息共享、信用等级和资质评审互认、市场准入以及行业标准一体化等领域达成一致。再次，要共同构建信任机制、利益共享与分配机制、沟通协调机制和学习交流机制，形成柔性信任关系，解决双方利益冲突，消除双方意见分歧，倡导相互学习借鉴，维持一种多赢和互惠的共生状态，确保两岸行业协会交流合作的有效进行。最后，要建立切实可行的监督约束规范体系，确保各方遵守承诺，进而形成新的常态化、制度化的交流合作机制。在两岸行业协会交流合作过程中，可能存在行业协会内部人控制、会员企业损害行业整体利益、两岸行业协会的某些龙头会员串谋独占政策和资源等违法违规现象。行业协会作为一种自治组织，必须通过一套科学有序的监督和制裁机制来规范其行为，可采取当局监督、公众监督、舆论监督和协会自律相结合的方式进行约束。

4. 消减阻尼机制

从"软环境"看，两岸行业协会共生关系模式进化的阻碍因素包括两岸政治关系的不确定，两岸行业协会发展演变进程、治理水平、法律环境的差异，等等。从"硬环境"看，历史基础的先天不足，加上资源环境等因素制约，大陆大多地区在交通、港口、能源、通信等基础设施互联互通有待完善。减少或消除两岸行业协会共生关系模式进化的阻尼机制，需要两岸共同努力。大陆方面，要规范行业协会的发展，完善行业协会治理结构和治理机制，推进行业协会立法和两岸行业协会交流合作的法制化、规范化发展；加强服务型政府的建设，提高办事效率，制止腐败行为，加大政府购买服务；要加强以交通、通信、能源等为重点的基础设施建设，尤其是加快沿海港口设施的建设，扩大港口吞吐能力，建设直航大港，继续加强高速公路和高速铁路以及民航机场建设，建立海陆空一体化的立体交通网络。台湾方面，应积极破除两岸人民交流合作的人为障碍，通过切身感受消除误解和成见，减少台湾各政党势力对行业协会活动的不必要干预，避免行业协会负责人的政治倾向和党派立场对两岸行业协会的交流合作造成不良影响。

三 实现两岸行业协会在重点领域的战略协同

党的十八届三中全会提出要激发社会组织活力，正确处理政府与社会关系，加快实施政社分开，推进社会组织明确权责、依法自治、发挥作用，适合由社会组织提供的公共服务和解决的事项，交由社会组织承担，其目的是为更好发挥市场在资源配置中的决定性作用，更加重视发挥社会组织在市场经济中的重要作用，也为推动两岸行业协会战略协同提供制度保障。

1. 推动两岸行业协会在"自由贸易试验区"建设上战略协同

十八届三中全会提出加快自由贸易区建设，扩大对香港特别行政区、澳门特别行政区和台湾地区开放合作。在加快自由贸易区建设中，将与台港澳地区的开放经济合作列为重要内容，这是一个新的政策亮点。2014年12月28日，全国人大常委会第十二次会议决定授权国务院在粤津闽沪四大自贸区暂时调整有关法律规定的行政审批，其中"福建自贸区"包括平潭、厦门、福州三个片区，共118.04平方公里，成为目前中国空间范围跨度最大的自贸区。"福建自贸区"试点应当突出福建最大的特色，即"对台"，打造成为两岸共同融入"21世纪海上丝绸之路"战略的试验田。但目前福建的海关特殊监管区域平台作用发挥不够，对外通道还不够通畅，因此，"福建自贸区"要为闽台两地产业融合拓展更大政策空间，深化与"台湾自由经济示范区"①的对接，重点要依托两岸各大行业协会这一平台，加快推进通关自由，健全完善高效精准的两岸物流体系，承接台湾石油化工、电子信息、装备机械等高端制造业的转移，合作建设高新技术产业园区、保税物流园区和小额商品贸易市场，推动设立两岸合资股份制银行、证券公司，拓展两岸在人民币跨境投资、结算便利化和跨

---

① 2013年8月，台湾地区正式实施自由经济示范区计划，其中第一阶段示范区位包括台北港、基隆港、苏澳港、台中港、安平港、高雄港6个港口，桃园航空城自由贸易港区1个空港以及屏东农业生技园区"六海一空一园区"。

境贸易电子商务等方面的创新协同。

2. 推动两岸行业协会在"互联互通"上战略协同

互联互通是"21世纪海上丝绸之路"建设的首要抓手。台湾海峡具有重要的国际航运价值，无论是东岸还是西岸，均具有十分显著的深港资源优势。根据2013年全球20大港口集装箱吞吐量统计排名，东岸的高雄港集装箱吞吐量为994万个TEU（国际标准集装箱），居全球第14位，西岸的厦门港集装箱吞吐量为801万个TEU，居全球第17位，除此之外，东岸的基隆港、台中港分别为161万个TEU、133万个TEU，而西岸的福州港、泉州港分别为197万个TEU、170万个TEU。东岸与西岸主要港口的发展基础相当，而东岸的高雄港、基隆港、台中港正在呈现衰退的趋势。两地的港口协会应积极推动几大港口城市结盟发展，开展城市互动结对，以港湾大型深水航道为重点，集中力量整合港口资源，推进港口功能、规模、布局的统筹协调和转型升级，实现人流、物流、资金流的优化配置，提升航运综合竞争力。加密两岸空中、海上航线，提升航线客货运载能力，促进两岸通航常态化、规模化。同时，以港口的互联互通为基础，两地的旅游协会要围绕打造"环海峡旅游圈"，在两岸优势互补、资源互享、客源互送、市场互惠、机制互动方面深度合作，形成一个旅游共同市场，打响海峡品牌，并以此为契机，进一步加强与海丝沿线国家地区旅游组织的联系与合作，大力发展邮轮旅游，构建"海上丝绸之路文化旅游圈"，打通海丝国家合作的绿色通道。

3. 推动两岸行业协会在"走出去"上战略协同

大陆的经济正在实行从引进来到引进来和走出去并重的重大转变。依托海上丝绸之路组织企业大规模走出去，成为新时期大陆经济对外开放的一大趋势。两岸企业在东南亚各国均有较大的投资，与东南亚各国的经贸往来频繁，具备经济合作基础。可以通过行业协会牵头，加大资源整合，合作在东南亚主要港口城市投资建设跨境产业园区、物流园区、商品交易市场和重要能源资源基地。"21世纪海上丝绸之路"离不开"商"与"侨"。"商"，即经贸合作，是基础和先导；"侨"，即沿线国家地区的华侨华人，则是资源和纽带。无论是华侨华人资源，还是商业力量，都凝结在行业协会、商会等工商业社团这一组织载体上，"海丝"沿线国家地区一大批由当地华侨华人组成的华人工商业社团,应成为推动居住国与祖(籍)国交流合作的中坚力量。基于"战略协同"理论,进一步推动两岸行业协会与海丝沿线国家地区行业协会、华人工商业社团的密切联系,建立"海上丝绸之路商会联盟",释放多方的协同效应,契合居住国与祖地国的共同需求和共同利益。

第九章 结论

第一节 研究观点总结

本书综合运用管理学、经济学、法学等学术领域的一些新成果、新方法，通过"比较"与"合作"两条脉络来研究中国大陆和台湾的行业协会。比较篇章中，运用文献研究法和历史分析法比较两岸行业协会的发展运作和管理体制；基于传统公司治理的研究理论与研究方法，从治理结构和治理机制两方面构建行业协会治理的理论框架和评估体系，运用问卷调查和实地访谈的方式收集到的数据，进行样本统计和分析比较；运用案例分析比较两岸行业协会的组织职能；实地调研和访谈收集资料和数据，从战略协同与策略合作、市场营销与质量管理、人事管理和激励机制三个方面比较两岸行业协会的经营管理。合作篇章中，研究基于共生理论视角构建两岸行业协会交流合作机制；研究如何将行业协会创新为两岸人才交流合作的有益平台；研究两岸行业协会融入共建 21 世纪"海上丝绸之路"战略的路径选择。本书的主要观点和研究结论如下：

（1）本书在对我国大陆和台湾地区行业协会概括性描述的基础上，从发展演变、立法制度、职能作用和组织形态四个角度对两岸行业协会进行系统比较。通过研究分析得出两岸行业协会的发展既具有同质性又具有差异性：从发展演变进程看，两岸行业协会具有相同的内涵和功能；从立法现状看，两岸行业协会尚处在不同的发展层次上；从职能作用看，两岸行业协会还存在较大差距；从组织形态看，两岸行业协会在组织形式、组织性质和组织构成上均存在差异。台湾行业协会从发展运作到管理体制都比大陆更成熟更完善，其登记便利且管理规范的准双重管理体制、当局重视行业协会的合理诉求和检验、通过政府委托赋予行业协会行使行业管理职能等经验值得大陆学习和借鉴。但大陆行业协会也要注意避免台湾行业协会存在的一些问题，这些问题在大陆行业协会发展的过程中正在经历或将会经历。

（2）本书借鉴公司治理理论，研究行业协会的治理问题。行业协会治理既是一个静态的组织结构，又是一个动态的治理机制活动过程。行业协会治理结构是法定组织结构与管理组织机构的融合，是"正义性"规范与"效率性"根源的结合；而行业协会治理机制则应由科学的决策机制、合理的激励机制与有效的监督机制三者有机融合以实现其组合效率。本书在国内外非营利组织指标体系设计理念和技术方法的基础上，经过深入调查并结合民政部行业协会评估指标体系，从治理结构和治理机制两个纬度，构建了一个由 2 项一级指标、7 项二级指标、18 项三级指标、57 项四级指标构成的行业协会治理评估指标体系。通过隶属度分析对 57 项四级指标进行筛选，剔除 12 项不理想的指标，最终保留 45 项指标。根据 45 项指标的内容相应设计了 45 道问题形成调查问卷，选取福建和广东省 167 家行业协会，台湾 81 家行业协会作为统计分析样本。对每一项指标运用 Excel 进行描述性统计分析，比较两岸行业协会治理水平的具体状况，同时分析现象背后的原因，从而了解和掌握两岸行业协会的治理效率差异以及各自的管理运作特色。通过评估结论对促进大陆和台湾行业协会治理结构完善和治理机制健全提出建议：正确定位行业协会所扮演的角色；通过立法明确行业协会的治理结构；通过章程规范设计提高行业协会自身治理能力；通过制度创新实现有效治理。

（3）本书认为行业协会需要具备自己的核心专长，这是一种能决定组织长期的发展战略和竞争优势，以及实现组织宗旨和目标的综合能力。行业协会的组织能力是以职能为基础，根据其特定的组织属性，实现组织既定宗旨和目标所具有的特定能力，包括自律能力、服务能力、资源能力和代表能力。行业协会自律能力的实现需要服务能力和代表能力的满足，服务能力和代表能力的满足需要资源能力作为后盾。通过对福建纺织服装出口基地商会和台北市进出口商业同业公会的案例分析，对两岸行业协会的组织能力进行比较并得出结论：无论台湾还是大陆，自律功能发挥的作用极其有限，两岸行业协会越来越不重视协会自律能力的培育；由于发展时间以及发展的民间化市场化程度更加充分，台湾行业协会的服务能力整体高于大陆行业协会，除了法律规定的常规服务外，一些行业协会还独具匠心地为会员提供增值服务和特色服务；大陆一些行业协会在为行业生存和发展谋求政策扶持过程中，尤其是在2008年应对全球金融危机期间表现出不俗的代表能力，但相比台湾行业协会与当局关系的平等和独立而言，大陆不少代表能力较强的行业协会花费不少时间精力甚至金钱"打点"与政府部门及官员的关系；台湾大多发展较好的行业协会往往常年会费在组织年收入中所占比例较低，而来源于有偿服务、商业投资和经营活动的自创收入所占比例较大，为了保持组织的民间性和独立性，台湾行业协会往往控制通过奖励扶持和当局采购所得经费的比例，大陆大多行业协会除了有限的会费收入外，经费来源很大程度上依赖政府，希望从政府转移到市场规制的权力或希望通过政府购买服务或财政补贴获得经费支持；信息资源能力和形象资源能力是两岸行业协会进行能力建设极为重视的内容；相比台湾，大陆行业协会普遍存在缺乏专职工作人员及高素质人才的问题，人力资源的专业化和市场化程度也有待提高。

（4）本书认为根据资源依赖理论，行业协会的目标应集中在充分把握资源的特性以及在战略要素市场上拥有关键性资源，其有效途径是与政府、企业和其他非营利组织通过策略合作的方式构建战略联盟，形成协同效应。营销策略和质量管理应用于行业协会具有可行性和必要性，行业协会的营销策略和品牌运营往往与区域品牌推广相结合，将ISO 9000系列标准运用到行业协会的质量管理中具有良好的适用性和迫切的必要性。行业协会的人力资源包括行业精英组成的负责人和专职工作人员，应适用不同的管理方式和激励机制。两岸行业协会在这三个方面的经营管理各具特色、各有成效，当然也存在差距。

（5）本书认为两岸行业协会之间的交流合作不断深入，签署一系列合作协议和备忘录，举办行业协会对接洽谈会，合办项目合作对接会设立台湾行业协会驻大陆工作联络处、允许台湾行业协会在大陆设立分支机构或代表处，成立两岸行业交流协会或产业联盟，取得了较为显著的成效。

但两岸行业协会交流合作仍存在一些问题，交流活动过多流于表面形式，合作缺乏实质性进展。

（6）本书认为两岸行业协会具备了共生关系形成所必需的要素和两个必要条件，共生理论完全适用于两岸行业协会交流合作问题的分析。从目前两岸经贸合作与产业对接的情形看，两岸行业协会的共生行为模式正处于"非对称互惠共生条件下的间歇共生关系模式"到"非对称互惠共生条件下的连续共生关系模式"进化的阶段，可以通过创造环境诱导机制、强化共生动力机制、减少或消除阻尼机制使两岸行业协会的共生关系模式向"对称互惠条件下的一体化共生模式"的理想模式进化。

（7）本书认为在两岸关系大背景下，深化以行业协会为平台的闽台两岸人才交流合作可以拓展现有的人才引进平台，提升人力资本在产业结构升级中的贡献度。由于行业协会本身是基于战略协同关系而出现的，两岸人才发展的战略协同关系是人才交流合作的理论缘由，双重协同关系下行业协会能够有力推动两岸人才交流合作。行业协会引导本行业人才交流合作的内容和范围包括行业人才信息共享、职业资格认证、研究成果共享、人力资源共享、组织人才交流等，然而在两岸人才交流合作中行业协会的作用未被重视，并且缺乏两岸行业协会制度性常态化的沟通平台以及借助行业协会进行人才引进的政策环境。因此推进以行业协会为平台的两岸人才交流合作应提高认识，通过立法鼓励行业协会发挥人才交流合作的平台作用，建立两岸行业协会交流合作的制度化平台，利用行业协会的信息优势走"产学研"一体化的人才培养道路等。

（8）新时期共建21世纪"海上丝绸之路"，"商"和"侨"是最重要的平台和纽带，无论是华侨华人资源还是商业力量，都凝结在行业协会、商会等工商业社团这一组织载体上。基于悠久的历史渊源、深厚的人文基础、紧密的商缘关系和长期的经济互惠，台湾理应成为"21世纪海上丝绸之路"的桥头堡。大陆和台湾行业协会应成为实现两岸共建"21世纪海上丝绸之路"愿景，推动两岸经贸共同发展、共同繁荣的首冲力量。台湾应从市场、政策等多层面呼应与配合大陆提出的"21世纪海上丝绸之路"倡议，创新两岸经济合作机制，促使向对称互惠共生条件下一体化共生的目标模式进化。两岸行业协会应当以"互惠"为前提条件，建立健全两岸行业协会战略联盟机构和共生合作机制。全面激发改革红利，拓宽两岸行业协会合作交流的特色空间和重点领域，尤其是在"自贸区""互联互通""走出去"相关领域的战略协同。

第二节 研究的局限以及需要进一步解决的问题

本书虽然就两岸行业协会的比较与合作问题进行了较为系统并具独创性的研究，但对行业协会理论体系研究和科学管理实践的难点问题的梳理仍不够深入，同时调研工作和数据收集的有限，仍有许多问题需要以后更加深入、更加系统、更加科学地进行探讨和研究，比如以下几个方面。

（1）第三章关于行业协会治理评估的研究，首先，在对行业协会治理评估体系研究时，由于治理评估指标较难量化，而是以描述性、阐述性为主，本书不像传统绩效评估运用指标和权重对各个行业协会进行计分甚至划分等级，而是采用描述性统计的方式对大陆和台湾行业协会的各项治理指标评估结论进行比较分析。因此，下一步有必要对行业协会治理评估机制进行深入研究，进一步运用数据的相关性分析和鉴别率分析，验证指标设置的合理性，并探索其指标权重的设置。其次，问卷中有些题目的选择与填表人的主观感悟有关，某些数据可能缺乏客观性。完善调查问卷，使与各项评估指标相对应的问题设计更具合理性和客观性，从而提高数据的信度和效度，是下一步研究的重点。最后，大陆选择的样本为福建省和广东省发展较为成熟健康的行业协会，不能代表整个中国大陆行业协会的整体状况；台湾选择的样本中全岛性行业协会占较大比例，样本的评估数据可能不能代表整个台湾行业协会的治理水平。下一步的研究将进一步扩大样本数量和来源，使评估结论更具真实性和有效性。

（2）第四章和第五章的比较是基于案例以及对个别行业协会的调查和访谈，从而勾勒并概括出大陆和台湾在组织能力和经营管理方面的整体情况，难免存在以偏概全的局限性。下一步有必要加大调查研究的力度，将大陆的个案研究对象和访谈对象扩展到福建和广东为主的海西地区以外的其他省市，同时增加台湾的调研对象数量，力求更为全面真实地反映两岸行业协会的基本状况。

（3）第五章对两岸行业协会的经营管理的比较仅涉及战略协同和策略合作、市场营销和质量管理、人事管理和激励机制三项领域，而两岸行业协会在财务管理、知识管理、信息管理等领域的比较由于笔者目前知识的局限，有待今后进一步研究。

（4）第七章基于行业协会平台的两岸人才交流合作研究，由于大陆不同省份与台湾在人才交流合作领域的广度和深度上都存在极大的差异，本章主要以作为海峡西岸经济区主体的福建省的相关情况为分析对象进行探索性的研究，通过抛砖引玉，为今后进一步深入研究大陆不同省市的相关情况和人才政策，以及分析两岸人才交流合作和行业协会的关系问题奠定基础。

参考文献

中文部分

葛月凤:《长三角行业协会合作发展问题分析》,《上海经济研究》2008年第1期。

孙宝强:《发挥行业协会商会在粤港澳市场一体化中的作用》,《市场与价格》2009年第5期。

徐晞:《基于共生理论的闽台行业协会合作机制》,《海峡经济》2010年第1期。

徐晞:《台湾行业协会发展概况及对大陆的启示》,《亚太经济》2013年第2期。

徐晞:《关于加强海峡两岸行业协会交流与合作的探讨》,《国家行政学院学报》2011年第2期。

徐晞:《基于行业协会平台的闽台人才交流合作研究》,《福建农林大学学报》(哲学社会科学版)2005年第3期。

〔英〕斯坦利·海曼:《行会管理》,尉晓鸥等译,中国经济出版社,1985。

《大不列颠百科全书》,中国大百科全书出版社,1999。

王名:《清华发展研究:2003中国非政府公共部门》,清华大学出版社,2004。

贾西津等:《转型时期的行业协会——角色、功能与管理体制》,社会科学文献出版社,2004。

梁上上:《论行业协会的反竞争行为》,《法学研究》1998年第4期。

张志勋、刘运根:《论我国行业协会的地位和作用》,《企业经济》

2004 年第 3 期。

史尚宽：《民法总论》，中国政法大学出版社，2000。

翟鸿祥：《行业协会发展理论与实践》，经济科学出版社，2003。

〔美〕埃莉诺·奥斯特罗姆：《公共事务的治理之道》，余逊达、陈旭东译，上海三联出版社，2000。

〔美〕曼瑟尔·奥尔森：《集体行动的逻辑》，陈郁等译，上海人民出版社，1995。

黎军：《行业组织的行政法问题研究》，北京大学出版社，2002。

苏力等：《规制与发展——第三部门法律环境》，浙江人民出版社，1999。

吴柯：《模式选择和改革方向——社会转型期我国行业协会的发展》，复旦大学硕士学位论文，2007。

张经：《行业协会与中国入世》，工商出版社，2001。

黎军、叶卫平：《直接登记下的社会组织行政监管研究》，《天府新论》2014 年第 5 期。

《行业协会商会服务经济发展的聊城视角》，《聊城日报》，http://www.lcrb.cn/tegao/20141022/19907.html。

《三大工商团体权力的转化与"绿化"》，http://www.china.com.cn/overseas/zhuanti/txt/2006 - 11/28/content_ 7420538. htm。

贾西津、沈恒超、胡文安等：《转型时期的行业协会——角色、功能与管理体制》，社会科学文献出版社，2004。

朱英：《中国近代同业公会与当代行业协会》，中国人民大学出版社，2004。

洪涛等：《行业协会运作与发展》，中国物资出版社，2005。

王名、孙春苗：《行业协会论纲·中国非营利评论》（第四卷），社会科学文献出版社，2009。

王名等：《中国社团改革：从政府选择到社会选择》，社会科学文献出版社，2001。

工业团体服务网·工业团体全名录，一般工业，台湾区电影制片厂工业同业公会，http://www.industry.org.tw/Company/show_ data. asp? department_ id = 2176。

工业团体服务网·工业团体全名录，化学皮胶工业，台湾区皮革制品工业同业公会，http：//www. industry. org. tw/Company/show_ data. asp? department_ id = 2166。

工业团体服务网·工业团体全名录，纺织工业，台湾区手套工业同业公会，http：//www. industry. org. tw/Company/show_ data. asp? department_ id = 2068。

工业团体服务网·工业团体全名录，化学皮胶工业，台湾区环境卫生用药工业同业公会，http：//www. industry. org. tw/Company/show_ data. asp? department_ id = 8283。

工业团体服务网·工业团体全名录，化学皮胶工业，台湾区樟脑工业同业公会，http：//www. industry. org. tw/Company/show_ data. asp? department_ id = 2367。

浦文昌：《完善商会（协会）法人治理制度促进民间商会健康发展》，载浦文昌主编《"市场经济与民间商会"理论研讨会论文集》，西北大学出版社，2006。

邓海峰：《社团立法中的治理结构问题》，载浦文昌主编《"市场经济与民间商会"理论研讨会论文集》，西北大学出版社，2006。

〔美〕彼得·罗西：《项目评估：方法与技术》，邱泽奇等译，华夏出版社，2002。

陈秀峰：《从个案研究中国非营利组织评估现状——以大学教育基金会为例》，《学会》2009年第11期。

王文、罗军、王一鸣：《对行业协会、商会评估工作有关问题的思考》，《社团管理研究》2011年第4期。

罗斌、肖光坤：《行业协会评估工作的领导方略探究》，《学会》2011年第10期。

任浩、李峰：《行业协会影响力评价指标体系的实证研究》，《现代管理科学》2006年第4期。

王磊：《我国行业协会的绩效管理研究》，电子科技大学硕士学位论文，2007。

王欣：《行业协会的绩效管理研究》，山西大学硕士学位论文，2010。

李科、任浩：《行业协会评价综合分值计算模型及验证研究》，《工业技术经济》2008年第7期。

贾宝明、王世刚：《安徽省示范行业协会评估的实践和思考》，《学会》2009年第2期。

李聪：《泰安市行业协会评估》，《岱宗学刊》2010年第6期。

俞可平：《治理与善治》，社会科学文献出版社，2000。

王名：《中国社团改革》，社会科学文献出版社，2001。

黄家亮、郑杭生：《国外社会治理的基本经验》，《人民日报》2014年5月4日，第5版。

俞可平：《六个方向推进现代国家治理》，《21世纪经济报道》2014年12月30日，第18版。

古明明：《新兴社会组织对社会治理的意义》，《学习日报》2013年12月2日，第6版。

马庆钰：《助推社会组织加速发展》，《光明日报》2014年4月25日，第11版。

李维安：《改革实践的呼唤：中国公司治理原则》，《中国改革》2000年第10期。

朱义坤：《公司治理论》，广东人民出版社，1999。

西安交通大学课题组：《中国民间组织评估框架与发展对策研究》，国家民间组织管理局主编《中国民间组织评估》，中国社会出版社，2007。

徐家良、廖鸿：《中国社会组织评估发展报告（2013）》，社会科学文献出版社，2013。

浦文昌：《关于加强和改善行业协会商会外部监管治理的思考》，《比较研究》2011年第1期。

张晓玉：《行业协会的自治与转型》，《瞭望新闻周刊》2005年第41期。

王思斌：《社团的管理与能力建设》，中国社会出版社，2003。

张冉、任浩：《行业协会组织能力的界定和相关范畴的比较研究》，

《改革与战略》2007 年第 12 期。

于蜀：《多维度下的行业协会能力建设研究——基于政府、社会与行业协会互动发展的视角》，《社团管理研究》2012 年第 10 期。

张冉：《行业协会组织边界与组织能力模型的构建研究——基于价值网络的分析》，《财经论丛》2007 年第 5 期。

《上海市豆制品行业协会打造行业品牌促进产业发展》，中国上海网站，http：//www.shanghai.gov.cn/shanghai/node2314/node2315/node18454/u21ai625827.html。

蔺丰奇、杨欢：《论我国行业协会的服务能力建设》，《社团管理研究》2008 年第 7 期。

高丙中：《社会团体的合法性问题》，《中国社会科学》2000 年第 2 期。

萧新煌、官有垣、陆宛平等：《非营利部门：组织与运作》，台湾高雄巨流图书公司，2011。

〔美〕安德鲁·坎贝尔，〔美〕凯瑟琳·萨姆斯·卢克斯：《战略协同》，任通海、任大伟译，机械工业出版社，2000。

〔美〕迈克尔·波特：《国家竞争优势》，陈小悦译，华夏出版社，2002。

王旺兴：《企业集群中的战略协同研究》，《科技与管理》2003 年第 5 期。

李宏宇、张梦洁、吴遐：《京津冀经济圈可持续协同发展战略探索》，《区域经济》2010 年第 12 期。

张潜：《海峡西岸港口物流的协同效应研究》，http：//www.chinawuliu.com.cn/oth/content/200704/200722544.html。

徐晞、叶民强：《我国非营利组织负责人的激励与约束机制研究——以行业协会为例》，《经济问题探索》2007 年第 1 期。

徐晞：《全球金融危机下我国民营企业的突困路径：强化行业协会作用》，《经济问题探索》2009 年第 12 期。

促进企业共同参与社会公益·公益互联网，http：//www.cnfi.org.tw/public - service/link.php。

台湾工业总会·智慧财产专业人才培训班，http：//www. cnfi. org. tw/cnfi/ipr/101training/index. htm。

嘉义县工业会·讯息快递，《2012"龙来'嘉'找头路"就业征才博览会》，http：//www. cihia. org. tw/show_ news. asp? p_ id＝141。

台北市进出口商业同业公会，最新消息，近期活动，《掌握大陆个体户商机免费讲座》，http：//www. ieatpe. org. tw/eboard/view. asp? ID＝1735。

徐晞、叶民强：《我国非营利组织负责人的激励与约束机制研究——以行业协会为例》，《经济问题探索》2007年第1期。

石碧涛、张捷：《行业协会的精英治理利弊问题分析》，《西南农业大学学报》2011年第3期。

贾西津：《中关村园区协会职能定位、运行模式及行为规范研究》，中关村科技园区管委会软课题项目，2005。

胡辉华、黄淑贤：《行业协会的能力建设》，《学会》2011年第2期。

余凯成：《组织行为学》（第三版），大连理工大学出版社，2006。

冯宇：《我国行业协会人力资源配置问题研究》，《中国地质大学》2006年第5期。

徐林清、张捷：《我国行业协会的营利倾向与治理困境》，《南京社会科学》2009年第3期。

卫祥云：《中国行业协会职业化队伍的建设及思路》，《中国调味品协会》，http：//www. chinaassn. com/33774. html。

唐国平、唐纯林：《行业协会人力资源管理的困境与创新》，《社团管理研究》2012年第8期。

《亚当斯公平理论》，《百度百科》，http：//baike. baidu. com/view/3771941. htm。

周俊、宋晓清：《行业协会的公共治理功能及其再造——以杭州市和温州市行业协会为例》，《浙江大学学报》2011年第11期。

林丹丹、程刚：《泉州市行业协会人力资源现状调查研究》，《市场周刊》2011年第7期。

唐国平、唐纯林：《行业协会人力资源管理的困境与创新——以广州市为例的研究》，《社团管理研究》2012年第8期。

张沁洁、王建平:《行业协会的组织自主性研究——以广东省级行业协会为例》,《社会》2010年第5期。

郁建兴、阳盛益:《民间商会的绩效与发展——基于浙江省温州市的研究》,《公共管理学报》2007年第4期。

吴锦良:《政府主导·社会参与·多方协作改革开放以来浙江民间社会组织参与社会建设的经验》,《中共宁波市委学校学报》2008年第6期。

兰洁:《北京社会组织专职人员拟纳入编制薪资有望翻番》,《北京晚报》,http://news.xinmin.cn/shehui/2012/01/31/13473139.html。

袁纯清:《共生理论——兼论小型经济》,经济科学出版社,1998。

袁纯清:《共生理论及其对小型经济的应用研究》(上),《改革》1998年第2期。

袁纯清:《金融共生理论与城市商业银行改革》,上海商务印书馆,2002。

冷志明、易夫:《基于共生理论的城市圈经济一体化机理》,《经济地理》2008年第5期。

李刚、周加来:《共生理论视角下的区域合作研究——以成渝综合试验区为例》,《兰州商学院学报》2008年第6期。

刘荣增:《共生理论及其在我国区域协调发展中的运用》,《工业技术经济》2006年第3期。

张健华、余建辉、洪元程:《基于共生理论的闽台旅游合作机制研究》,《福建农林大学学报》(哲学社会科学版)2008年第11期。

《台湾当局的大陆经贸科技政策及对两岸经贸合作的影响》,http://wiki.carnoc.com/wiki/。

丛远东:《开辟"两个先行实验区"促进"海西"又好又快发展》,《中国人才》2008年第7期。

尤小波、王华:《加强闽台人才交流与合作的思考》,《厦门特区党校学报》2009年第3期。

黄雄:《闽台农村实用人才交流合作潜力及建议》,《亚太经济》2010年第4期。

蔡旭：《推进厦台人才交流合作的对策建议》，《厦门特区党校学报》2010年第3期。

苗月霞：《构建海峡两岸人才交流合作试验区研究》，《中国行政管理》2011年第5期。

徐晞：《关于加强海峡两岸行业协会交流与合作的探讨》，《国家行政学院学报》2011年第2期。

丛远东：《建设"两岸人才交流合作区域中心"的实践与思考》，《福建人事人才网》，http://www.fjrs.gov.cn/xxgk/hxrctx/zt/201102/t20110216_339196.htm。

陈炎：《略论海上"丝绸之路"》，《历史研究》1982年第3期。

韩湖初、杨士弘：《关于中国古代"海上丝绸之路"最早始发港研究评述》，《地理科学》2004年第6期。

赵春晨：《关于"海上丝绸之路"概念及其历史下限的思考》，《学术研究》2002年第7期。

陈万灵、何传添：《海上丝绸之路的各方博弈及其经贸定位》，《改革》2014年第3期。

周练：《21世纪"海上丝绸之路"与中泰经贸拓展》，《中国》2014年第1期。

尤权：《打造21世纪海上丝绸之路重要枢纽》，《求是》2014年第9期。

吕余生：《深化中国—东盟合作，共同建设21世纪海上丝绸之路》，《学术论坛》2013年第12期。

许建平：《青岛打造"21世纪海上丝绸之路"枢纽城市研究》，《青岛科技大学学报》（社会科学版）2014年第6期。

蔡春林：《新兴经济体参与新丝绸之路建设的策略研究》，《国际贸易》2014年第5期。

刘赐贵：《发展海洋合作伙伴关系 推进21世纪海上丝绸之路建设的若干思考》，《国际问题研究》2014年第4期。

苏基朗：《刺桐梦华录：近世前期闽南的市场经济（946—1368）》，浙江大学出版社，2012。

王勤：《台湾对东南亚直接投资与"南向政策"》,《台湾研究集刊》2003 年第 2 期。

《星洲日报》：《台湾在大马投资额东南亚居第三》,2012 年 8 月 14 日, http：//www. malaysiaeconomy. net/my＿economy/investment/fdi/2012 - 08 - 14/20895. html。

中华人民共和国民政部：《2013 年社会服务发展统计公报》,http：//www. mca. gov. cn/article/zwgk/mzyw/201406/20140600654488. shtml。

萧新煌、官有垣、陆宛平等：《非营利部门：组织与运作》,台湾高雄巨流图书公司, 2011。

英文部分

Greif A, Economic History and Game Theory：A Survey. Forthcoming in the Handbook of Game Theory, Working paper, 1997.

George. P. lamb, Sumnters Kittelle. trade association law and prance (Washington：Little, Brown and Compan, 1956).

Oliver E. Williamson, *Markets and Hierachies*：Analysis and Antitrust Implication, The Free Press, A Division of Macmillan Publishing Co3（1975）：127 - 131.

Joseph. F. Bradley, The role of trade association and professional business society (New York：university pork pennsy bvania, 1965).

Young D. R., Hollister R. M. & Hodgkinson V. A. *Governing, Leading and Managing Nonprofit Organizations* (San Francisco：Jossey - Bass Publishers, 1933).

Jessop B, *TheRise of Governance and the Risks of Failure*：The Case of Economic Development, International Social Journal 155（1998）：29 - 45.

The commission on Global Governance, *Our Global Neighborhood*, (Oxford：Oxford University Press, 1995).

Gies D. L., Ott J. S. &Shafritz J. M., "Governance：The Roles and Functions of Boards of Directors" The Nonprofit Organization：Essential Readings (London：Brools/Cole Publishing Company., 1990) 177 - 181.

Robert Blood, "Should NGOs be Viewed as 'Political corporations'?" *Journal of Communication Management* 9 (2004): 120 – 133.

Chandler R. C & Plano J. C., *The Public Administration Dictionary* (2nd ed.) (Santar Barbara. California: ABC – CLIO, 1988), 165.

Kolzow D. R, "Smooth Sailing With Your Board of Directors" *Economic Development Review* 13 (1995): 20 – 23.

Houle C. O, *Governing Boards: Their Nature and Nurture* (San Ftancisco: Jossey – Bass Publishers, 1997).

Knauft E. B, Berger R. A & Gray S. T., *Profiles of Excellence: Achieving Success in the Nonprofit Sector* (San Francisco: Jossey – Bass Publishers, 1991).

Dennis R. Young., "The First Three years of NML: Central Issues in the Management of Nonprofit Organizations" *Nonprofit Management&Leadership* 4 (1993): 3 – 22.

Bailey, D., & Koney, K. M. *Strategic Alliances Among Health and Human Services Organizations: From to Consolidations.* Thousand Oaks, Calif. : Sage.

John A. Yankey, Carol K. Willen., "Collaboration and Strategic Alliances," in David O. Renz & Associates, *The Jassey – Bass Handbook of Nonprofit Leadership and Management* (3rd edition) (Wiley: Jossey – Bass, 2010), pp. 376 – 398.

Parson, L., Maclaran, P., & Tadajewski, M. (eds.), *Nonprofit Marketing* (3 vols.) (Thousand Oaks, Calif. : Sage, 2008).

Andreasen, A. R., & Kotler, P., *Strategic Marketing for Nonprofit Organizations* (7th ed.) (Upper Saddle River, N. J. : Prentice Hall, 2008).

Sargeant, A., & Wymer, W., *The Routledge Companion to Nonprofit Marketing* (Oxford: Routledge, 2007).

Brenda Gainer. Willen, "Marketing for Nonprofit Organizations," in David O. Renz & Associates, *The Jassey – Bass Handbook of Nonprofit Leadership and Management* (3rd edition) (Wiley: Jossey – Bass, 2010), pp. 309 – 333.

Gainer, B., and Padanyi, P., "Applying the Marketing Concept to Cultural Organizations: An Empirical Study" *International Journal of Nonprofit and Voluntary SectorMarketing* 7 (2002) : 182 – 193.

Kreps. D & Wilson, "*Reputation and Imperfect Information*" Journal of Economic Theory 27 (1982): 253–279.

Becker H S, "*Notes on the Concept of Commitment*" American Journal of Sociology 66 (1960): 32–42.

附录 《行业协会治理能力评估问卷》

您好,感谢您百忙之中抽出时间对本问卷进行填报!近年来,行业协会在大陆与台湾地区经济社会发展中的作用日趋重要。为进一步了解大陆和台湾地区行业协会的治理现状并对两岸行业协会的治理能力进行评估,以期通过此次评估了解大陆与台湾地区行业协会治理结构及治理机制间的差异,我们设计了此问卷。请您放心,您所填写的内容我们将严格保密。希望您能如实填写,并提出合理建议。您和贵协会的意见对我们课题研究非常重要!

华侨大学课题组

填写说明:填答时请在选项编号(ABC…)前打钩,如您的答案超出本问卷提供的选择范围,请选择与您答案最接近的选项。若无特别说明,均为单项选择。

填报协会名称_____填报日期_____

填报人身份(秘书长、秘书处职员、会长、副会长、理事会成员、普通会员)_____

1. 贵协会的会员企业数量占本行业企业总数的比率为____%。

A. 90%以上　　　B. 80%~90%　　　C. 60%~80%

D. 40%~60%　　　E. 40%以下

2. 会员加入贵协会的方式是____。

A. 自愿加入　　　B. 推荐加入　　　C. 强制性加入

D. 其他

3. 贵协会收取会费的情况是____。

A. 自愿缴纳,不限数额

B. 设有最低限额，多交不限

C. 按照注册资本额比例

D. 按照会长、副会长、理事单位、普通会员等区别，有不同限额

E. 其他_____

4. 贵协会章程的实际制定通过机构是（不考虑形式通过情况）____。

  A. 发起人   B. 常务理事会   C. 理事会

  D. 会员代表大会或会员大会   E. 其他

5. 会员在表决前对章程内容是否了解？____（章程实际未经会员大会通过的，不必填此项）

  A. 表决前，协会组织会员学习章程内容，会员对章程内容基本了解

  B. 会员大会（会员代表大会）期间，随会议材料发放，会员临时了解章程内容

  C. 仅在会上宣读章程内容，会员对章程内容不甚了解

6. 贵协会会员大会（会员代表大会）的召开情况是____。

  A. 每年召开二次或二次以上   B. 每年召开一次

  C. 平均每一至二年召开一次   D. 每届召开一次

7. 会员企业派出参加会员大会的代表数量依据____。

  A. 根据缴纳会费额度确立名额

  B. 由理事会决定各会员企业派出代表数

  C. 各会员企业派一名或多名数额相同的代表

  D. 会员企业自行决定派一名或多名代表参会

8. 贵协会会员实际出席会员大会的一般情况是（如从未召开会员大会，本项不填写）____

  A. 90%以上出席   B. 70%以上出席

  C. 50%以上出席   D. 出席会员不足50%

9. 贵协会有无设立常务理事会与专门委员会____

  A. 设立常务理事会和若干专门委员会

  B. 设立常务理事会，未设立专门委员会

  C. 常务理事会与专门委员会均未设立

10. 贵协会理事会成员任期多长____

A. 3~5 年　　　　B. 不足 3 年　　　　C. 超过 5 年

11. 贵协会理事会成员连选连任的人数____

A. 连选连任者不超过理事会成员人数的 1/2

B. 连选连任者不超过理事会成员人数的 2/3

C. 连选连任人数不限比例

12. 贵协会的会长候选人的产生方式____

A. 根据在同行业中的影响力推荐

B. 根据会费缴纳情况确定

C. 抽签产生　　　　　　　　D. 主管部门推荐

E. 设提名委员会　　　　　　F. 前任会长或理事会推荐

13. 贵协会理事会召开情况____

A. 每季度召开一次或一次以上　B. 每年平均召开两次

C. 每年只召开一次　　　　　　D. 一年未召开一次

14. 贵协会理事出席会议比例____

A. 超过 90%　　　　　　　　B. 80%~90% 以上

C. 50%~80% 以上　　　　　　D. 50% 以下

15. 贵协会办公场所的来源是____

A. 自己购买或租借的

B. 主管部门或挂靠主管部门提供的

C. 由协会个别会员无偿提供或者以低廉优惠租金出租给协会

D. 没有固定的办公场所

16. 贵协会办公自动化条件如何____

A. 配备办公所需数量、质量的电脑、传真、复印打印设备等工具，并建立专门的网站

B. 配备办公需要数量、质量的电脑、传真、复印打印设备等工具，但无自己的网站

C. 无自己的网页，并且配备的电脑、传真、复印打印设备等工具不齐全

17. 贵协会是否设有办事机构工作制度____

A. 设有专门的办事机构工作制度

B. 没有设立专门的办事机构工作制度，但协会章程中有所体现

C. 没有办事机构工作制度

18. 贵协会财务机构设置状况____

　　A. 财务由主管部门掌管，协会无财务机构和会计人员

　　B. 无专门会计人员，由其他专职工作人员兼任财务工作

　　C. 有专门的会计人员，但不具有专业资格

　　D. 没有专门的财务机构，但定期外聘有具有专业资格的专门会计人员

　　E. 设有专门财务机构，配备具有专业资格的会计人员

19. 贵协会专职工作人员学历结构：大专以下____人；大专____人；本科____人；硕士研究生及以上____人。

20. 贵协会专职工作人员年龄分布情况____

　　A. 基本为离退休人员，年龄结构老年化

　　B. 基本为学校刚毕业学生（毕业两年以内）

　　C. 离退休人员或刚毕业学生占工作人员比例超过50%

　　D. 离退休人员与刚毕业学生比例分别不超过工作人员总数的20%

21. 贵协会秘书长如何产生____

　　A. 由会员依据组织章程民主选举产生　　　B. 由理事会决定

　　C. 公开招聘

　　D. 由主管部门推荐或任命

如果贵协会秘书长由选举产生，选举方式如何____

　　A. 差额选举　　　B. 等额选举

22. 秘书长专兼职情况____

　　A. 专职　　　　　B. 在某会员企业中任高管或私人幕僚

　　C. 同时在其他行业协会、咨询机构或商业机构工作

　　D. 企业家，其所在企业为会员企业

23. 贵协会是否设立监事或监事会？____

　　A. 设立监事会　　B. 没有设立监事会，但有设立监事

　　C. 既无监事，又无监事会，但组织中设有其他内部监督机构

　　D. 既无监事和监事会，也无其他监督机构

24. 贵协会的监事是否经常列席理事会会议？____（如无监事或监事会，本项不填写）

    A. 每次都列席   B. 经常列席

    C. 偶尔列席   D. 从不列席

25. 贵协会监事会召开频率____（如无监事或监事会，本项不填写）

    A. 每季度召开一次或以上   B. 一年平均召开两次

    C. 一年只召开一次   D. 一年未召开一次

26. 贵协会制定了哪些针对工作人员的薪酬和社会保障等制度？____（多项选择，没有的可不选）

    A. 聘用制度   B. 薪酬制度   C. 社会保障制度

    D. 培训制度   E. 奖惩制度   F. 考核制度

27. 贵协会针对工作人员的培训计划有____（多项选择，没有的可不选）

    A. 学历教育   B. 主管部门组织的专业培训

    C. 协会内部培训   D. 考察或访问

    E. 相关专业报刊资料订阅

28. 贵协会秘书长的平均每月收入为____元（请填写具体数额），专职工作人员平均每月收入为____元（请填写具体数额）。

29. 贵协会的负责人［主要指会长、副会长及企业家出身的秘书长（非招聘）］以及负责人所在的企业是否提升了在同行中的影响____

    A. 是   B. 否

30. 贵协会专职秘书长工作业绩奖励情况如何____（不定项选择，没有可不选）

    A. 奖金或其他物质奖励

    B. 行业中公开表彰

    C. 推荐作为社会各项表彰的候选人（如推荐参加省市十佳青年评选、政协委员等）

    D. 没有任何工作奖励

31. 贵协会是否入会自愿，退会自由，入会程序规范、手续完备____

    A. 是   B. 否

32. 贵协会是否每年都有针对会员的培训计划____

　　A. 是　　　　　　　　　　　　B. 否

33. 除了会费收入外，贵协会其他经费来源于____（可多选，没有可不选）

　　A. 市场运营收入　　　　　　　B. 当局拨款（补助或奖励）

　　C. 当局购买服务

　　D. 会员捐赠（包括正副会长、常务理事缴纳的赞助费）

哪项经费来源占总经费比例最高？____

　　A. 会费　　　　　　　　　　　B. 市场运营收入

　　C. 当局拨款（补助或奖励）　　D. 当局购买服务

　　E. 会员捐赠（包括正副会长、常务理事缴纳的赞助费）

34. 贵协会是否有针对理事、常务理事、非专职秘书长的考核机制？____

　　A. 有　　　　　　　　　　　　B. 无

35. 贵协会有无制定针对专职工作人员的考核制度？____

　　A. 有　　　　　　　　　　　　B. 无

36. 贵协会如何处理违反章程的会员？____

　　A. 严格按照章程规定处理，并进行内部通报

　　B. 会员违规行为较为严重时才处理，一般有进行内部通报

　　C. 对违规会员进行处理，但不进行内部通报

　　D. 一般不处理，只在内部进行通报

　　E. 既未处理，也未通报

37. 贵协会财务报告及审计制度如何____

　　A. 每年年终由会计做年度财务报告，有外部审计并正式公布或出版

　　B. 每年年终由会计做年度财务报告，有外部审计，但不正式公布或出版

　　C. 每年年终由会计做年度财务报告，只有内部审计无外部审计

　　D. 每年年终由会计做年度财务报告，但无严格审计

　　E. 无特殊情况不做年度财务报告

38. 贵协会是否定期向有关部门汇报组织运作情况并接受监督检

查____

 A. 只有年检时提供组织运作情况

 B. 主动参加当局组织的各项评估

 C. 定期向有关部门汇报组织运作情况

 D. 其他

39. 贵协会向会员公开组织活动信息的途径是____（可多选）

 A. 网站   B. 内部资料或刊物

 C. 发送手机简讯   D. 张贴在办公场所的公告栏里

40. 贵协会除了选举之外的重大决策制定采取什么方式？____

 A. 由会员（代表）大会决定

 B. 由理事会或常务理事会决定

 C. 由部分主要会员协商决定（如召开会长办公会）

 D. 由会长个人决定

41. 贵协会决策主要采用何种表决方式？____

 A. 无记名投票   B. 记名投票

 C. 举手表决   D. 鼓掌通过

42. 贵协会的决策制度中有无设立回避制度？____

 A. 有   B. 无

43. 协会是否建立及有效执行印章专人保管及使用的制度？____

 A. 是   B. 否

44. 贵协会是否建立内部决策争议解决机制？____

 A. 是

 B. 是，但是内部争议解决机制不太规范或不尽具体明确

 C. 否

45. 贵协会是否建立会员不服组织决策做出的决定的申诉制度？____

 A. 是   B. 否

问卷至此结束，若您填写的是电子问卷，填完请及时发送邮件至 xuxi1118@gmail.com，再次感谢您的支持和参与！

后　记

　　我关于两岸行业协会的比较与合作的研究，开始于2008年福建省提出"把海峡西岸经济区建设成为科学发展的先行区和两岸人民交流合作的先行区"之际。2008年那年，我博士刚毕业，借着"海西"和"两个先行区"的"东风"，顺利申请到我有生以来主持的第一个省级课题——"福建省软科学科技项目"，主要是宏观性地探索在两岸"大三通"及海峡西岸经济区建设战略背景下闽台行业协会交流合作的路径选择、战略协同和共生机制，为推进海西"两岸人民交流合作的先行区"建设提供先行先试的决策依据和政策建议。当这个项目结束后，我决定进一步对大陆和台湾行业协会进行更为具体的描述和分析。2011年我幸运地获得"教育部人文社会科学项目"和"福建省社会科学基金项目"的资助，分别从两岸行业协会的比较与合作，以及基于行业协会平台的两岸人才交流合作的角度对先前的研究进行拓展和深入。更为幸运的是，2012年我在厦门大学做博士后期间，获得福建省资助博士后研究人员出国（境）访学的机会。在台湾新竹清华大学访学期间，通过黄春兴教授和其他一些好心学者以及非营利组织从业者的帮助和介绍，我对包括行业协会在内的大量台湾非营利组织进行了走访和调研，不但为当时的研究收集到珍贵的第一手调查资料，而且在有关"非营利组织治理"一手数据资料的支持下，将研究从行业协会扩展到两岸非营利组织的整体比较，由此我顺利获得2013年"国家社会科学基金项目"的立项。

　　无论在台湾还是在大陆调研，接受访谈的行业协会负责人和政府官员与我握手道别时总是一句话："徐老师，将来研究成果一定要让我们学习下"；作为给予他们的回报，也作为对自己的交代，我在承担"教育部人文社会科学项目"期间就考虑着要将多年的研究和实践进行总结和梳理。于是撰书工作断断续续历时3年，在进行大量调查研究并总结了三个课题的研究成果的基础上，书稿终于付梓。教育部人文社科项目《海峡两岸行业协会的比较与合作》、福建省社会科学基金项目《基于行业协会平台的闽台人才交流合作机制研究》和福建省软科学重点项目《深化闽台两地行业协会交流合作的先行先试研究》的研究成果构成了本书的基本框架和主要内容。我的博士后出站报告《海峡两岸行业协会治理比较及评估实证研究》以及我所指导的庄小红、许华榕和黄一峰三位同学的硕士学位论文分别为本书第3、5、6、7章或部分章节的研究作了一些有益的前期探索以及资料收集工作。

我一直觉得自己是个幸运的人，这个幸运来自于从小到大亲人们给我的满满的爱和无止境的包容，我几乎没有生活的压力，没有家务的辛劳，可以满世界游历丰富自己的见闻。我的先生刘荣添博士不但在生活上包容迁就我，同时对我的事业给予了极大的支持，常从政府官员的角度对我的写作提出了不少建设性的建议，使我的研究更多了现实的基础。我的幸运也来自于我所工作的华侨大学对我个人成长的支持和鼓励，在我获得博士学位并到中国人民大学访学一年后，仍支持我到厦门大学从事博士后研究工作，在博士后研究期间允许我到台湾清华大学访学数月收集了大量第一手研究资料，如今又支持我公派美国印第安纳大学访学一年，继续追寻我的非营利组织管理的研究之梦。此时我正在布卢明顿小镇享受着美丽宁静的田园风光，美国高校处于世界领先水平的教学和科研方式为我今后的努力方向指点了迷津，感谢国家留学基金委提供的全额资助。

上海交通大学徐家良教授以及台湾"内政部"官员苏嘉善博士百忙之中为本书作序，鼓励并肯定我的研究努力，在此深表感谢。本书的出版还特别要感谢华侨大学哲学社会科学学术著作专项资助计划以及社会科学文献出版社的支持；感谢社会科学文献出版社孙燕生老师以及我的研究生蔡小李、苏宝珍同学对书稿的细心校对；感谢各位教育部课题评审专家以及华侨大学资助专著出版外聘的匿名专家对本书提出的修改建议。

海西潮涌，海丝起航，海峡情谊，血溶于水！本书的研究仅仅是个开始，期待更多学者参与到两岸非营利组织的研究中，期待两岸未来更美好的新格局。

再次衷心地感谢每一位走过我生命并给予我关心和帮助的人。

徐　晞

2015 年 4 月 27 日于美国布卢明顿

图书在版编目(CIP)数据

海峡两岸行业协会的比较与合作 / 徐晞著 . —北京：社会科学文献出版社，2016.3
（华侨大学哲学社会科学文库 . 管理学系列）
ISBN 978 - 7 - 5097 - 8145 - 6

Ⅰ. ①海… Ⅱ. ①徐… Ⅲ. ①海峡两岸 - 行业协会 - 研究 Ⅳ. ①F203.9

中国版本图书馆 CIP 数据核字（2015）第 232687 号

华侨大学哲学社会科学文库 · 管理学系列
海峡两岸行业协会的比较与合作

著　　者 / 徐　晞

出 版 人 / 谢寿光
项目统筹 / 王　绯　刘　荣
责任编辑 / 孙燕生

出　　版 / 社会科学文献出版社·社会政法分社（010）59367156
　　　　　地址：北京市北三环中路甲29号院华龙大厦　邮编：100029
　　　　　网址：www.ssap.com.cn

发　　行 / 市场营销中心（010）59367081　59367018
印　　装 / 北京季蜂印刷有限公司

规　　格 / 开　本：787mm × 1092mm　1/16
　　　　　印　张：17.75　字　数：277 千字
版　　次 / 2016年3月第1版　2016年3月第1次印刷
书　　号 / ISBN 978 - 7 - 5097 - 8145 - 6
定　　价 / 75.00 元

本书如有印装质量问题，请与读者服务中心（010 - 59367028）联系

版权所有 翻印必究